U0901843

# The Biography of Celebrity

# 名人传

[法] 罗曼·罗兰◎著　杨风帆◎译

天津出版传媒集团
天津人民出版社

图书在版编目（CIP）数据

名人传 / (法) 罗曼·罗兰著 ; 杨风帆译. -- 天津: 天津人民出版社, 2016.7(2018.9重印)

ISBN 978-7-201-10636-6

I. ①名… Ⅱ. ①罗… ②杨… Ⅲ. ①贝多芬，L.V.（1770–1827）—传记 ②米开朗琪罗，B.（1475–1564）—传记 ③托尔斯泰，L.N.（1828–1910）—传记
Ⅳ. ①K811

中国版本图书馆CIP数据核字（2016）第157654号

**名人传**

**MING REN ZHUAN**

出　　版　天津人民出版社
出 版 人　黄　沛
地　　址　天津市和平区西康路35号康岳大厦
邮政编码　300051
邮购电话　（022）23332469
网　　址　http: //www.tjrmcbs.com
电子信箱　tjrmcbs@126.com
责任编辑　刘子伯
印　　刷　北京欣睿虹彩印刷有限公司
经　　销　新华书店
开　　本　880×1230毫米　1/32
印　　张　9.5
插　　页　14
字　　数　304千字
版次印次　2016年7月第1版　2019年8月第5次印刷
定　　价　32.00元

*Indeed, the Rhine full of vigour, is almost endowed with human nature, like a giant creature, with infinite thoughts and strength.* (P9)

*Originally at a fresh clear morning, there was just a little lazy breeze.* (P32)

*My hometown was beautiful, where I saw the first ray of sunshine in the world.* (P41)

*At the gradually coming night, he was alone and the last one.*

(P65)

*With that, he turned around and went away.* (P73)

*He lived in a damaged room with only one bed.* (P78)

*His mind was in great confusion.* (P104)

*His earliest ideal lover in those sweat dreams was Gerardo Perini in the early 1522.* (P110)

*There were also more humble friends to accompany him—his livestock, his hens and cats.* (P145)

*He had a house with a small garden there.* (P146)

*The moment he got to the clear and bright mountain area, he raised the spirits, and restored the faith in God.* (P174)

*He risked his life to hunt bears.* (P190)

*At first it was a sheet of sea as flat as a mirror.* (P199)

*Both the beard and temples were all white.* (P220)

# 前言

《名人传》，是19世纪末20世纪初法国著名批判现实主义作家罗曼·罗兰创作的人物传记作品，它包括《贝多芬传》《米开朗基罗传（或译作米开朗琪罗）》《托尔斯泰传》三部传记。被称为“三大英雄传记”，也称“巨人三传”。

路德维希·凡·贝多芬，是一位集古典主义大成的德意志古典音乐作曲家，钢琴演奏家、指挥家，维也纳古典乐派代表人物之一。贝多芬八岁便开始登台演出。他一共创作了9首编号交响曲、35首钢琴奏鸣曲、10部小提琴奏鸣曲、16首弦乐四重奏、1部歌剧、2部弥撒、1部清唱剧与3部康塔塔，另外还有大量室内乐、艺术歌曲与舞曲。这些作品对音乐发展有着深远影响。在东亚，贝多芬被尊称为“乐圣”。

米开朗琪罗，意大利文艺复兴时期伟大的绘画家、雕塑家、建筑师和诗人，文艺复兴时期雕塑艺术最高峰的代表。

列夫·尼古拉耶维奇·托尔斯泰，俄国小说家、评论家、剧作家和哲学家，同时也是非暴力的基督教无政府主义者和教育改革家。他是在托尔斯泰这个贵族家族中最有影响力的一位。托尔斯泰著有《战争与和平》《安娜·卡列尼娜》和《复活》这几部被视作经典的长篇小说，被认为是“世界最伟大的作家”之一。

《名人传》创作于20世纪初期，无论在当时还是在后世都产生了十分广泛的影响。此传记里的三人，虽然各自的事业不同，贡献不同，所处时代和国家也不同，但他们都是伟大的天才，都是各自领域里的伟人。他们在肉体和精神上经历了人生的种种磨难，却为创造不朽的杰作贡献了毕生的精力。

# 目录 Contents

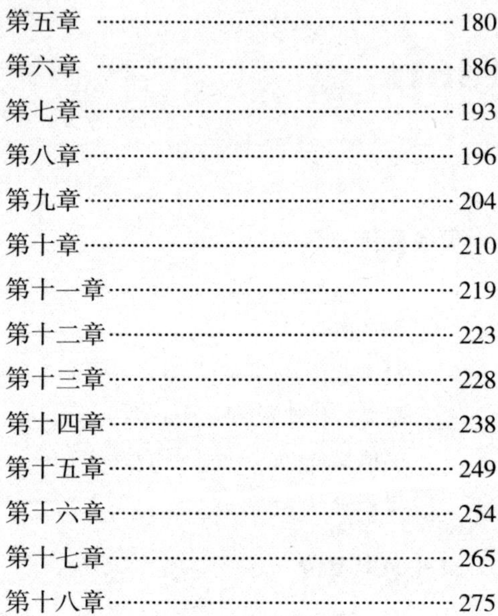

# 贝多芬传

# 原 序

二十五年前，当我写这部小小的《贝多芬传》时，我并不想写成一部音乐学方面的著作。那是1902年，我正处在苦难不堪的时期，经受着既能摧毁一切又能更新一切的暴风雨。我逃离了巴黎。我在我童年伙伴的身边，也就是曾在人生战斗中不止一次支持过我的那个人——贝多芬的身边，暂避了十天。我来到他的故乡波恩。我在那里又发现了贝多芬的影子以及他的老友们，也就是说我在科布伦兹从其孙子身上又见到了韦格勒夫妇。在美因兹，我听了由魏恩加特纳[①]指挥的他的交响乐演奏会。随后我又与他单独在一起，在雾蒙蒙的莱茵河畔，在潮湿的4月那灰暗的日子里，我倾诉着心曲，完全被他的痛苦、勇气、欢乐和悲哀所感染，我跪下，又被他那有力的大手扶起，他为我的新生儿《约翰·克利斯朵夫》洗礼。在他的祝福下，我又踏上回巴黎的路，信心倍增，与人生重新缔约，并向神明唱着痊愈者的感谢曲——那支感谢曲就是这本短小的书。它先由《巴黎杂志》发表，后又由贝玑[②]再版。我未曾想过这本书会从一个狭小的友人圈里传出来。不过，“人各有命……”。

赘述诸多细节，恳请读者见谅。因当今有些人会在这首颂歌中寻求按严格的史学方法撰写的学术著作，我不得不对此做出回答。我在某些时刻，也会充当史学家。在《亨德尔》和有关歌剧研究等若干著述中，我也曾为音乐科学作过认真的奉献。但是，《贝多芬传》绝不是这样的研究著作，它并非为了学术而作。它是唱给受伤的心灵、窒息的心灵的一支歌，它复苏了，它振作了，而且它在感谢救世主。我很清楚，这个救世主被我改头换面了。但所有的信仰的和爱情的行为均皆如此。我的《贝多芬传》就是这种行为。

人们踊跃购买，给这本小书带来它所不曾乞求的好运。这个时

① 奥地利指挥家和作曲家，以指挥贝多芬及瓦格纳的作品闻名于世。

② 法国作家，诗人，罗曼·罗兰的好友。《贝多芬传》曾在他所主编的《半月刊》上刊载。

代，法国成千上万的生灵，受压制的理想主义的一代，都焦虑地期待着那一声解放的号令。这号令，他们在贝多芬的音乐中听到了，于是他们从中寻求支持。从那个时代幸存下来的人谁不记得那些四重奏音乐会，它们宛如以“天主羔羊”[①]起首的弥撒祷告时的一些教堂一样——谁不记得注视着祭献并被启示之光芒照耀着的那些痛苦不堪的面庞！今天活着的人是与昨日的人们相距甚远的。（但他们能否距明日的生者更近呢？）20世纪初的这代人里，多少队列已被横扫：战争好比一个无底深渊，他们和他们最优秀的儿子都在那里面失去踪影。我这小小的《贝多芬传》保留着他们的形象。出自一个孤独者手笔的小书，竟无意中与他们相似，而他们也从中认出了自己。不几天工夫，这本由一个无名之辈写的小册子，走出了一家名不见经传的小书店，在人手相传。于是，它就不再是属于我的了。

我刚刚重读了这本小书；尽管有所不足，但我将不作什么改动了。因为它应该保留其原始特征以及伟大的一代的神圣形象。在贝多芬百年忌辰之际，我要把对这一代人的怀念，和对他们的伟大同伴，正直坦诚的大师的祭奠结合在一起，是他，教给了我们如何生，如何死。

罗曼·罗兰

一九二七年三月

我要证明，任何举止公正而高尚之人，定会因之而能承受厄运。[②]

——贝多芬

① 天主教弥撒曲的开头。

② 1819年2月1日，贝多芬在维也纳市政府的讲话。

# 卷首语

我们周围的空气沉重压抑。古老的欧洲在沉重、污浊的氛围中已变得麻木沉重。猥琐的物质主义压抑了思想，阻碍了政府和个人的行动。人们在卑劣和谨小慎微的自私自利中憋闷致死。人们呼吸困难。让我们打开窗子吧，让自由空气进来，让我们呼吸英雄们的气息。

生活是严峻的。对于思想上不甘平庸的人，生活就是一场无休止的搏斗，而且往往是无荣誉无幸福可言的，在孤独中默默进行的一场可悲的搏斗。贫困、日常的忧烦、愚蠢的超负荷劳作，把他们压得喘不过气，徒劳无益地消耗他们的精力。他们没有一线希望，许多人彼此隔离着，对彼此的存在毫无所知，更不要说向那些深陷在苦难中的兄弟伸出抚慰之手了。他们只能全靠自己，可有时候即便是最坚强的人也会在苦难的重压下俯首让步。他们呼唤援助——他们需要朋友。

正是为了援助他们，我才在他们周围集合起这些英雄的友人，这些为了善而受苦的伟大心灵。《名人传》不是敬献给狂妄的野心家的，而是敬献给受难者的。而实际上谁又不是受难者呢？对于这些受难者，让我们为神圣的苦难献上一份安慰吧。没有人是孤军奋战的。世间的黑暗，在英雄们的灵魂之光的引导下，已经变得明朗清晰了。目前，在我们身边，就能看见两朵最纯洁的火花——正义和自由的火花在闪耀：皮卡尔上校①和布尔②的人民。即使他们还未能烧毁那浓密的黑暗，至少他们的光焰一闪，给我们指明了道路。跟着他们朝前走吧，跟着那些分散在各个国家、各个时代，跟他们一

① 1894—1906年，法国发生了一起著名的“德雷福斯案件”。犹太裔的德雷福斯上尉被诬通敌，被判终身监禁。1895年，陆军部秘密警察长皮卡尔上校发现真正的罪犯另有其人，主张为德雷福斯上尉平反，结果触怒军方，牵累自己下狱。1898年，著名作家左拉为此事发表致总统的公开信《我控诉》，以伸张正义。由此引发社会危机。1906年，法国最高法院宣告德雷福斯无罪，恢复其名誉及军职。作者将此事件喻为正义的火花。

② 布尔，非洲南部好望角一地名，原属荷兰，维也纳会议后，荷兰将好望角割让给英国。

样孤军奋战的人们朝前走。让我们扫除时间的障碍，让英雄的民族获得重生。

我称之为英雄的，并非以思想或力量取胜的人，而仅仅是因其心灵才伟大的人。正如他们中最伟大的一个，亦即我们将叙述其生平的那个人所说：“除了美德，我不承认还有什么高人一等的标志。”[1]没有高尚的品德，就没有伟人，同样也没有伟大的艺术家和活动家，而有的只是供芸芸众生膜拜一时的“廉价”偶像，时间会把它们通通摧毁。成败无关紧要，重要的是伟大，而不是显得伟大。

我们试图在此为之立传的这些人，他们的人生几乎都是一种长期的受难。或是悲剧性的命运使他们的灵魂在肉体和精神、贫困和疾病的磨难中经受锤炼；或是目睹同胞遭受不可名状的苦难和羞辱的折磨，从而使他们的生命受到摧残、心灵为之撕裂，使他们每日在痛苦中受煎熬。正是苦难造就了他们的伟大。这些伟大的灵魂从未抱怨过自己的不幸，他们有着人

类最优秀的品格。让我们从他们那里汲取勇气，从他们伟大的心灵中，获得激流般汹涌的公正之力和鼓舞人心的高贵品质吧。无须拜读他们的作品或倾听他们的声音，从他们的眼睛里，我们就可以读取生命的奥秘——他们庆幸自己经历了苦难的考验，唯有这样的人才能变得愈加伟大，愈加幸福，愈加丰满。

在这英雄队伍的前列，我将首席位置给了坚强而纯粹的贝多芬。他在受苦时，曾祝愿他的事例能给其他不幸者提供支撑，“希望不幸的人，看到一个和他一样不幸的人在艰难险阻面前仍然竭尽全力，从而使自己无愧于人的称号时，能以此得到安慰。”这位胜利的普罗米修斯在付出了多年超乎寻常的努力，超脱了自身的苦难，完成了生命的大业——向卑微的人类展示更多的勇气后，向一位过分寄希望于上帝的朋友说：“哦，人啊，你应当自助！”

他这句豪言壮语，应对我们有所启迪。让我们以他为榜样，重新燃起对生命、人类的信念吧！

罗曼·罗兰

一九〇三年一月

① 贝多芬语。

# 贝多芬传

“全力向善，爱自由胜于一切。即使为了王位，也永不背叛真理。”

——贝多芬

他身材矮胖，脖子粗壮，一副运动员的骨架，红砖色的宽大脸庞，只是到了晚年，皮肤才变得萎黄和病态，尤其是冬天，远离田野、足不出户时，更是如此。他前额宽广且隆起，深黑色的头发格外浓密，乱蓬蓬地竖着，似乎梳子从未将它理顺过，恰似“墨杜萨”[①]头上的乱蛇。他眼中燃烧着一股神奇的力量，使所有见到的人都为之震慑，但大多数人难以分辨其中的细微差别。因为在他悲伤哀戚的脸上，这双眼睛闪烁着狂野的光芒，所以看上去他的眼睛是黑色的；但事实上它们是蓝灰色的。[②]这双眼睛细小而深陷，愤怒或兴奋时会突然睁大，在眼眶里打着转，无比准确地反映出他的全部思想。他忧郁的目光常常转向上空。阔大的鼻子，又短又方，真是狮子的相貌！嘴倒长得颇秀气，但下唇有比上唇前突的倾向。牙床刚劲有

① 又译美杜莎，希腊神话中的蛇发女妖，人被其目光触及即化为石头。据罗素1822年记述，1801年，当查尔斯·克泽尼还是个孩子的时候曾经见过他。当时的贝多芬胡子多日未修，披头散发，穿着山羊毛织的上衣和裤子，他以为自己看到的是鲁滨孙·克鲁索。

② 据画家克栾白的记载。他曾于1818年为贝多芬画像。

力，似乎可以磕碎核桃，右下巴有个深深的小窝，使整个面部显得古怪而不对称。据莫舍勒斯[①]说："他微笑起来很美，与人交谈时神态亲切，满怀信任；而另一方面，他的笑声却让人不大舒服，喧闹、粗野并且刺耳。"这种笑好像是不习惯于欢乐。他通常表情忧郁。1825年，雷尔斯托普说看到贝多芬"温柔的眼睛饱含着痛苦"时，他好不容易才忍住没让眼泪流下来。一年后，布劳恩·冯·布劳恩塔尔在一家小酒店碰到他。他坐在一个角落里，抽着一根长长的烟斗，闭着眼睛，那是他晚年越来越常见的姿态。一位朋友和他说话。他凄然一笑，从口袋里掏出一个记录本，像聋子经常做的那样，尖着嗓子叫对方把想说的话写出来。他面部表情常常变化，有时因抓住了突如其来的灵感，哪怕在大街上，那表情也会让行人吓一大跳；有时无意中撞见他坐在钢琴面前，"整个脸部肌肉膨起，血脉奋张，狠巴巴的眼睛变得加倍可怕，嘴唇抖动着，像把鬼神招来却又请不走的魔法师。"如尤里乌斯·贝内迪克特所言：恰似莎士比亚笔下的"李尔王"。

路德维希·范·贝多芬，1770年12月16日出生在莱茵河畔科隆附近、波恩一所破房子的风雨飘摇的小阁楼里。他的祖籍是弗朗德勒。[②]父亲是个庸庸碌碌、嗜酒如命的男高音歌手。母亲是女佣，一个厨师的女儿，最初嫁给一个官宦之家的侍从，丈夫死后跟了贝多芬的父亲。

贝多芬的童年充满艰辛，不像幸运的莫扎特那样享尽家庭的温情。自幼年开始，人生对他而言就是一场为了生存而展开的战斗，凄惨而残暴。父亲想开拓他的音乐天赋，为了赚钱，把他当作神童一样四处炫耀。儿子刚4岁，父亲就一连几个小时把他钉在羽管键琴面前，或者把他关在房间里，逼着他练小提琴，繁重的作业把他累得死去活来，差一点儿让他恨死了音乐这门艺术，以致必得使用暴力才能强迫他学下去。贝多芬从少年时代便需为生计发愁，不得不

① 英国钢琴家，曾将贝多芬的歌剧《菲德里奥》改编为钢琴曲。

② 今为比利时西部地区，与法国交界。

过早地承担养家糊口的重任。11岁时，他进入了剧院的管弦乐队；13岁时，他成了教堂的管风琴手。1787年，他失去了慈爱的妈妈。“她是那么疼爱我，那么值得我爱，是我最好的朋友！当我能够喊出‘妈’这个甜蜜的称呼，而她又能听到的时候，我是多么的幸福啊！”[①]她是患肺病死的，贝多芬以为自己也染上了这种病，常常感到不舒服。除此以外他还患有比病更折磨人的忧郁症。17岁时，他实际上已经成了一家之主，并担负起教育两个弟弟的重任。他不无羞愧地要求酗酒成性的父亲退休，因为父亲已经无力主持门户了；他掌管了父亲的养老金，以免他再糟蹋在酒上。这些悲惨的经历在他年轻的心灵上留下了不可磨灭的烙印。尽管如此，他还是在波恩一个家庭找到了感情上的依托，那便是他一直珍视的勃罗宁一家。他们可爱的女儿埃莱奥诺尔比贝多芬小两岁。贝多芬教她音乐和诗歌。她成了他儿时的友伴，两人之间也许产生过感情。后来，埃莱奥诺尔嫁给了贝多芬的好友韦格勒医生。他们之间终生维持着恬静的君子之交，这一点，从韦格勒和埃莱奥诺尔与他来往的书信中可以看得出来。信写得很恳切。韦格勒夫妇称他为“忠诚的老友”，他则称对方为“亲爱的好韦格勒”。更令人感动的是，后来三人年纪大了，但心灵的青春依旧，热忱不减当年。同时，贝多芬的音乐老师克利斯丁·哥特罗伯·耐弗，也给了贝多芬正确的指导和温馨的友情。他高贵的品格、聪明才智以及艺术观点，同样深深地影响了这位年轻的艺术家。

尽管童年十分悲惨，但贝多芬忆起他度过童年的地方，忧伤中依然透着一丝温馨。后来他被迫离开了波恩，在愚昧的都市维也纳及其贫困的近郊度过了一生，心中却从来没有忘记美丽的莱茵河谷和那条庄严的大河。他称之为“我们的父亲河”。的确，莱茵河生机勃勃，几乎赋有人性，仿佛一个巨大的生灵，具有无穷的思想和力量。莱茵河流域中，没有任何一段比流经风光旖旎的波恩这一段更壮丽、更温馨、也更美妙的了。强劲的河水，冲刷和抚爱着浓荫

① 见《贝多芬书信集》卷Ⅱ。

覆盖、鲜花盛开的岸边坡地。在这里，贝多芬度过了他生命最初的二十年；在这里，诞生了他少年时代心中的梦境——无边无际的田野慵懒地浮在水面上；笼罩在雾气中的白杨、丛生的灌木、垂柳及果树都把它们的根浸润在湍急而沉静的水流里；村庄、教堂，甚至墓园，都静驻两岸，目光悠然地俯瞰着河岸。远处，蓝色的七峰山在苍穹下呈现出错落不齐的剪影，残破的古堡挺立在山顶上，轮廓显得更加瘦削、高耸，充满梦幻的色彩。对于童年这片美丽、自然的风景，他的心永远都维系其中；直到生命的最后一刻，他还梦想重返故园而未能如愿。“我的家园，那块我初见光明的故土，在我眼前始终是那么美，那么清晰，就像我离开时那样。”①

革命②爆发了，开始席卷欧洲，也占据了贝多芬的心。波恩大学是新思想的熔炉。贝多芬于1789年5月14日注册入了学，听那位有名的奥洛格·施奈德的德国文学课。此人后来当上了下莱茵省的检察官。当人们在波恩听到攻占巴士底狱的消息时，施奈德在讲台上朗诵了一首热情洋溢的诗，使学生们群情激昂。第二年，他出版了一部革命诗歌集。订购者名单中有“贝多芬和勃罗宁”的名字。

1792年，战火蔓延到波恩，贝多芬被迫离开家乡。在去维也纳的途中，他遇到了正在开赴前线与法国作战的黑森州军队。1796—1797年间，他把菲尔德伯格的战斗诗篇谱成了音乐：一首《出征歌》和一首爱国合唱曲《我们是伟大的德意志民族》。但是，他讴歌大革命的敌人也是枉然：大革命已经征服了全世界，也征服了贝多芬。自1798年起，尽管奥地利和法国关系格外紧张，贝多芬依然同法国人及其大使馆，以及刚到维也纳的贝纳多特将军③有亲密来往。通过这些交往，贝多芬越发坚定了对共和派的支持。随着时间的推移，这种倾向变得越来越强烈。

这个时期施泰因豪森为他画的肖像，相当精确地反映出他当时

① 贝多芬：《给韦格勒的信》（1801年6月29日）

② 指1789年的法国大革命。

③ 法国元帅，在大革命中屡立战功。后被瑞典国王认为义子，于是倒戈，加入联军，与拿破仑为敌。1818年继承瑞典王位，称查理十四。

的风采。较之后来的几幅，恰如盖兰[①]画的拿破仑之于后来的那些拿破仑肖像。拿破仑在那张画上，脸色严峻，激情似火，充满着勃勃野心。而画像上的贝多芬则显得比实际年龄小，瘦削，挺拔，高高的领口使他的脖子显得有些僵硬，两眼中闪烁着目空一切的表情；他深知自己的价值所在，对自己的力量充满着自信。1796年，他在笔记本中写道："拿出勇气来！尽管身体不佳，但我的才华必将获胜！……25岁！现在已经到了！我25岁，到时候了……今年我非大显身手不可。"[②]伯恩哈德夫人和格林克都说他态度高傲，粗俗无礼，目中无人，并且说话带着浓重的地方口音。只有他最亲密的朋友才知道，在他桀骜不驯的外表下，藏着一颗敏感善良的心。在给韦格勒写信谈及他的成功时，涌向他心头的第一个念头便是："比如我看到某个朋友经济困难而我又没钱帮助他的时候，我只需伏案工作，用不了多久，便能帮他摆脱困境……你瞧，这多好。"[③]稍后，他还说，我的艺术应该造福穷人。

疾病已经叩响了门环；它一旦缠上身，就再也不曾离去。1796—1800年间，耳聋开始越发严重，耳鸣开始日夜不停地折磨他。[④]他的听力逐渐衰退。一连好几年，他都不告诉任何人，即使对至爱亲朋也讳莫如深。他避免与人交往，怕自己的毛病被人发现，将这种可怕的秘密深藏胸臆。可是到了1801年，他再也忍不住了，在绝望之中，他把这个秘密告诉了两个朋友——韦格勒医生和阿曼达牧师：

"我亲爱的、善良的、挚诚的阿曼达，我多么希望你

① 法国名画家，德拉克洛瓦和籍里柯的老师。所绘拿破仑像系拿破仑的青年时代。

② 那时他才刚崭露头角，在维也纳举行的第一场音乐会是在1795年3月30日。

③ 见1801年6月29日《致韦格勒的信》。

④ 贝多芬的作品大都是耳聋后写的。作者认为贝多芬的耳聋多是受遗传影响的，也许和他母亲的肺病有关系。贝多芬对低沉的声音比对响亮的声音更敏感。在他晚年，据说他用一只小木杆一端插在钢琴箱内，一端用牙咬住，作曲时就用这种方法听音。1814年左右，机械学家曼扎尔为贝多芬特制了一个助听器，至今尚保存于波恩的贝多芬物馆里。

能常常守候在我身边啊！你的贝多芬遭遇了万般不幸。要知道，我身体最优秀的一部分，我的听力已经严重地衰退了。甚至我们还在一起的时候，我就已经觉察出许多迹象了，但我一直保守着这份秘密；但从那以后，我的境况是每况愈下……我还能康复吗？我当然盼着这一天，但希望很渺茫，因为这种病是没办法治的。我必须过着痛苦的生活，避开我所热爱和珍惜的一切，在这如此悲惨而又自私的世界上！……我只能遁世隐居，听天由命。我何尝不想摆脱病痛，但这可能吗？……”[①]

在给韦格勒的信中，他这样写道：

……我的生活的确十分悲惨。两年来，我过着完全与世隔绝的生活，因为我不能够与人交谈。我聋了。如果我所从事的是另外一种职业，耳聋还可能是可以忍受的；可是，对我现在从事的职业来说，耳聋是多么可怕啊。我的敌人们将会怎么说？他们可是为数不少啊！……在剧场，我必须坐得离乐队特别近，才能听见演员们的话。假如坐得稍微远一点，我就会连乐器的演奏及演员高亢的歌声都无法听到……如果人家轻轻地说话，我还勉强能听到一点，可如果人家大声喊叫，我又会觉得难以忍受……我常常诅咒自己为什么还活着……普卢塔克[②]教导我要忍受一切。如有可能，我倒愿意向命运挑战；有时候，我活得真像上帝的一个最可怜的造物……忍！多么叫人难受的避难所啊！但我别无选择！[③]

这种愁苦的情绪在他这一时期的几部作品中都得到了反映，例如作品第十三号的《悲怆奏鸣曲》（1799），尤其是作品第十号之

① 见《贝多芬书信集》第13。

② 公元1世纪希腊历史学家和伦理学家，著有《希腊和罗马名人传》和《道德篇》。

③ 《贝多芬书信集》第14。

三（1798）的钢琴曲的广板。令人惊异的是，并非所有的作品都带着这种忧愁。喜气洋洋的《七重奏》（1800）和清澈明净的《第一交响曲》（C大调，1800）都反映了年轻人无忧无虑的情怀。毫无疑问，他已经下定决心使心灵适应痛苦。然而，心灵强烈地需要欢乐，所以没有欢乐的时候，它就自己创造。当现实过于痛苦时，灵魂就沉浸在过去。昔日欢乐的时光不会转瞬即逝。即使它们已不复存在，它们的光芒依然会久久留存。当贝多芬在维也纳形单影只、郁郁寡欢之时，他就在对故乡的回忆中寻求慰藉。当时他的思想都印着这样的痕迹。《七重奏》中带有变奏曲的行板，其主题便是一支莱茵地区的歌曲。《C大调交响乐》也是关于莱茵的作品，一首青年人满怀梦想的诗篇，既欢快又为爱情而苦恼，令人感觉到有一种取悦心上人的愿望与希冀。但在某些段落和引子里，在某几种低音乐器的明暗对比和古怪的谐谑曲中，我们会多么激动地在那张青春的脸上看到未来天才的目光！那是波提切利的《圣家庭》中婴儿的眼睛，从中已可窥见未来的悲剧。[①]

在肉体的折磨之外，别的创伤又增加了他的痛苦。韦格勒说，他所见到的贝多芬从来都是充满异乎寻常的激情去爱。这种爱似乎从来都不掺一丝杂质。在他那里，激情和欢愉毫无关联。现在人们往往将两者混淆，只能证明大部分人对爱的无知以及这种爱的罕见。贝多芬内心多少有点儿清教徒的色彩，他讨厌下流的谈吐和思想，对爱情的神圣深信不疑。据说，他不肯原谅莫扎特，是因为后者曾不惜辱没自己的才华去写《唐璜》。他的挚友辛德勒肯定地说：“他一生都洁身自好，从未有过任何弱点让他自责。”这样的人注定了要受爱情的欺骗，做爱情的牺牲品；而事实上他也正是如此。他一再为情颠倒，不断憧憬着幸福，但很快又情场失意，随之而来的便是痛苦的煎熬。如果要对贝多芬丰富的创作灵感追本溯源，就必须到轮番出现的爱情和骄傲的反抗中去寻找；直到年事渐长，与生俱来的激情逐渐消退，他才逐渐在悲凄隐忍中归于平静。

① 波提切利是意大利文艺复兴前期的名画家，所画《圣家庭》中的婴儿即耶稣，故提及未来的悲剧。

1801年，他似乎把激情献给了朱利埃塔·居奇亚迪，后者因贝多芬题献给她的名作《月光曲》（作品第二十七号之二，1802）而出名。他在给韦格勒的信中说："我现在看事情乐观多了，并且和别人也多了些来往……这个变化完全是因为一个可爱而有魅力的姑娘；她爱我，我也爱她。这是我两年以来第一次拥有的幸福时光。"①然而，他为此付出了惨重的代价。首先，这段爱情使他更深地感觉到自己残疾的可悲，而艰苦的生活条件也使他无法娶他所爱的人。其次，朱利埃塔风骚、幼稚，而且自私，给贝多芬带来了不少烦恼。1803年11月，她竟嫁给加仑贝格伯爵。②这样的爱情使人的心灵受尽折磨，贝多芬已饱受疾病的摧残，经此变故，精神竟濒临崩溃。一生之中，只有这一次，他似乎已经到了死亡的边缘。他悲观绝望，从他留给兄弟卡尔和约翰的《海利根遗嘱》便可以看出，《遗嘱》上标明："等我死后拆看并执行。"那是反抗的呼喊，充满了撕心裂肺的痛苦，听见的人无不为之动容。在那无比黑暗的时刻，他差点就要自杀了。只是他坚强不屈的精神力量挽救了他。③不过他康复的最后一线希望破灭了。"甚至一直以来支撑我的巨大勇气也消失了。哦，上帝啊，再给我一天，哪怕仅仅一天真正快乐的时光吧。我已经很久没有听到欢乐而深沉的声音了！哦，主啊，什么时候我才能再次感受欢乐？……不会再有了？不这太残酷了！"

这是垂死的悲鸣。然而，贝多芬又活了二十五年。他性格坚强，绝不允许自己沉浸在痛苦之中难以自拔：

> 我的体能和智力比任何时候都有增无已……我的青

---

① 见《贝多芬书信集》第18。

② 后来，她还厚颜无耻地利用贝多芬帮助她丈夫。在1821年贝多芬和辛德勒会见时的谈话手册上写道："他是我的敌人，所以我更要竭尽全力帮助他。"但贝多芬因此而更瞧不起她。

③ 他在遗嘱中写道："嘱咐你们的孩子要有道德。唯一能使人幸福的是道德而不是金钱，这是我的经验之谈。是道德拯救我于苦难，除了艺术，也唯有道德才使我不曾自杀。"他在1810年5月2日写给韦格勒的信中又说："如果不是在某本书上看到，人只要还有能力去做有意义的事就不应贸然轻生的话，恐怕我早已不在人世了，而且是自行了断。"

春，是的。我感到我的青春才刚刚开始。我已隐隐约约看到目标在前，虽然尚不清楚，但正在一天天接近……啊！如果我能摆脱这种疾病，我一定能拥抱整个世界！……除了睡眠，我不知道有其他的休息。可惜，我不得不花更多的时间睡觉。但愿我能摆脱疾病. 哪怕一半也好，那时候！……不，我不能忍受下去。我要扼住命运的咽喉，它永远不能使我完全屈服。啊，如果能活上千百次那就太好了！[①]

这爱情，这痛苦，这意志，这时而颓丧、时而骄傲的交替，这些内心的悲剧，都反映在了他1802年所写的伟大作品中。例如附有《葬礼进行曲》的作品第二十六号的奏鸣曲；《幻想奏鸣曲》（作品第二十七号之一）；《月光曲》（作品第二十七号）；作品第三十一号之二的奏鸣曲（D小调），其中戏剧化的宣叙调仿佛是崇高而凄婉的独白；题献给亚历山大皇帝的小提琴奏鸣曲（作品第三十号，C小调）；《克勒策奏鸣曲》（作品第四十七号）；根据格莱尔的词谱写的六支英勇悲壮的宗教曲（作品第四十八号）；《第二交响曲》（1803）更多地反映了他青春飞扬的爱情，从中可感觉到压倒一切的坚强意志，一股不可抗拒力量将愁绪一扫而空。曲终涌起沸腾的生命力。贝多芬希望幸福，不愿相信自己的不幸无可挽回：他渴望病愈，渴望爱情，心中充满了希冀。[②]

上述作品中，让人产生强烈印象的是，不少作品充满雄壮有力的行进和战斗的节奏，《第二交响乐》中的“快板”和“终曲”尤其如此。《献给亚历山大大帝的奏鸣曲》中的第一章，其慷慨激昂更不待言。音乐的战斗气息使人不禁回想起产生它的年代。大革命波及维也纳，贝多芬也被卷了进去。赛弗里德骑士说：“他跟好朋

① 贝多芬：《给韦格勒的信》，《书信集》第18。

② 1802年霍纳曼为贝多芬所做的小幅画像上，贝多芬打扮入时，留着鬓角，前后的头发剪得齐长，坚定的神情颇似拜伦式的英雄，同时又具有一种拿破仑式的永不屈服的意志。

友一起时，会无所顾忌地谈论政局。他头脑清晰，目光犀利，观点明确客观。”他倾心于革命。贝多芬晚年最知心的朋友辛德勒说：“他挚爱共和原则，赞同无限制的自由和民族独立……他盼望大家齐心协力，共同管理国家……盼望法国实行普选，盼望拿破仑建立普选制度，从而营造全人类幸福的基础。”他像一个受普鲁塔克思想的熏陶成长起来的古罗马革命者，梦想着一个自由之神——法国首席执政建立的英雄共和国。因此，他接连写下了帝国的史诗，《英雄交响曲：波拿巴》（1804）①；光荣的史诗，《第五交响曲》（1805—1808，C小调）的终曲。这是第一首真正的革命音乐，时代之魂在其中复活，凝重而纯洁，恰似重大事件在强大而孤独的心灵中激起的强烈而纯真的回响，即使在与现实接触中也毫不为所染。贝多芬在作品中向世人展现了自己的灵魂，他的形象也染上了战争的色彩。也许他自己毫无察觉：在《科里奥兰纳斯序曲》（1807）中，我们会听到狂风呼啸、暴雨喧腾；《第四重奏》（作品第十八号）的第一章与上述的序曲异曲同工。俾斯麦在谈起《热情奏鸣曲》（作品第五十七号，1804）时说：“如果我能经常听到这首曲子，我一定会勇气倍增。”②从《埃格蒙特序曲》到《降E大调钢琴协奏曲》（作品第七十三号，1809年），甚至精湛的演技都是那么气势恢宏，有万马奔腾之势。这又何足为怪呢？在贝多芬写《英雄葬礼进行曲》（作品第二十六号的奏鸣曲）时，比《英雄交响曲》中的波拿巴更值得

① 《英雄交响曲》原是以波拿巴为题材并献给他的作品，初稿以“波拿巴”为题目。当贝多芬得知拿破仑称帝时，嚷道：“他也不过是个凡夫俗子！”盛怒之下，他撕去了原来的献词，换上一个含有报复意味而又非常动人的题目“《英雄交响曲》……纪念一个伟大的遗迹”（英雄交响曲是用来纪念一个伟人）。1821年贝多芬获悉拿破仑兵败，被囚于圣赫勒拿岛时，他说：“十七年前我写的这段音乐正适用于这一可悲事件。”1801年，贝多芬曾为真正的革命英雄、自由之神普罗米修斯谱过乐曲，后来，他又在《英雄交响曲》的终曲里采用了此曲的主旋律。

② 俾斯麦是德意志政治家，号称普鲁士的”铁血宰相”。在所有作曲家中，他最欣赏贝多芬，并且不止一次地肯定道：”贝多芬的音乐比其他人的人品更能抚慰我的神经。”

称颂的奥什[①]将军刚刚战死在莱茵沙场，他的墓碑如今依然屹立在科布伦兹和波恩间的一座小山上……尽管当时贝多芬还不知道奥什牺牲的消息，但在维也纳，他曾目睹革命的两次胜利。1805年11月，法国军官出席观看他的歌剧《菲德里奥》的首演。还将《英雄交响乐》和《第五交响乐》题献给攻陷巴士底狱的于兰将军，当时这位将军正住在贝多芬的朋友兼保护人洛布科维茨家里。1809年5月10日，拿破仑驻军舍恩布伦。[②]不久，贝多芬便对法国征服者产生了憎恨之情，但仍然狂热地崇拜他们史诗般的业绩，没有他这种感情的人，对他那种歌颂赫赫军功和凯旋的音乐只可能一知半解。

贝多芬突然中止了《第五交响曲》（C小调）的创作，不像平时那样拟定手稿，而是一气呵成地写成了《第四交响曲》。幸福降临了。1806年5月，他与泰蕾莎·德·布伦威克订了婚。贝多芬移居维也纳初期，泰蕾莎还是小姑娘，跟他上过钢琴课。从这个时候起，她便爱上了他。贝多芬是她哥哥弗朗索瓦伯爵的朋友，1806年，贝多芬在匈牙利玛尔托伐萨他们家做客时，两人才彼此相爱。泰蕾莎回忆这段幸福的日子时，曾经这样写道：[③]

> “一个星期天的晚上，晚饭后，月光洒进屋内，贝多芬端坐在钢琴前，把双手平放在了键盘上。弗朗兹和我都知道，他经常这样弹奏曲子。接着，他在低音部弹了几个和音，然后，他带着一种庄重而神秘的神情，缓缓地弹了一首约翰·塞巴斯蒂安·巴赫的歌：‘汝若将心向吾赠，莫若无声悄悄传。两心已燃情脉脉，勿为他人皆相知。[④]’

① 法国将军，法国大革命中最忠诚最勇敢的军事将领，1797年战死。

② 贝多芬家位于维也纳的军事工事附近。拿破仑占领维也纳之后，曾将这类军事工事全部炸毁。在1809年6月26日贝多芬致布瑞克夫和哈代尔的信中说：“我周围全是废墟，听见的只是乱七八糟的金鼓之声，真是非人的生活。”

③ 见玛丽安姆·滕格尔：《贝多芬的永恒情人》（波恩，1980）。

④ 这支美丽的歌曲出现在巴赫的夫人安娜·玛特兰娜的纪念册（1725）上，标题为《乔瓦尼尼之歌》。但有人质疑，云非巴赫所作。

母亲和神甫都已就寝，哥哥正严肃地定睛思考。他的歌声和目光深入我心深处，让我觉得生活格外充盈丰满。次日清晨，我们在花园相遇，他告诉我：‘我正在写一部歌剧。主人公仿佛就在我心中，在我面前。无论我在什么地方，在何处驻足，他总和我同在。我从未到达过如此高的境界。一切都那么明亮、纯净、清晰。在这以前，我像神话中的那个孩子，只顾捡石头而看不见路上美丽的鲜花……’1806年5月，在我亲爱的哥哥弗朗索瓦的支持下，我和他订了婚。”

他在这一年创作的《第四交响曲》是一朵美丽芬芳的花朵，蕴藏着他一生中最平静的日子里的馨香。人们可以发现，“这时候的贝多芬所关心的是尽可能使他的天才，和前人留传下来的、为一般人所理解和喜爱的艺术形式协调起来”。[①]这种源自爱情的调和精神，对他的生活态度和行为方式都发生了影响。依格纳兹·冯·赛弗里德和格里尔巴泽[②]说：“他精力充沛、积极乐观、很风趣、待人接物彬彬有礼、穿着讲究、对不知趣的人也很有耐心，甚至能让人误以为他耳朵不聋。他们说他身体很好，只是视力稍差罢了。”[③]当时梅勒为他画的肖像也给人同样的感觉，他显得颇为风雅浪漫，只是稍稍有点儿不自然。贝多芬渴望得到人们的好感，并且明白自己已博得了人们的喜爱。狮子在恋爱时也会收起自己的利爪。然而，在这一切手段与《第四交响曲》（降B大调）的梦幻和温情所营造的气氛中，人们仍然感受到了那可怕的力量，一种任性而易怒的气质。

这种恬静的心境并未持续多久，但爱情的美好影响一直延续到了1810年。这无疑能使贝多芬心神安定，有利于其才华结出最丰硕的果实，例如伟大的古典悲剧《第五交响曲》（C小调）；还有那夏日的甜蜜梦境——《田园交响曲》（1808）[④]；还有受莎士比亚的《暴风

① 见诺尔著《贝多芬传》。

② 两人均为当时德国著名诗人。

③ 贝多芬是近视眼。

④ 1809年，贝多芬把歌德的剧本《埃格蒙特》谱成了舞台音乐。他还想为《威廉·退尔》谱曲，但未被接受。

雨》的启迪写成的《热情奏鸣曲》，他认为这是奏鸣曲中最壮美的作品，它在1807年出版，题献给了泰蕾莎的哥哥。而题献给泰蕾莎本人的，则是那首充满梦幻和神秘的升F调奏鸣曲（作品第七十八号，1809）。他还给“永恒的心上人”写过一封没有标明日期的信，其中表达的爱意较之《热情奏鸣曲》毫不逊色：

我的天使，我的一切，我的我……我想对你说的话实在是太多了……唉！不管我在哪里，你都和我形影不离……当我想到你很可能在星期日收不到我的消息时，我哭了。……我爱你，像你爱我一样，但更加热烈……唉，上帝！没有你，那该是一种什么样的生活！——真是咫尺天涯。……我的万千思绪一起向你奔去，我永恒的心上人，这些思绪时而欢欣、时而哀愁，仰问幸运之神，能否成全我们——只有和你一起，我才能活着，否则就活不下去……除了你，没有任何人能占有我的心……永远不能！永远不能！啊，上帝！为什么相爱又要分离？而我的生命，此刻的生命却充满了忧伤。你的爱情使我成了最幸福、同时也最苦恼的人。……平静下来……平静下来……爱我吧！今天，昨日，多少热情的希冀，多少眼泪，都洒向你！你——你——你是我的生命——我的一切！再见！啊！继续爱我吧，千万别误解你所爱的人的心。

——对你、对我、对我们都矢志不渝的人上①

很难想象，是什么原因阻挠了两个真心相爱的人的幸福？是不是由于财产和社会地位的悬殊？也许是由于对方迫使他长期等待，或者要求他严守爱情秘密，让贝多芬倍感耻辱而反抗？

也有可能是他的暴躁、多病和愤世嫉俗，不自觉地给心爱的人带来痛苦，从而使他自己也伤心绝望。无论如何，婚约取消了；然而两个人似乎都没有忘记这段爱情。直到泰蕾莎·德·布伦威克临死之前（1861），她依然爱着贝多芬，而贝多芬对她也是绝对忠诚。

---

① 《贝多芬书信集》第15。

1816年，贝多芬曾经说："每当我想起她，我的心仍然和我们初次相见时一样怦怦直跳。"这一年，他写了六支感人至深的"献给远方恋人"的曲子（作品第98号）"。他在笔记中写道："一想起美丽可爱的她，我就心潮起伏。但咫尺天涯，她不在我身边！"泰蕾莎曾把自己的一幅肖像[①]送给贝多芬，上题："赠给稀世的天才，伟大的艺术家，宽厚的人。泰·布赠。"贝多芬临终之年，一个朋友无意中撞见了他独自一人，怀里拥着这幅肖像，泪流满面，自言自语道："你是如此美丽，如此伟大，简直就是一个天使！"朋友出去了，片刻之后他又回来时发现贝多芬坐在钢琴边，朋友说道："今天，我的老朋友，你的脸色一点儿也不可怕。"贝多芬答道："那是因为我善良的天使来看望过我了。"——他的创伤太深了。他对自己说："可怜的贝多芬，这个世界没有什么幸福给你。只有在理想的领域，你才能找到朋友。"[②]

他在笔记中写道："屈服，毫无保留地向你的命运屈服。你不复为你自己生存，而只能为其他人生存；对你来说，只有在艺术里才能找到幸福。哦，上帝，给我力量让我征服自己吧！"

就这样，爱情把他抛弃了。1810年，他又变得孤身一人了；但是，光荣已然降临，而他也意识到了自己的力量。此时他正值盛年。他肆意地放纵着自己狂躁而粗野的脾气，无所畏惧，更不要说什么世人的看法和生活的常规了。还有什么值得他担忧的呢？爱情，没有了；雄心，消失了。他所拥有的只有力量和对力量的沉醉，他需要运用，几乎毫无节制地运用他的力量。"力量，就是使人有别于一般人的气势！"他又故态复萌，不注意衣着，举止比以往更加放肆。他知道自己有权爱说什么就说什么，即使在地位最高的人物面前也是如此。1812年7月17日，他曾这样写道："除了善良，我不承认还有其他高人一等的标志。"[③]贝蒂娜·布伦塔诺曾在那时见过他，她说："没有任何一位国王和皇帝能像他一样充分认

① 这幅肖像今天仍保存在波恩贝多芬故居。

② 见贝多芬《致格赖钦斯泰因书》，《贝多芬书信集》第31。

③ 见《贝多芬书信集》第153。

识到自己的力量。”她被他的威力深深地吸引了。她在给歌德的信中说：“当我第一次见到他时，觉得整个宇宙突然都消失了，贝多芬使我忘记了世界，也忘记了你，啊！歌德……我认为，我没有弄错，我敢断言此人远远走在现代文明的前面。”

歌德想要结识贝多芬。1812年，他们在特普利兹的波西米亚浴场相见了，但话不投机。贝多芬对歌德的才华倍加赏识；但是，他的性格过于狂放和冲动，对歌德敏感脆弱的感情难免造成伤害。他曾讲述，有一次，他们一起散步，这位心高气傲的共和派就人的尊严的问题，教训了那位魏玛大公的枢密顾问官，歌德对此一直耿耿于怀。

> 王公贵人可以轻而易举地造就一些教授和机要参议；他们可以赐人以头衔和勋章，但他们却无法造就真正的伟人，或培养出超脱于社会动乱与浮躁的心灵……像我和歌德这样两个人在一起时，这些高贵的绅士们一定要清醒认识我们的伟大。昨天，在散步归来的路上，我们遇到了整个皇族出游。我们老远就看见他们走来了。歌德甩开了我的手臂，规规矩矩地和人群一起，在路边垂手而立。无论我对他说什么都无济于事，我费尽口舌，他就是不肯再多走一步。于是我把帽子按了按，系好礼服的扣子，两手往后一背，径直往密密麻麻的人群中走去。王公贵族们此时已分列两旁。鲁道夫公爵[①]向我脱帽致敬；皇后第一个向我打招呼。那些大官们都认识我——我看见皇室一行在歌德面前走过时不禁好笑。歌德站在路边，深弯着腰，帽子拿在手里。事后我老实不客气地说了他一通。[②]

而歌德对此也耿耿于怀。

《第七交响曲》和《第八交响曲》也写于这个时期。1812年在特普利兹的几个月期间，他便完成了这两部作品：前者是狂欢的节

① 即皇太子，是贝多芬的学生。

② 见贝多芬致贝蒂娜·冯·阿尼姆的信。

奏曲，后者是诙谐的交响乐。在这些作品里，他表现得也许最自然，用他自己的话说“最放得开”。尽情地欢乐，尽情地疯狂，出其不意的对比、宏伟而令人惊愕的跳跃，使歌德和泽尔特惊骇不已的爆发[①]，这一切，使得德国北部流传一种说法，说《第七交响曲》（A大调）出自一个醉鬼之手。它的确是一件醉意浓浓的人创作的作品，作者陶醉在力量和天才之中。

就连他自己都说：“我是为人类酿造醇酿的酒神，是我给予人们狂热的思想。”

我不知道他是否像瓦格纳所说的那样，想在这部交响乐的终曲里描写一个酒神的盛会。但在这首奔放豪迈的音乐中，可以发现他的弗莱米族血统，就如同在一个以铁血政策和僵化规矩统治的国家，他大胆自信的言谈和无拘无束的举止是其血统使然一样。任何一部作品，都没有《第七交响曲》（A大调）中展现出的那种坦荡直率且无拘无束的力量。这是超人精力的疯狂发泄，无任何目的，只是为了欢乐，宛如泛滥的河水淹没一切的欢乐。在《第八交响乐》中，力量没有那么宏大，但更加奇特，更具有作者本人的特色，混合着悲剧和闹剧、力士般的刚毅和孩子般的任性。

1814年是贝多芬最幸运的一年。在维也纳大会上，他名震全欧。他在庆典活动中极为活跃，亲王们对他尊敬有加，正如他向辛德勒炫耀的那样，他骄傲地听任他们的奉承。

他为独立战争而激动。[②]1813年，他写了一支《威灵顿大捷交响曲》；1814年年初，他又写了一支战士的合唱曲《德意志的再生》；1814年11月29日，他在众多君王面前指挥演唱了一支爱国歌曲《光荣时刻》，并在1815年为攻陷巴黎谱写了一支大合唱《大功告成》。这些应景之作使他声名鹊起，其影响力远远超过他创作的其他音乐。布莱休斯·赫弗尔根据法国人勒特罗纳的素描所做的雕刻，以及1812年弗兰兹·克莱恩为他拓出的脸模，把贝多芬在维也纳大会期间的形象

① 见歌德1812年9月2日致泽尔特的信和同年9月14日泽尔特致歌德的信。

② 舒伯特在这种事情上和贝多芬大相径庭，1807年他谱写了一篇应景的音乐《献给拿破仑大帝》，并且在拿破仑御前亲自指挥。

表现得淋漓尽致。雄狮般的面容，牙关紧咬，布满愤怒而痛苦的皱纹，而凌驾于这一切之上的，是意志，拿破仑般的意志。人们一看便能认出贝多芬其人。在谈及耶拿战争之后的拿破仑时，他说："真可惜，我对打仗不如对音乐内行！否则我一定能打败他！"

但是他的王国不在这个世界，正如他在给弗朗索瓦·德·布伦威克的信中所言："我的帝国在天空。"

光荣的时刻过后，接踵而来的是艰难困苦的时期。

维也纳对贝多芬从来没有好感。这个城市浮华轻佻、平庸单调，后来瓦格纳对它也深恶痛绝。[①]在这样的地方，一个恃才傲物、狂放不羁的天才人物是不会心情舒畅的。贝多芬一有机会便想远离维也纳。1808年左右，他曾认真考虑过要离开奥地利，到威斯特伐利亚国王热罗姆·波拿巴的宫廷去。但是维也纳有着丰富的音乐源泉，而且那里也不乏高雅的鉴赏家。他们对贝多芬伟大的音乐倍加赏识，而且绝不肯使国家蒙受失去这位天才的耻辱。1809年，维也纳三位最富有的贵族，贝多芬的学生鲁道夫大公、洛布科维兹亲王和金斯基亲王向贝多芬许诺每年给他四千弗罗林生活费，唯一的条件是要他留在奥地利。他们说："显然，一个人只有在物质生活上没有困难时，才能全心全意地献身艺术，才能创作出为艺术增光的美妙作品。我们决定向路德维希·范·贝多芬提供生活的保证，以消除妨害他的天才得以发挥的一切障碍。"

可惜，他们最终并没有完全履行承诺。这笔生活费并没有按时足额地给付，不久便完全停止了发放。同时，1814年维也纳大会以后，维也纳风气大变。社会重政治而轻文艺，音乐的品位被意大利化给破坏了，时人崇尚的是罗西尼[②]，贝多芬则被视为迂腐。

---

① 见1870年瓦格纳所著《贝多芬传》。19世纪末伟大的德国作曲家，凡是在维也纳住过的，都深为弥漫在这个城市的勃拉姆斯式的伪善气息所苦恼。布鲁克奈在那里遭受过长期折磨。雨果·沃尔夫苦苦挣扎，临死前对维也纳提出了严厉的批判。

② 罗西尼是意大利著名作曲家，他的歌剧《唐克莱德》的问世，撼动了整个德国音乐界。

贝多芬的朋友和保护人，或远走他乡，或与世长辞：金斯基亲王去世于1812年，里希诺夫斯基去世于1814年，洛布科维兹去世于1816年。贝多芬曾谱写三个美妙绝伦的四重奏（作品第五十九号）给拉美诺夫斯基，而后者于1815年2月举办了最后一场音乐会。1815年，贝多芬和他的儿时好友，埃莱奥诺雷的哥哥斯特凡·冯·布勒宁失和，从此更加孤独了。[①]他在1816年的手记里写道："我一个朋友也没有了，在这个世界上，成了孤零零一个人。"

此时他已经完全失聪。从1815年秋天起，他和其他人的沟通只能靠笔谈。最早的谈话记录始于1816年。[②]其中关于1822年在《菲德里奥》预奏会上的经历，辛德勒有一段痛苦的描述：

> "贝多芬要求指挥彩排……从第一幕的二重奏起，他显然完全听不到台上的演奏了。他将乐曲速度大大减慢。乐队跟随着他的指挥，而歌唱演员径自向前赶。然后是一阵大乱。常任乐队指挥乌洛夫不作任何解释，提议稍事休息；他对歌手们稍微作了几句交代，排练重新开始。然而，同样的混乱又出现了，只好再次暂停。显而易见，贝多芬不能再指挥演出了；可是怎样才能让他明白这一点呢？任何人都不忍心对他说：'退下吧，可怜的家伙，你指挥不了了。'贝多芬迷惑不安，看看左面，又看看右面，想从每个人的脸部表情找到问题的所在。但大家都鸦雀无声。忽然，他用命令口吻喊我过去。我走到他身边，他把记录本给我，作势让我写。我写了下面这几句：'我求您别继续了，回家我再给您解释。'他一跃跳下台，冲我叫道：'咱们快回家！'他一口气跑回寓所，一进去便倒在沙发上，一动也不动，两手捂着脸，

① 同年，贝多芬还失去了他的兄弟卡尔。此时他唯一的朋友是玛丽亚·洪·埃尔杜迪，他和她友情甚笃。她和他一样有着不治之症。贝多芬题赠给她的作品有1809年创作的两首三重奏（作品第七十号），1815—1817年的两首大提琴奏鸣曲（作品第一百〇二号）。

② 贝多芬的谈话记录手稿一万一千多页，现存于柏林三家图书馆。

就这样一直待到吃晚饭的时候。进餐时他一言不发，脸上一副沮丧和极度痛苦的表情。晚饭后，我向他告辞时，他挽留我，表示不愿意独自留下来。分手的时候，他要求我陪他去看医生，那位医生在治疗耳科疾病上颇有名望。自我认识贝多芬以来，没有哪一天能同11月中这致命的一天相比。他的心灵受到重创，直到他死的前夕，对这可怕的一幕仍然历历在目。”①

两年后的1824年5月7日，在指挥（更确切的，如节目单上所说“参与音乐会的指挥事宜”）《合唱交响曲》②时，全场一致鼓掌，但他一点儿也听不见。直到一位女歌唱演员拉起他的手，请他转过身来面对听众时，他突然看见全场起立，挥动帽子向他致敬，这才明白过来。大约1825年．一位英国旅行家罗素见过贝多芬弹钢琴，说当他轻轻地弹奏柔声的时候．键盘没有发出任何响声。沉寂之中他无比激动，手指不安地抽搐着，令人无比感伤。

他离群索居，自我封闭，唯有大自然能给他一些安慰。泰蕾莎·德·布伦威克说：“大自然是他唯一的知己。”是他的避难所。1815年结识他的查尔斯·纳德说，他从来没有见过任何人像贝多芬一样沉浸在鲜花、白云以及大自然之中③；他似乎是靠了这些才得以生存。贝多芬写道：“世间再没有人如我一般深爱着田野……我爱一棵树甚于爱一个人……”在维也纳时，他每天都要沿着城墙漫步一周。从黎明到黑夜，在田野里，他独自散步，帽子也不戴，顶着太阳，或者冒着雨。“万能的主啊！在森林中我很快乐，非常快乐，因为这里每棵树都传达着你的声音。上帝啊，你是多么的神奇！在森林中，在山丘上，正是那片平和与静谧帮助了我啊！”

① 辛德勒从1814年起便和贝多芬有来往，1819年成为他的密友。但贝多芬最初对他并不以朋友相待，自高自大地看不起他。

② 即著名的《第九交响乐》。

③ 贝多芬喜欢动物。著名的史学家弗里曼的母亲说，她不由自主地怨恨贝多芬，因为她儿时喜欢捕捉蝴蝶，而贝多芬总用手帕把她要捕捉的蝴蝶赶开，所以她长期以来都不由自主地怨恨贝多芬。

他精神上的焦虑得到了暂时的缓解，但金钱的烦恼却不断袭来。1818年，他写道："我几乎要沦为乞丐了，却必须装作并未捉襟见肘。"还有一次，他说："作品第一百〇六号的奏鸣曲是在极为窘迫的情况下完成的，为了面包而创作实在是一件苦事。"施波尔说，他常常不能出门，就因为鞋子有破洞。他欠了出版商大笔债务，而作品又卖不了几个钱。《D大调弥撒曲》征订时只有七个订户（其中连一个音乐家都没有）。[①]他写了好几首优美的奏鸥曲，每首都花了他三个月的时间，但总共才挣得三四十个杜加。加利钦亲王要他创作的四重奏（作品第一百二十七号、一百三十号和一百三十二号）都是他最深刻的作品，呕心沥血地写成，却分文未获。家庭生活的窘迫和无穷无尽的官司——或是为了得到拖欠他的津贴，或是为了争取他侄子（1815年死于肺结核的弟弟卡尔的遗孤）的监护权，耗尽了贝多芬的精力。

他兄弟卡尔1815年死于肺病，留下一个儿子。他把内心洋溢着的无限温情都倾注在了这个孩子身上。为此，他又遭受了残酷的折磨——似乎是境遇的惠顾，故意一再增加他的劫难，使他的天才不致缺乏营养——他首先要和那个不称职的母亲争夺小卡尔的监护权。他写道：

> 噢，上帝！你是我的屏障，我的防卫，我唯一的庇护所。你洞悉我灵魂深处的思想。你深深地明白当我带给那些与我争夺我的宝贝查理的人痛苦之时，我内心深处是多么的悲哀。请你倾听我的心声吧，我不知如何称呼的伟大神灵。我是你的造物中最为不幸的那一个，请接受我最热忱的祈祷吧！
>
> 哦，上帝啊！救救我！你看呀，因为我不愿和不公正的现象妥协，我遭到了全人类的抛弃！请满足我的祈求吧，未来，至少让我能和我的卡尔一起生活！……哦，残酷的命

① 贝多芬曾亲自写信求助于切鲁比尼，此人是他的同龄人中他最敬重的，但却没有回音。

运，不可逆转的命运！哦，天哪，我的苦难永远没完没了！

可是，他心爱的侄儿却辜负了伯父的信赖。贝多芬写给他的书信中充满了悲哀与愤怒，如同迈克尔·米开朗琪罗写给他的兄弟们的信件一样，但更加直白，更加感人。

难道我得到的竟又是卑鄙无耻的忘恩负义？啊，既然如此，如果我们注定要一刀两断，那就随便吧！所有有正义感的人知道这件事之后，都会更加讨厌你！如果我们的关系让你不堪重负的话，我以上帝的名义，但愿一切都顺从了上帝的意志！我把你交给上帝；我已经做了我力所能及的一切；我敢于面对上帝的审判……[①]

> 你是个宠坏了的孩子，学着做个质朴真诚的人对你没有丝毫坏处；你对待我的虚伪行径，让我心痛万分，难以忘怀……上帝可以作证，我但愿能离你十万八千里，远离我可怜的兄弟，远离这个令人憎恶的家……我再也无法信任你了！

下面落款是："你不幸的父亲——或者最好不是你的父亲。"[②]紧接着又是宽恕：

> 我亲爱的儿子！什么也不要说了！到我的怀抱里来吧。你再也听不到一句训斥了。我会和以前一样爱你。你将来的事情该怎么办，咱们好好地从长计议。我以名誉担保，绝不责怪你！责怪 已经没有用了。你从我这里得到的，只有百般的疼爱和最贴心的照顾。来吧，到你父亲最温暖的臂弯里来吧。来吧，收到信就立刻回家来吧。（地址旁边又用法文写了两句："如果你不来，你定会置我于死地。"[③]）

他又恳求道：

① 《贝多芬书信集》，第343页。

② 《贝多芬书信集》，第314页。

③ 《贝多芬书信集》，第370页。

别撒谎，永远做我亲爱的儿子。如果像人们让我相信的那样，你是用虚假来回报我的话，那就太不像话了。别了，你虽然不是我的亲生孩子，但我养育了你，悉心指导你精神上的成长，我对你的爱超过了父爱，我打心眼儿里希望你走上善良和正直的唯一道路。你忠诚的父亲。[①]

这个侄儿不乏聪明，贝多芬为他的前途有过诸多考虑，他希望侄子受高等教育，最后却只好答应他去经商。但是卡尔时常出入赌场，欠下大笔赌债。奇怪的是，有些现象格外出人意料。伯父伟大的情操非但对他无益，反而对他有害，他因恼怒而产生逆反心理，下面这句忤逆的话足见此子已丧尽天良。他说："因为伯父希望我能进步，所以我变得更堕落了。"1826年夏天，他居然朝自己的头上开了一枪。他没有死，却要了贝多芬的命。这一可怕的打击使他从此一蹶不振。卡尔痊愈了。他极尽所能地带给伯父痛苦。而且毫无疑问，他极大地加快了贝多芬的死亡。甚至贝多芬临终时他都不在身边。贝多芬去世前几年，曾写信对侄儿说："上帝从来没有遗弃过我。将来总会有人来给我送终。"但是这个为他合上双眼的却不是他称为"儿子"的人。

即使身处忧伤的深渊，贝多芬仍然歌颂欢乐。

这是他毕生的计划。早在1793年还在波恩的时候，他就有了这个念头。[②]他一辈子都想谱写《欢乐颂》，并想以此作为他某部伟大作品的结尾。他一直拿不定主意，这样的歌颂用什么样的形式好呢，放在哪部作品里才合适呢。甚至在创作《第九交响乐》时还在犹豫。直到最后一刻，他还几乎把颂歌放到第十或第十一首交响曲中去。值得注意的是，《第九交响曲》的原来的标题，并非现在人们所说的《合唱交响曲》，而是《以欢乐颂歌的合唱为终曲的交响曲》。《第九交响曲》可能因为一念之差就有了另外一种结尾。1823年7月，贝多芬曾考虑加一个用乐器演奏的终曲，后来却用在作

① 见《贝多芬书信集》。

② 见1793年1月费斯尼赫致夏洛蒂·席勒的信。

品第132号的四重奏里。采尔尼和松莱纳很肯定地说，演出（指1824年5月《第九交响乐》的演出）以后，贝多芬还没有放弃这种想法。

他尝试在交响曲中引入合唱时，遇到了极大的技术难题，这从贝多芬的稿本上可以看出来，他做过无数次尝试，想另辟蹊径，将歌声用别的方式在作品的其他段落引入。在慢板第二主题的草稿上，他写道："也许在这里引入合唱较合适。"但他下不了决心甩开他忠实的乐队。他说："当一个灵感来的时候，我总是听见乐器演奏的声音，而不是人唱的声音。"因此，他总是尽可能地推后使用声部。他用器乐曲先行，不仅把终曲的宣叙调，甚至将欢乐的主题全都交给了器乐。不单终曲的宣叙调如此[①]，《欢乐颂》的主题音乐也一样。

对于这些踌躇和推迟的原因，我们还需作进一步的了解。其中的原委更为深刻。不幸的贝多芬饱经忧患，却总想讴歌欢乐的美妙境界。然而，他不断陷入激情和忧伤的旋涡，年复一年，这项工作一拖再拖。直到生命的终点，他才得以了却心愿，并成就了一部伟大的作品。

当欢乐的主题第一次出现时，乐队演奏戛然而止。突然间，寂静一片，给引入的歌唱带来一种神秘而神圣的气氛。本该如此：这个主题简直就是神明。欢乐之神在超自然的平静之中从天而降；它用轻柔的气息抚慰着痛苦；而当它悄悄渗入康复的心灵之中时，第一次爱抚又是那般的温柔，正如贝多芬的一位朋友所言："他温柔的眼睛真是催人泪下。"当主题刚刚进入声部时，最先听到的是一阵严肃而略带压抑的低音。逐渐地，欢乐传遍全身。这是一场与痛苦对垒的征战。然后是进行曲的节奏，浩浩荡荡的大军在行进，男高音的歌声饱含激情、节奏急促。在所有这些沸腾的乐章中，我们可以感受到贝多芬的气息，他呼吸的节奏以及他在田间游荡时激情迸发的呼喊，似乎他在谱写这部作品时，正疯狂地在原野上奔跑，如同暴风雨中年迈的李尔王。战斗的酣畅之后，是宗教般地如醉如痴。随后是神圣的

① 贝多芬说："完全像乐中有词。"

狂欢，一种爱的疯狂。全人类都无比激动，向苍穹伸开双臂，疾声呼唤，冲上前去迎接欢乐，将它紧紧地拥在怀里。

巨人的杰作战胜了听众的平庸。维也纳轻佻浮华的风气也因此震撼一时，但人们喜爱的依旧是罗西尼及他的意大利歌剧。那时，受冷落的贝多芬悲伤之余，正打算移居伦敦，并计划在那里演奏《第九交响曲》。像1809年一样，几位贵族朋友再次修书挽留，求他不要离开祖国。他们说："我们知道，您写了一部圣乐[①]，表达深沉的信仰在您心中激发的感情。圣洁的光辉照进您伟大的心灵，也照亮了这部作品。而且您也知道，您伟大的交响乐编织的花冠上又增添了一朵不朽鲜花……您这几年的沉默使寄望于您的人感到伤心。每个人都悲哀地想，当外国音乐设法扎根于我们的舞台，企图使德国艺术遭人遗忘时，我们的天才，在人们心目中占有如此崇高的地位，却一直保持沉默……整个民族都把希望寄托在您身上，期望您能为他们带来新的生活，新的光荣，撇开时尚，建立一个真与美的世界……但愿您不久就能让我们看到希望的实现……为了我们，也为了全世界……但愿即将来临的春天因您的天才绽开更多的鲜花！"[②]从这封慷慨激昂的信中，可以看到贝多芬在德国的精英人物中享有多高的威望，不仅艺术上如此，道德上也是一样。崇拜他的人称颂他的天才时，所想到的第一个词既非科学名词，亦非艺术术语，而是"信念"。[③]

这席话深深地感动了贝多芬。他留了下来。1824年5月7日，《D大调弥撒曲》和《第九交响曲》在维也纳举行首场演出。演出场面盛况空前。贝多芬出场时，受到听众一连五次的鼓掌欢迎，而在这个尊重礼节的国家，按照惯例，皇族出场也不过鼓掌三次罢了。交响曲使听众如醉似狂，许多人都哭了。演出结束后，贝多芬激动得

① 指D大调弥撒曲，（作品第123号）。

② 这封信写于1824年2月，署名的有C. 里希诺斯基亲王，莫瑞斯·里希诺夫斯基伯爵等二十余位皇亲国戚。

③ 1819年2月1日，贝多芬要求得到侄子的监护权，在维也纳市政府大厦自豪地声称："我的道德品质是有目共睹的。"

晕了过去。人们把他抬到辛德勒家。他昏昏沉沉地和衣而睡，不吃不喝，从晚上一直睡到第二天上午。

胜利是短暂的，贝多芬没得到任何好处。音乐会无赢利可言，他生活的窘迫状况无任何改变。他依然疾病缠身，孤立无依，但他却是一个征服者：他征服了人类的平庸，征服了自己的命运，征服了自己的痛苦。①

“你要抛弃，抛弃生活中的庸俗与无聊，为了你的艺术——这个至高无上的上帝！”

他已经达到了毕生的目标。他获得了欢乐。他能在这控制着暴风雨的心灵高峰长此久留吗？不错，他不得不重又跌人昔日的苦海。的确，他最后几首四重奏中充满了怪异的阴影。但是，《第九交响曲》的胜利似乎在他身上留下了光荣的印记。他未来的计划是：《第十交响曲》②《纪念巴赫的前奏曲》、为格里尔巴泽的《曼吕西纳》谱的曲子，为克尔纳德的《奥德赛》，歌德的《浮士德》③谱的音乐，以及圣经清唱剧《大卫和扫罗》。这一切表明，他的思想仍被巴赫和亨德尔等德国古代音乐大师们那种宁静祥和的境界所吸引，而且，他尤其神往阳光明媚的南方和他朝思暮想的意大利。

1826年，施皮勒大夫曾见过他，说他变得笑容满面，精神矍铄。同年，当格里尔巴泽和他见最后一面时，反倒是贝多芬给这位沮丧的诗人打气。诗人慨叹道：“唉！我要是有你的毅力和决心的千万分之一就好了！”世事艰难，反动的保王势力钳制着人们的思

① 《第九交响乐》1825年4月1日在法兰克福（德国）首演；1825年3月25日起在伦敦演出，1831年3月27日在巴黎音乐学院演出。1826年11月14日，当时17岁的门德尔松在柏林的雅格尔大厅以钢琴弹奏。可以说，《第九交响乐》决定了瓦格纳的艺术生涯。

② 1827年3月18日，贝多芬写信给莫舍勒斯：“我已完成一部交响乐的草稿，此外还有一首新的序曲。”但此草稿从未发现。他想通过《第十交响乐》实现“现代世界和古代世界的和解”，这正是歌德在其《浮士德》第二部中企图达到的目的。

③ 贝多芬从1808年起就有意为《浮士德》（1807年秋天，悲剧《浮士德》的第一部发表了）谱曲。这是他一生中最重视的计划之一。

想。格里尔巴泽叹息道："审查制度要了我的命。如果一个人要言论和思想自由，就必须去北美。"但是，任何权势都无法左右贝多芬的思想。诗人库夫纳在写给他的信中说："文字可以禁锢，所幸声音还是自由的。"贝多芬就是伟大的自由之声，也许是当时整个德国思想界唯一的自由之声。他感觉到这一点。他经常谈到他有责任用他的艺术去为"可怜的人类"、"未来的人类"作奉献，为他们造福，鼓励他们，把他们从迷梦中唤醒，斥责他们的怯懦。他在给侄子的信中说："当今时代，我们需要强有力的精神去鞭策这些可悲的人们去反抗。"1827年，米勒医生说："贝多芬总是肆无忌惮地议论政府和警察、贵族，甚至在公共场合也是这样。警察局知道这个情况，但认为他的批评和挖苦不过是无害的梦呓，可以容忍，因此对这位光芒四射的天才不予深究。"①

就这样，没有什么能使这个不屈不挠的意志屈服。现在，他似乎在玩弄痛苦了。他晚年谱写的音乐，尽管创作条件恶劣②，却总包含一种全新的嘲讽、不屑和欢快的特点。他去世前四个月，即1826年11月完成的最后一首作品，为四重奏重写的《终曲》（作品第130号）非常欢乐。其实这非一般人所说的欢乐。它时而是莫舍勒斯口里的那种嬉笑怒骂，时而是战胜了排山倒海的痛苦之后的动人微笑。不管怎样，他是战胜者。他不相信死亡。

尽管如此，死神还是来了。1826年11月末，他患了感冒，后又转为胸膜炎：前一年冬天，他为了侄儿的前程出外奔走，回到维也纳便病倒了。他的朋友住的都很远。他叫侄儿去找医生。据说，那个没心没肺的家伙忘了，两天后才想起来。医生来迟了，而且对病

① 1819年他被警察当局起诉，因为他公然声言："归根结底，基督不过是一个被钉死在十字架上的犹太人。"那时他正在写D大调弥撒曲。由此可见，他的宗教观应是极其自由的。在政治上，他也一样毫无顾忌。他大胆地抨击政府的腐败。他特别指责几件事情：法院独断专行，依附权势，秩序烦琐，办事拖沓；警察仗势欺人；官僚体制腐败无能，生气全无；扼杀个人的创造性和行动的积极性；贵族腐化而顽固，垄断政府里的最高职位。从1815年起，他在政治上倾向英国。

② 侄子的自杀。

人的治疗很不得力。贝多芬凭着自己运动员般的体格和疾病斗争了三个月。1827年1月3日，他将挚爱的侄子立为正式继承人。他想起了莱茵河畔的好友们，他还给韦格勒写信说：“我多想跟你谈谈！可惜我的身子太虚弱了。我只能从心里拥抱你和你的太太洛亨。”[①]他最后的日子一直为贫困的阴影所笼罩，如果不是几个英国朋友慷慨解囊，窘况会更加严重。他变得格外温柔又无比耐心。1827年2月17日，他经过三次手术，正等待着做第四次。[②]在弥留之际，他很清醒地写道：“我耐着性子，心想：任何痛苦必会带来善果。”善就是解脱，正如他临终时所说：“是喜剧的收场。”但我们说，是他一生悲剧的收场。

在一场暴风雪中，在风急雨骤的高潮，伴随着一阵阵轰鸣的雷声，他离开了人世。1827年3月26日，一只陌生的手替他合上了双眼。[③]

亲爱的贝多芬！有多少人颂扬过他艺术上的伟大。但他何止是音乐家中的第一人。他是现代艺术上最勇敢的精神，他是那些受苦而不屈的人们最伟大、最亲密的朋友。当我们因世上的苦难而忧伤难过的时候，他就会来到我们身边，仿佛坐在一个失去爱儿的母亲旁边，默默地，在钢琴上用强忍的悲声唱起哀歌，安慰伤心落泪的人。当我们与道德沦丧的丑恶现象做斗争，因收效甚微而感到厌倦的时候，到这个意志与信念的海洋中再浸润一下，必将得到不可言喻的收获。他身上散发出来的是有感染力的勇气，是斗争的欢欣，是意识到心中自有神灵的陶然醉意。似乎在与大自然的频频交流中，[④]他终于从中汲取了深邃磅礴的力量。格里尔巴泽对贝多芬的仰慕中含有一点儿敬畏，他在谈到贝多芬时说：“他达到一种可怕的境界，艺术竟和原始且变幻莫测的自然元素融为一体。”同样，舒曼对他的《第五交响曲》（C

① 洛亨即埃莱奥诺尔的昵称。

② 四次手术分别在12月20日、1月8日、2月2日和2月27日进行。

③ 这陌生人是青年音乐家安塞姆·希顿波兰纳。

④ 辛德勒说：“贝多芬教我学会了大自然的学问。在这方面的研究，他给我的指导和在音乐方面没有分别。使他陶醉的并非自然的规律，而是大自然的基本威力。”

小调）也做过类似的评价："尽管我们经常听到它，但它对我们有一种永恒的威力，好比自然界的各种现象，虽然常常发生，但总使我们充满恐惧和惊讶。"而他的挚友辛德勒说："他攫住了大自然的精髓。"此言不假，贝多芬是一股自然力。自然界强大的本源力量和其他力量碰撞的结果，便产生了荷马史诗般壮观的景象。

他的人生宛如一个雷雨天。最初是一个清新明朗的早晨，仅有几丝懒洋洋的轻风。但在这静止的空气中，早已暗含着一种危险，一种不祥的预感。突然问，庞大的阴影卷过；雷声隆隆悲吼；寂静中夹杂着恐怖的声响，狂风怒吼，这就是《英雄交响曲》与《第五交响曲》。可是，纯净的天光并未受损，欢乐依然是欢乐，悲戚中总保留着希望。但1810年之后，心灵失去了平衡。光线显得有些异样。明净如镜的思想里仿佛升起阵阵烟雾，时聚时散，忧郁和变化无常的烦恼使心灵蒙上了阴影。往往，乐思从浓雾中浮现一两次之后，又完全隐匿和被淹没，直到曲终才像狂飙般重新出现。而快乐本身也带有苦涩和粗野的性质。各种感受中都混有狂热这种毒素。随着夜幕的降临，暴风雨也在不断地酝酿。沉重的乌云携带着闪电，天色漆黑，暴雨倾盆，《第九交响曲》开始了。突然问，在风狂雨骤之际，黑暗被打破了。天空重又晴空万里，意志的力量使我们重见光明。

多么壮丽的征服啊！拿破仑的哪一次战役可以与之作比？奥斯特利茨[①]哪天的阳光能达到这超凡的光荣？它们又怎样与这个疾病缠身、孤苦无依的人所获得的最辉煌的胜利作比？一个穷困潦倒、残废而孤独、生而痛苦、世界从未给予他欢乐的人，却创造了欢乐奉献给全世界！他用自己的苦难铸就欢乐。他用一句豪言壮语概括了他的一生，这句话已经成为一切勇敢心灵的箴言：

"唯其痛苦，才有欢乐。"[②]

① 奥斯特利茨，地名，在今捷克境内，1805年12月2 13，拿破仑曾在此指挥了最辉煌的一次战役。此次战役初始并不乐观，至太阳升起时才扭转战局，大获全胜。故后人常以奥斯特利茨的太阳喻指伟大的胜利。

② 1815年10月19 13致埃尔多迪伯爵夫人的信。

# 贝多芬传遗嘱

## 致我的卡尔和（约翰）[1]

噢，你们这些人，竟在内心里将我看做或向人表明我是一个心肠恶毒、顽固不化、愤世嫉俗的人，你们对我是多么的不公平啊！你们不了解我这种表象之下的个中原因。自童年以来，我的心灵和精神便都趋向温柔的仁慈情感。甚至，我一直想去做一番伟大事业。可是请想一想，过去的六年里，我的健康状况是多么的糟糕，而且还因为那些庸医而加重了病情。年复一年的被欺骗，总希望能够好转，但最终我却不得不面对一种顽疾——即使康复并非完全不可能，但至少会持续多年。我生性热情活跃，甚至也能适应社会上的种种消遣，但却很早就被迫与人们分离，过着孤孤单单的生活。有时候，我要竭尽全力地克服这一切，我总是无可奈何地被残疾这个不断翻新的悲惨经验所阻遏。尽管如此，我总不可能对人说："讲话大声点儿，大声喊，因为我是聋子！"唉！我怎么能告诉别人真相，我的一样感官有毛病。我的这个器官应该比别人的更加敏锐才对，而它从前是最完美的，同行中很少有人的听力和我的一样棒！——噢，这我说不出口啊！所以。当我心里渴望与大家相处，而你们又看到我躲在一边的话，敬请

① 手稿中此名字忘写了。

原谅。我的不幸让我加倍地觉得痛苦，因为我因它而被人们误解。在与大家的交往中、在微妙的谈话中、在思想的倾诉中，我却无法得到一丝慰藉。我几乎总是孑然一身，只有在迫不得已之时才会在社交场合露面。我只得像一个被放逐者似的生活。每当我走近一个交际场合，我心里总是七上八下的，生怕被人发现我有残疾。

基于上述原因，我最近刚在乡下住了六个月。我那高明的医生让我一定尽量保护好自己的听觉，这也正合我意，尽管有时候我是那么迫切地想与人接触。但是，如果我身边的人听见远处的笛声而我却一点儿都听不到，或者他听见牧童在唱歌，而我却什么也没听见的时候，那该是何等的耻辱啊。这类事情几乎让我陷入了绝望的深渊：我几乎快要了结自己的生命了——唯有艺术将我挽留住了。哦！我感到得在完成我觉得赋予我的全部使命之前我是不可能离开这个世界的。于是，我苟活着这种悲惨的生活，的确无比悲惨的生活。这具躯体是那么的虚弱，哪怕微小的一点儿变化就能把我从最佳状态投入最糟糕的境地。“要耐心”，有人这样告诫我，而现在我必须以之作为我的行动指南了。我已经有了耐心——但愿我抗御的决心能够长久，直到无情的死神将我带走。28岁①，我已经被迫成了哲学家，这不是容易的事，对于一个艺术家来说比对其他人更加的艰难。

神明啊，你能从苍穹俯视我的灵魂，你理解它，你知道人类的爱和行善的愿望居于我心中。哦，人啊，如果有一天你们读到这些文字，想一想你们曾经对我是不公平的。希望不幸的人，看到一个和他一样不幸的人在艰难险阻面前仍然竭尽全力，从而使自己无愧于人的称号时，能聊以自慰。

你们，我的卡尔和约翰，如果施密特教授依然健在的话，你们就以我的名义去请求他把我的病情描述一番，并在病历中附上我这封信，这样社会至少会对此加以了解，并且在我死之后尽量与我重归于好。同时，我承认你们俩是我那微薄的财产（如果可以这么称

---

① 当时贝多芬32岁，但他从来不知道自己的确切年龄。

谓的话）的继承人。你们把它公公平平地分一分，要相亲相爱，同舟共济。要知道，你们对我的伤害，我早就原谅了。而你，我的卡尔，我还要特别感谢你近来对我的体贴和关爱。我祝愿你们能有一个更加幸福的生活，不要像我这样穷困潦倒。让你们的孩子养成美德：只有道德才能使人幸福，而不是金钱。这是我的经验之谈。是道德在我穷困潦倒时支撑了我；多亏了它，还亏了艺术，我才没有以凶残的自杀来结束生命。别了，你们相亲相爱吧。我感谢所有的朋友。尤其是里希诺夫斯基亲王和施密特教授。我希望里希诺夫斯基亲王赠给我的乐器能保存在你们俩中的一个人手中，但前提是你们不要因此发生争执；如果你们更需要钱，那就卖掉它们好了。如果我躺在墓穴之中还能帮你们一把，我将会多么的高兴啊！

果真如此的话，我将高高兴兴地去迎接死神。如果死神在我还没有机会发掘出我所有的艺术天赋之前降临——那么，尽管我命途多舛，我还是希望让它迟来的，但即使如此，我还是会高兴——它不就把我从无穷无尽的痛苦中解脱出来了吗？愿意何时来就何时来吧，我将勇敢地直面你；别了，我死之后，别完全把我遗忘在坟墓之中。我是值得你们思念的，因为我在世时常常思念你们，想使你们幸福。愿你们幸福！

路德维希·范·贝多芬

一八〇二年十月六日于海林根施塔特

海林根施塔特，1802年10月，我这就向你们告别了，我当然十分伤心。是的，我刚来这里时怀着美好的愿望——是的，我的希望——至少是我所怀有过的能够有一定程度治愈的希望——它大概把我完全抛弃了。就好比秋叶的飘落枯萎一样，这希望也渐渐地消失了。我要走了，几乎和我来时毫无二致，即使往常在我美好的夏日支撑我的那最大的勇气——也消失不见了。上帝啊，赐予我仅仅一天纯粹快乐的日子吧，我已经很久没有听到真正欢乐的深邃的声音了。哦，神明，哦，什么时候，哦，什么时候，神明！我还能在大自然和人类的圣殿里感觉到欢乐呀？永远不会，不！那太残酷了。

给我的卡尔和约翰——在我死后拆阅并执行。

# 书信集

## 致卡尔·阿曼达的信

我亲爱的、善良的阿曼达，我全身心爱戴的朋友：

我怀着既烦恼又兴奋的复杂心情，接到并拆阅了你的来信。你对我的忠诚和关爱，简直无法比拟。哦！你始终是我的朋友，这真是太好了；是的，我深深地了解你，我是能把你同其他的人区别开来的。你不是一个维也纳的朋友；不，你是我故国土地上能够产生的那些人中的一位。我多么希望你能常常待在我身边啊，因为你的贝多芬非常的不幸，并且还同大自然和造物主产生了激烈的冲突。我经常诅咒造物主，因为他把他的造物置于毫无转机的境地。这样的话，会压碎并毁灭最饱满的花蕾。要知道，我身体最宝贵的一部分——我的听觉，大大地衰退了。当我们还在一起的时候，我已感觉到征兆了，只是我一直瞒着你。现在的情况变得更糟糕了，是否能治，目前尚不得而知……我为自己的听觉是否能够好转而心急如焚：这类病几乎是最难根治的。我得凄凄惨惨地生活了，避开自己珍视的一切，而且是在一个如此可悲而自私的世界中……在所有的人当中，里希诺夫斯基最值得我信赖。去年以来，他都给了我六百弗罗林了；这些钱，加上我的作品所卖得的好价钱，使我得以不为面包发愁了。我所写的作品，立即就会有五个以上的出版商购买，而且售价不菲。我近来创作了不少作品，我得知你在订购一些钢琴……我将会把我的各种作品和一架钢琴一起寄给你，可以使你少花点儿钱。

现在令我欣慰的是来了一位朋友，同他在一起，我可以享受一点儿谈话的乐趣和无私的友情。他是我少年时代的朋友之一。我常常向他谈起你，我对他说，自从离开故国，你一直是我最贴心的朋友。他也不喜欢那位……后者太软弱，不配享有友情。我把他和那位看作是我高兴时玩的纯粹乐器；但他们永远都不能了解我崇高的行为，也不可能真心参与我的生活。我只是根据他们为我尽的力来回报他们。哦！要是我听力好的话，我会多么幸福，我会向你奔去。但事实上，我必须避开一切；我最好的年华从身边匆匆流走，没有完成我的才气和我的力量可能要我做的所有一切。如今，我不得不在悲伤的隐忍中苟活。无疑，我曾想战胜我所有的灾祸，做到不以物喜，不以己悲，但这又怎么可能呢？真的，阿曼达，如果过半年我的病仍未治好，我请求你的帮助。你必须放下一切来到我身边。我将去旅行（我的演奏和作曲还未太受我的残疾的影响；只是同人交往时它才特别叫人头疼），而你将是我的旅伴。我相信好运不会弃我而去。现在还有什么我不能与之较量一番的！自从你走了之后，我什么都写，甚至歌剧和宗教音乐。是的，你不会拒绝我，你会帮助你的朋友克服困难，与他排忧遣愁。我的钢琴演奏水平也大大提高了。我希望这趟旅行也会让你快乐；而后，你就会长久地留在我身边。你的信我均如数收悉，尽管我很少回信，但我一直都惦记着你呢。我的心脏带着同样的温情为你跳动着。我所告诉你的关于我听觉的事，请严格守秘；不论对谁都不要提及——盼常来信。你的信，即使再短，都使我得到慰藉和获益匪浅。我亲爱的朋友，我盼望不久的将来能再次收到你的来信。我没有把四重奏寄给你，因为自我开始能够正式创作四重奏之后，我把它们彻底地改动了。你收到时便会看到这一点的。现在，再见了，我亲爱的、善良的朋友！如果你觉得也许我能为你做些使你开心的事，毫无疑问，你得如实地真诚地告诉我。

你忠实的，真心爱你的

路德维希·范·贝多芬

一八〇一年

## 致弗兰茨·韦格勒博士的信

一八〇一年六月二十九日，维也纳

我善良的、亲爱的韦格勒：

多谢你的关心！我真是不该受，而且我的行为也不配受你的关注。然而，你却如此善良，甚至我的态度冷淡得不可饶恕，你对我也依然毫无保留，你永远是忠实的，慈悲的，正直的朋友。如果说我会忘了你，尤其是忘了对我如此友好和关心的你们大家，不，这是不可信的！很多时候我十分思念你们——想在你们旁边消磨若干时日。我的故乡是美丽的，在那儿我看到了世界上的第一缕阳光。在我眼里，它始终是那么美丽，那么清晰，和我离开你们时一样。一句话，当我能重见你们，并向我们的父亲河莱茵河致敬时，将是我一生中最幸福的时刻之一。何时能实现，我还不能确言。我只能告诉你，那时你会发现我又长大了：不是在艺术方面，而是在为人方面，你们将发觉我更善良更完满；如果我们的祖国生活上还没有更多起色，我便用艺术来为改善穷人们的命运做出贡献。哦，能够以此作为祖国前进的基点。对我而言何等幸福！

你想了解我的近况；嗯，还不算太差。自去年以来，里希诺夫斯基（尽管我跟你说了你可能还觉得不可思议）一直是我最热心的朋友（当然了，我们之间有过小小的误会，但这反而更加强了我们的友谊）。他给我设立了一项六百弗罗林的津贴。直到我将来找到一个合适的差事为止。我的创作收入很可观。这里我要加上一句，我的订单几乎应接不暇了。每件作品都有六七个出版商争抢，如果我不怕烦的话，还会更多。他们不再和我讨价还价了；我开个价，他们就付款。你看，这多美呀。比如说，我遇到一个正身处困境的朋友，而我一时又钱不凑手，我只消坐到书桌前，动手干活儿，转瞬间，我便使他摆脱了困境。同时，我比以前更加节俭了。

然而，嫉妒的魔鬼，我的羸弱的身体，竟来和我作难。比如说，我的听力三年来变得越来越差了。这大概受肚子不舒服的影响，你知道，即便在过去我的身体也已非常虚弱了。弗兰克想让我服补药，用薄荷油来医治我的耳朵。可是，一切都于事无补。我的听力依然一天差似一天，身体也还是老样子。这种状况一直持续到去年秋天，那时我常常陷于绝望。后来，一个蠢驴医生建议我洗冷水浴；而一个医术较高的医生，劝我到多瑙河去洗温水浴。这奇迹般地起效了，我的身体状况大为好转，但我的耳朵始终如此，或者更恶化。这个冬天对我来说实在是种煎熬，我经常会剧烈地腹痛，完全是复病的样子。在将近一个月的时间里，我的身体全无改观，我去请教韦林，因为我想我这种状况需要药物治疗，而且我一直相信他。他又要求我去多瑙河洗温泉浴，水里放一些健身的药酒。他没给我开任何药品，直到四天前才给我一些治胃病药丸和治耳朵的一种茶。通过这些治疗我身体强壮了不少，感觉也好多了，只有耳朵轰轰作响，日夜不息，压根儿就没有消停过。我的生活十分悲惨。两年来我躲避一切交际，因为我不能够与人交谈。我聋了。倘我干着别种职业，耳聋还可能是可以忍受的；但在我的行当里，耳聋是多么可怕啊。我的敌人们将会怎么说？而且他们的数目又是相当可观！

为了让你对我耳聋的严重程度有个概念，我告诉你，在剧院里，我不得不坐在紧贴着乐队的地方，这样才能明白演员们在说些什么。假如我坐得稍微远一点儿的话，我就会连乐器及演员的高音都听不到。在交谈时，令人奇怪的是竟然有人还从未察觉我有耳疾。因为我常常心不在焉，所以别人总以为那是由于我没有专心听。如果人家轻轻地说话，我几乎听不见；是的，我能听到声音，但听不清字句。可是，当别人喊叫时，我也会觉得难以忍受。结果会怎样，只有天知道。韦林说，即使不能完全康复，情况也一定会好转的。我经常诅咒我的生命和造物主。普鲁塔克教我学会逆来顺受。如果可能的话，我就要向我的命运挑战。但生活中总有一些时候，我感觉自己是上帝最痛苦的造物。我求你千万别跟任何人说我的病况；甚至对洛申也不要透露只言片语。我只把它作为一个秘密告诉你；如果你和韦林就这件事讨论一下，我将会很高兴的。如果我的情况得持续下去的话，来年春天我会到你身边去。你可以在某个美丽的乡间为我租一处房子，我想重做半年的乡下人，那也许会对我有些好处。听天由命！多么悲惨的逃避啊，但这是我所剩的唯一的出路了。请你原谅，在你已然为自己的处境焦头烂额之时，又给你带来这友谊之烦恼。

斯凡特·布勒宁此时在这里，我们几乎天天在一起。回首往昔的时光，我非常的开心。他的确是一个善良而出色的青年，他懂得一些事情，而他的心地也多多少少和我们一样，纯正刚直。

我还会写信给善良的洛申。即使我毫无音信，我也没有忘记你们之中任何一个，亲爱的好人们；但你们知道，写信从来都不是我所擅长的。甚至许多年过去了，我最要好的朋友们都没有收到过我一封信。我只在音符中过生活，一件作品刚刚完成，另一件早已开始了。照我目前的工作方式，我往往同时写着三四件东西。要常常给我写信；我会很认真地对待它们，并抽空儿给你们回信。代我向大家问好。

再见了，我善良、忠诚的韦格勒。相信我的真爱和友谊。

你的，

贝多芬

## 致韦格勒博士的信

一八〇一年十一月十六日，维也纳

我善良的韦格勒：

谢谢你再次对我表示关心，特别是因为我很不配。你想了解我的身体状况，尽管谈这问题我挺不舒服的，我却很高兴和你聊聊。

几个月来，韦林经常给我的两只胳膊敷上发疱药，这种药是用一种树皮制成的。这种治疗使我极端不快；痛苦是不必说，我还要一两天不能运用手臂，是的，我不能否认最初引起我听力下降的耳鸣已经减轻了些，尤其是左耳，那最先发病的一只。但是，我的听觉却没有丝毫起色；我不敢肯定它是否变得更坏。我的身体好多了，特别是洗了几次温水浴之后，我有十来天工夫感觉很不错。每隔多少时候，我服用一些强胃的药，现在正遵照你的建议使用草药。韦林不愿意我提到淋浴，而我对他也很不满意；他对于这样一种病实在太不当心太不周到了；去他那里很费事，如果我不去找他的话，就从来看不见他。你认为施密特怎么样？我不是乐于换医生，但是我认为韦林有点儿过于注重实践，不肯从书本上去补充他的学识。我认为施密特在这一点上完全不同，也许也不像他那么大意。我听说过直流电疗法的奇效，你以为怎样？有一位医生告诉我，他见过柏林一个聋哑儿童恢复了听觉，还有一个聋了七年的人也痊愈了。我听说施密特在这方面有些经验。

我又觉得活得稍微快活了点儿，因为我又开始与人交往了。你简直无法想象两年来我过的是多么孤单忧愁的日子。我日渐衰退的听力就好比一个恶魔，我躲避着人们。在别人眼里我显得愤世嫉俗，可我并不是呀。这个变化是一位迷人的姑娘带来的，她爱我，我也爱她。这是两年来我重新享受的幸福时光；我这也是第一次觉得婚姻可能会给人以幸福。不幸的是，她和我的处境不同——目前我的确不能够结婚——我还必须勇敢地挣扎一番。要不是耳疾，我早已经走遍半个世界了，而这是我得去做的。对我而言，再没有比搞艺术并展现它让我更快乐的事了。不要以为我在你们家里就会快乐。谁还能让我快乐呢？甚至你们的关切对于我来说都可能是一种重负；我时时刻刻都能从你们脸上读到同情，那我就会更加的忧伤凄然。我美丽的故乡，是什么把我引到那里？只是盼着环境更好的那个希望而已，而如果不是耳聋，我本会遂我心愿的！哦，如果我能够摆脱病痛，我真想拥抱全世界！我的青春，是的，我感觉到了，它才刚刚开始；我不是一直有病吗？近来，我的体力和智力都在不断地飞速发展。我每天都更加接近我所窥见但却无法确定的目标。只有在这种目标下，你的贝多芬才能够活下去。没有片刻的休息！除了睡眠之外，我不知道还有什么休息。但我却很不幸地不得不比以前花更多的时间在睡眠上。如果我的病情能减轻一半，那么，我就会像一个更加自立、更加成熟的人那样奔向你们，拉紧我们长久友谊的纽带。

我应当尽可能地在此世得到幸福——绝不要苦恼。不，我对此已无法忍受，我要扼住命运的咽喉；它绝不能使我完全屈服。哦！生命是如此美丽，我多想活上成百上千次啊！——不，我感觉得出来，我不是生来去过一种恬静的生活的。

代我向洛申、玛玛以及克里斯托夫致以亲切的问候。你真的有些爱我，不是吗？请相信我的友爱和情谊。

你的，

贝多芬

## 韦格勒和埃莱奥诺雷·冯·布勒宁致贝多芬的信

一八二五年十二月二十八日，科布伦兹

我亲爱的老友路易斯：

在送里斯的一个儿子动身至维也纳的时候，不由得想起了你。在我离开维也纳二十八年来，如果说你没有每两个月就收到我一封长信的话，那你应该谴责的是我在给你寄了头两封信后你却不回信来。你这样做就不对了。特别是现在，我们这些老年人不由自主地都在追忆往事，我们最大的快乐就是回忆年轻时代了。起码对于我来说是这样，多亏了你慈祥的母亲、（上帝祝福她），我才认识了你，并同你结下了亲密的友谊。这是我人生中的启明星，我常常满怀欣喜地回顾它……我举目仰视你，宛如仰视一位英雄，而且我可以骄傲地说：“我对他的发展并非没有影响；他向我倾诉他的愿望和梦想；后来，当他经常不断地遭受误解时，我却很明白他的需要。”感谢上帝让我能够和我的妻子谈论你，而且现在又同孩子们谈起你！我岳母家比你自己家更像你的家，特别是在你高贵的母亲仙逝以后。再对我们说一次：“是的，在欢乐中，在悲哀中，我都想念你们。”一个人，即使升得和你一样高，平生也就只有一次幸福：那就是他年轻的时候。你的思绪多次眷恋的是波恩、戈德斯贝格及佩比尼埃尔等地度过的幸福时光。

现在，我想跟你说说我和我们，以便你复信时在方式上有个参照。

1796年从维也纳回来之后，我的境况不太好。有好几年工夫，我不得不以行医维生，在这种破地方，我就这么混了好几年，才勉强温饱。后来，我当了教师，有了一份薪金，并且结了婚。一年后，有了一个女儿，至今仍健在，并且接受了完整的教育。除了生性正直之外，她还具有其父之清明气质；而且，她还能把贝多芬的一些奏鸣曲弹得格外传神。她这不是后天的努力，而是先天的聪颖，所以没什么可夸耀的。1807年，我喜得一子，他正在柏林学医呢。四年后，我想让他到维也纳去。你愿照看他不？8月份，我过了六十大寿，有大约六十位朋友和相知前来贺寿，其中包括该城市的几位名流。我从1807年起就住在这里，有了一所漂亮的房子和一个很好的职位。我的上峰们对我很满意，国王还给我颁发了奖章和勋章。洛申和我身体都还不错。好了，我的情况全告诉你了，现在轮到你了……

你的目光永远都不愿意从圣·艾蒂安教堂移开吗？旅行不使你觉得愉快吗？你不愿再见莱茵了吗？洛申和我深深地祝福你！

你的老友，

韦格勒

一八二五年十二月二十九日，科布伦兹

亲爱的贝多芬——多年来亲密的朋友：

韦格勒重新给您写信是我的心愿。现在这愿望已经满足了，我认为得再加两句——不仅是为了让您忆起我，更为了重新提出这个急待回答的问题：不知您是否不再有丝毫意愿再见莱茵河和您的出生地，是否愿意给我和韦格勒以最大的快乐。我们的洛申感谢您给了她那么多愉快的时光；听到我们谈起您时她高兴极了；她知道我们在波恩幸福的青春时代里所发生的所有故事——争吵与和好的小故事……她如果能够见到您该会多么开心啊！不幸的是，这个丫头一点儿音乐天才都没有，但她下了不少功夫，靠着勤奋和恒心，她也能够弹奏您的奏鸣曲、变奏曲等等了；而且，由于音乐对于韦格勒来说始终是最大的消遣，所以她为他提供了许多快乐的时光。尤利乌斯有点儿音乐细胞，但直到如今都没有得到发掘；六个月以来，他欣喜、愉快地守着大提琴，由于他在柏林有一位好老师，我相信他会取得进步的。两个孩子都很高，像他父亲；而韦格勒至今也还是（感谢上帝）温和开朗的性情，这一点孩子们也继承了……他非常喜欢弹奏您的变奏曲的主题曲；他偏爱老曲子，但他也常常弹奏新曲，耐心大极了。您的歌在他眼里是至高无上的。韦格勒从来没有过进了房间而不坐到钢琴前的。因此，亲爱的贝多芬，您可以看到我们对您的思念是多么持久而真诚了吧！请您对我们说一句，这对您有点儿珍贵，我们并未完全被您忘到脑后了。如果我们最热切的愿望不是如此难以实现的话，我们本会去维也纳我兄弟家里去了，这样就可以享受与您重逢的喜悦了；但是，这么一趟旅行是不敢想的，因为我们的儿子正在柏林呢。韦格勒已经把我们的所有情况都告诉您了——我们再抱怨就没有道理了。对我们而言，连最困难的时光都比多数其他人要好。最大的幸福就是我们身体都好，还有一双好儿女。的确，他们几乎从未带给我们任何麻烦，他们总是快快活活的，是好孩子。洛申只有过一次大的悲伤；那就是当我们可怜的布尔沙伊德去世时：那是我们大家都永远不会忘记的一个损失。别了，亲爱的贝多芬，请用善良之心想着我们。

埃莱奥诺雷·韦格勒

## 致弗兰茨·韦格勒博士的信

一八二六年十二月七日，维也纳

我亲爱的老友：

收到你和你的洛申的来信我十分高兴，简直无法形容。当然，我本该立即复信的，但我有点儿疏懒，特别是懒得写信，因为我在想。因为我认为，即便不写信，我最好的朋友也了解我！在我的脑海里，我常常在回你们的信；而每当我想写信的时候，我往往就把笔扔得老远，因为落笔下来的总不同于我的感受。我记得你一贯对我表示的那全部的爱，比如那次你把我的房间粉刷一新，令我意外而欢喜。我也惦记着布勒宁一家。人终有一别，这是很自然的事情，每个人都要奔赴自己的前程；唯有永远无法动摇的那些为善的原则始终把我们紧紧地联系在一起。不幸的是，今天我不能随心所欲地想写多少就写多少了，因为卧床不起，因而也就只能控制自己，就你的来信做些答复了。

你的洛申的靓丽身影，一直在我心中，我之所以这么说，是要让你看出我年轻时的所有一切美好和心爱的东西，对我而言依然是万分宝贵的。

此外，我的箴言始终是："无日不动笔。"[①]即使我让艺术之神小睡，那也是为了让它醒来之后更有精神。我希望能再带给世界几件大作；而后，我就像个老顽童一般，在正直的人们中间结束尘世生涯。

---

① 原文为拉丁文。

在我获得的荣誉中——因为我知道你听了会高兴，所以告诉你——值得一提的是已故的法国国王赠我的一枚勋章，上面镌有“国王赠予贝多芬先生”，还附有一封非常客气的信，署名是：“王家侍从长，夏特勒大公”。

再见了，我亲爱的朋友，我今天就此搁笔了。过去的回忆充满我的心头，寄此信的时候，我禁不住涕泪交流。今天这封信只是一个开端，不久你就会收到我的第二封信；而你给我写的信越多，就越使我快活。对于你我这般亲密的朋友，这是无须疑惑的。代我亲吻并拥抱你亲爱的洛申和孩子们。愿上帝与你们同在。

永远尊敬你的、你忠实的朋友。

贝多芬

## 致韦格勒博士的信

一八二七年二月十七日，维也纳

我很高兴从布勒宁那里收到了你的第二封信。我身体还太虚，无法给你们回信，但你要相信，我欢迎和期待你在信中所说的一切。至于我的康复，如果我可以这么说的话，还非常之缓慢；尽管医生们没有丝毫透露，但我估计非得进行第四次手术不可。我平静地想，一切苦难都会有恩泽如影随形吧。我还有千言万语要对你讲，但是我太虚弱了，我什么都不能做，只能在心里拥抱你，拥抱你和你的洛申。真诚的问候你和你的全家。

你们的老友，你们真正的朋友，

贝多芬

## 致莫斯科尔斯的信

一八二七年三月十四日，维也纳

2月27日，我接受了第四次手术，现在又出现一些确切的征兆，我还需要遭受第五次手术的折磨。如果老这么下去，什么时候是个头呢？我将会是个什么结果？真的，我的境况真的是悲惨透顶了！但我听任命运安排，只向上帝神圣的意志祈祷，让我在生前受着死的磨难的期间，就保佑我不要再蒙受拮据之苦了。这可使我有勇气顺从着至高的神的意志去担受我的命运，无论它如何艰苦，如何可怕。

所以，亲爱的莫斯科尔斯，我再次把我个人的事情拜托给你，而且我一直深深地敬重你。

你的朋友，

路德维希·范·贝多芬

# 思想录

## 关于音乐

“为了美，没有一条规则是不可以打破的。”

“音乐应当点燃人类的精神火花。”

“音乐是比一切智慧一切哲学更高的启示……能够参透我的音乐内涵的人，必定能超脱其他人难以自拔的苦难。”

（一八〇一年致贝蒂娜的信）

“接近神明，并把它的光芒洒遍人间，再没有比这更美好的事了。”

“我为什么写作？我心中的东西必须抒发出来；所以我才写作。”

“你相信吗？当神明与我说话，我是想着一架神圣的提琴，而写下它所告诉我的一切？”

（致舒潘齐希的信）

“按照我作曲的习惯，即便是在创作器乐曲时，我眼前总浮现着全部轮廓。”

（致特赖奇克的信）

“不用钢琴而写曲是必要的。人们表达所渴盼、所感受的东西的能力（这对于高贵的灵魂必不可少）是循序渐进地提高的。”

（致鲁道夫大公的信）

“描绘属于绘画；在这一点上，诗歌与音乐相比，也可说是幸运的，它的领域不像我的那样受局限；但另一方面，我的领土在其他领域扩展得更远，而且，别人并非轻易地就能到达我的王国。”

（一八一七年七月给莱比锡的威廉·热拉尔的信）

“自由和进步是人生的目标，同时也是艺术的目标。如果说我们没有祖先那么坚定，至少有许多事情已因文明的精练而大有扩张。”

（致鲁道夫大公的信）

“我不习惯在我的作品完成之后再作修改。我从未这样做过，因为我坚信，部分的变更会影响曲子的特点。”

（致爱丁堡出版商乔治·汤姆逊的信）

“除了‘荣耀归主’和诸如此类的作品之外，纯粹的宗教音乐应该只用声乐来表现。所以我偏爱帕莱斯特里纳的作品；但是，如不具备他的精神以及他的宗教观而去仿效他，那是荒谬的。”

（致大风琴手弗洛伊登贝格的信）

“当您的学生在弹钢琴，指法恰当，节拍准确，音符也弹得挺准确的时候，你只要注意风格就好。不要因为一些小错误而打断他，只在一曲终了之时再作指点。这种方法可以成就音乐家，不管怎么说，这是音乐艺术的主要目的之一……在表现技巧的乐段上，可以让他轮流地运用全部手指……毫无疑问，手指用得少时，可以取得‘珠圆玉润’的效果——获得‘贵如珍珠’的美誉，但有时我们更爱别的宝物。”

（致车尔尼的信）

“在古代的大师中，只有德国人亨德尔和塞巴斯蒂安·巴赫是天才。”

（一八一九年，致鲁道夫大公的信）

“我的心完全在为和声之父塞巴斯蒂安·巴赫崇高、伟大的艺术而跳动。”

（一八〇一年，致霍夫迈斯特的信）

“我向来是莫扎特最热诚的崇拜者之一，直到我的生命终止前，我将永远如此。”

（一八二六年，致斯塔德勒神甫的信）

“我敬重您的作品，甚于一切旁的戏剧作品。每当听说您有一部新作问世，我总是非常高兴，比对我自己的作品更感兴趣。总之，我敬重您，爱您……您将永远是同时代人中我最敬重的一个。如果您能给我写几句回信，将使我倍感欣慰。艺术将每一个人联系在一起，尤其是真正的艺术家，也许您肯把我也归入此列。”

（一八二三年，致凯鲁比尼的信）

## 关于批评

“在艺术家的立场上，人们从未听说过我对所有论及我的文章有一丝一毫的关注。”

（一八二五年，致斯格特的信）

“我和伏尔泰想法一样，被苍蝇咬上几口，骏马仍旧奔驰向前。”

（一八二六年，致克莱恩）

“至于那些蠢货，任他们信口开河去吧。他们的闲言碎语不会使任何人不朽，也绝不会让阿波罗指定的任何人失去其不朽。”

（一八〇一年，致霍夫迈斯特）

# 米开朗琪罗传

# 序 言

在佛罗伦萨国家博物馆，有一尊米开朗琪罗称为“战胜者”的大理石雕像。那是一个裸体的男青年，体形健硕，额头很低，鬈发覆盖其上。他昂首挺立，膝头顶着一个胡子拉碴的阶下囚的后背，那囚犯蜷曲着，脑袋前伸，状似一头牛。但是，胜利者并不看他。正要手起刀落之际，他住手了，把略显凄苦的嘴巴和犹豫不决的目光转了过去，手臂弯向肩膀，身体后仰。他不再需要胜利，胜利让他恶心。他虽是征服者，而他自身也被征服了。

这个疑虑的英雄形象，这尊折翼的胜利之神，是米开朗琪罗所有作品中，唯一直到他去世之前都一直留在他的工作室中的作品，而他的那位深知其思想的好友达尼埃尔·德·沃尔泰尔本打算把它移到米开朗琪罗的墓地去的——因为那正是米开朗琪罗自己，是他一生的写照。

痛苦是无止境的，它的形式多种多样。有时是由于世事无常，如贫穷、疾病、命运的不公、人类的恶意相向等；有时是源于人的本身，这也同样可悲和无奈，因为人们是不能选择自己的人生的，是既不企求像现在这种样子生活，也没有要求成为现在这副德行的。

米开朗琪罗的痛苦属于后一种。他有力量，他有幸生来就是为了奋斗，为了征服的，而且他也征服了——但征服了什么呢？他不要胜利。那不是他所企盼的——真是哈姆雷特式的悲剧！有英雄的才能，却没有英雄的意志，有强烈的激情，却没有这样的愿望，这是多么令人痛心的矛盾！

大家可别在那么多的伟大之后，期盼着我们在这里又看见了一个伟大！我们永远也不会说这是因为一个人太伟大了，世界就不能让他感到满足。精神的忧虑不是一种伟大的信号。即使是伟大的人物，要是缺乏人与物之间的、生命与其原则之间的协调就不称其为伟大：而是弱点——为什么企图隐瞒这一弱点呢？最软弱的人难道就不值得去爱吗？他倒是更值得去爱，因为他更需要爱。我绝不会把英雄抬到高不可攀的高度。我讨厌怯懦的理想主义者，他们不敢正视人生的苦难和心灵的弱点。应该告诉太容易被响亮的词句和幻想蒙骗的民众，唱高调的谎言不过是怯懦的表现。世界上只有一种英雄主义，那就是按世界本来面目去看待它，并且爱它。

我在这里所说的命运的悲剧，就是提供一种与生俱来的痛苦形象的悲剧，它源自心灵的深处，不断地啃啮生灵，并且不把生灵毁灭掉之前绝不离开它。这是人类伟大族群最强有力的典型代表之一，一千九百年来，我们西方世界充斥着他痛苦与信仰的呼号。他，便是基督徒。

将来有一天，在多少个世纪完了之后（如果对我们尘世的记忆还保存着的话）——那一天，那些活着的人会探身于这个消失的种族的深渊之上，如同但丁俯身在第八层地狱的火坑边一样，心里怀着感叹、厌恶和怜悯。

但是，有谁会比我们这些自幼就置身于这些焦虑之中的人对这种心情体会得更深呢？——我们就曾见过我们最亲爱的人在其中挣扎来着，我们熟知基督教的悲观主义那苦涩而醉人的滋味，有时，在怀疑的时刻，我们不得不做出努力，才不像其他人那样被天国虚无的幻象弄得晕头转向。

上帝啊！永生啊！那些今生今世无法生存的人们的庇护所啊！信仰往往只是生活中缺乏信心的表现，对将来、对自己缺乏信心、失去勇气和欢乐的表现！……我们知道您的痛苦的胜利是建筑在多少失败的基础上的啊！……

而正因为如此我才爱你们的，基督徒们，因为我为你们不平。我为你们不平，也赞赏你们的悲伤。你们让世界悲伤，但你们也让世界变得美丽。当你们的痛苦不再存在于世上时，世界将更加的贫乏。在这懦弱者的时代——他们既在痛苦面前颤抖，又吵闹着要求他们的幸福权，而那往往只是造成别人痛苦的权利——我们应该敢于正视痛苦。尊敬受苦的人！欢乐固然值得赞叹，痛苦何尝不应获得赞颂！这两者是姐妹，同时也是圣者。它们锻造世界，充实伟大的灵魂。它们是力量，是生命，是神明。谁要是不兼爱欢乐和痛苦，便是两者都不爱。谁懂得品尝它们，便能体会活着的价值和离开人生的甜蜜。

罗曼·罗兰

# 序 篇

他是佛罗伦萨一市民。

佛罗伦萨，到处是阴沉沉的宫殿，塔楼如长矛直戳天空，起伏的山峦，线条柔和而清晰，仿佛精工剪裁出来置于紫色的天际，一丛丛的小杉树和一条银色的橄榄树林如波浪般地起伏着；那佛罗伦萨，典雅高贵，洛朗·德. 梅迪西①那嘲讽的苍白面容和阔嘴马基雅维里②与淡金色头发的波提切利的名画《春天》和贫血病的维纳斯③相会在一起；那佛罗伦萨，狂热，骄傲，神经质，动辄耽于盲目的信仰，不断因宗教与社会的歇斯底里动荡不安。在这个城市里，人人都有自由，人人都是暴君，在这儿生活既快乐逍遥，又如同下了地狱。那佛罗伦萨，公民们聪明，褊狭，热情，易怒，口若利剑，生性多疑，互相窥探，彼此猜忌，你撕我咬；这个城市容不下莱奥纳多·达·芬奇的自由思想，波提切利也只能像一个英格兰清教徒似的在幻梦般的神秘主义中终其一生，目光灼灼形似公羊的萨伏那洛拉④焚烧艺术品并要僧侣们围着火堆跳舞，三年之后，火堆重又燃起，烧死的却是他这位先知。

他就是当时那个充满偏见、激情和狂热的城市的居民。

当然，他对他的同胞们并不温情。他眼光开阔、志存高远，看不起他们那个艺术圈子，看不起他们矫揉造作的精神、平庸的写实、感伤的情调、病态的精细，不屑一顾。他对他们毫不容情，但他爱他们。他不像达·芬奇那样用含笑的冷淡态度对待祖国。离开

① 佛罗伦萨政治家、执政者和文学艺术的保护人，也是梅迪西家族最出色的人物，他领导佛罗伦萨市民与罗马教廷抗衡，并取得胜利，因此享有威望。他去世前不久开办了一所雕塑学校；15岁的米开朗琪罗成为该校的学生。

② 意大利政治家、思想家、历史哲学的奠基人之一，曾多次参与捍卫佛罗伦萨共和国的斗争，其著作《君主论》和《论李维》在欧洲有很大影响。

③ 波提切利的名画《维纳斯的诞生》，与《春天》均系波提切利的代表作。

④ 意大利宣教士、改革家和殉道者，既与梅迪西家族的统治为敌，亦对抗罗马教廷，当权时曾在佛罗伦萨发动”焚烧虚妄”运动，首饰、纸牌、淫画统统付之一炬，也毁掉了许多书籍和艺术品，后在一次暴乱中被判处绞刑及火刑。

了佛罗伦萨，他会为思乡所苦。他一生都千方百计，设法留在佛罗伦萨，却往往不能如愿。在战争的悲惨岁月，他曾想“既然活着的时候不能在那里，至少死后要回去。”①

他们家在佛罗伦萨历史久远，他对自己血统和家族甚至比对自己的天才还感到自豪。②他不允许别人把他看作是个艺术家：“我不是雕塑家米开朗琪罗……我是米开朗琪罗·博纳罗蒂……”

他是精神贵族，而且具有所有的阶级偏见。他甚至说，“从事艺术的应该是贵人，而不是平民”。③

他对于家庭有着一种宗教的、古老的，几乎是野蛮的观念。他为它牺牲一切，而且希望别人也这样做。如他所说，“为了家族，他卖身为奴也在所不惜”。④为了一点点小事，他都会为家庭而动情。他看不起他没出息的兄弟。看不起他的侄子——他的继承人，但是，他对侄儿也好，对兄弟们也好，都把他们看作是家族的代表而表示尊重。下面的词儿常常出现在他的信中：

---

① （米开朗琪罗：《诗集》卷73，第24）。

② 博纳罗蒂·西莫尼家族祖籍塞蒂雅诺，从12世纪起在佛罗伦萨地方志上已有记载。米开朗琪罗非常清楚这一点：“我们是有产者，是高贵的家族。”（1546年12月给侄儿利奥纳多的信）他的侄儿想成为贵族，他不同意：“这是不尊重自己。人们都知道我们是佛罗伦萨历史悠久的资产阶级，比谁都高贵。”（1549年2月）他试图重振门第，使家人恢复西莫尼这个旧姓，并在佛罗伦萨创立一个家族组织。但他的兄弟们胸无大志。他一想起还有一个（吉斯蒙多）在扶犁当农民，便感到脸红。1520年，阿力山德罗·德·卡诺萨伯爵写信告诉他，在家族档案里找到了他们是亲戚的证据。这资料是假的，但米开朗琪罗深信不疑，他甚至想买卡诺萨古堡，据说那是他祖先的发祥地。他的传记作者龚迪维在他的指引下，将亨利二世的姐姐和玛蒂尔德伯爵夫人也归入了他的祖先之列。1515年，教皇奥利十世（出身梅迪西家族）来到佛罗伦萨，米开朗琪罗的兄弟博纳罗托被册封为帕拉迪诺斯伯爵，获准在家族族徽上添加梅迪西的圣爵盖纹章，三朵百合花和教皇名字的缩写。

③ 据其传记作者龚迪维记述。

④ 见1497年8月19日给父亲的信。直到他33岁（即1508年3月13日），他父亲才解除对他的监护权（见翌年的3月28日登记的正式文件）。

"……我们的家族……La nostra gente[①]维系我们的家族……不要让我们绝了种……"

这个顽强剽悍的种族的所有的迷信、所有的狂热，他都具有。他整个人就是用这些迷信和狂热的泥土塑造出来的。但从这泥土里迸射出一道光焰，将这一切都净化了，这就是：天才。

不相信天才，亦不知何谓天才的人，那就看看米开朗琪罗吧。从未有人像他那样为天才所困扰的。这才气似乎与他本人的气质并不相同：那是一个征服者侵占了他，并让他受到奴役。尽管他意志坚决，但也无济于事；而且，甚至几乎可以说：连他的精神与心灵对之也无能为力。这是一种狂热的亢奋状态，一种可怕的生命力，他的身心过分疲弱，无法控制。

他一直在持续不断的疯狂中生活。体内聚积着的旺盛精力让他痛苦，迫使他行动，不间断地行动，一刻也不能休息。

"我累得精疲力竭，从未有人像我这样的干活儿，"他写道，"我日夜工作，其他什么也不想。"

这种病态的干活儿的需要不仅使他的任务越积越多，还使他接受了许多难以兑现的订单。他简直成了工作狂。他甚至想雕刻整座山。如果要建造某个纪念性建筑，他会经年累月地跑到采石场里挑选石头、修筑道路运输石头。他什么都想做：工程师、凿石工；他想什么都亲自动手，独自一人建起宫殿、教堂。这简直是一种苦役犯过的日子。他甚至都挤不出时间来吃饭睡觉。他在写信时总是在叹苦经：

> "我几乎连吃饭都顾不上……我没有时间吃饭……十二年来，我累垮了身体，连日常必需的东西都没有……我一文不名，身无长物，浑身是病……我生活在贫困与痛苦之中……我同苦难进行着斗争……"

这种贫困纯属臆造。米开朗琪罗很富有；他变得越来越富有。但是富有对他又有什么用处？他日子过得像穷光蛋，干起活儿来像

① 意大利文：我们的家族。

拉磨的马，没有人明白他这样自虐的原因。谁也弄不明白他为什么就不能别让自己这么受苦，谁也不明白这样自讨苦吃已成为他的一种需要。就连同他脾气极其相似的他的父亲也责怪他说：

> “你弟弟告诉我说，你生活非常节俭，甚至节俭得非常的悲惨：节俭是好的，但悲惨却是坏事，是使上帝和人都不高兴的一种恶习，它会损害你的心灵与躯体的。你还年轻，这样还行，待年纪一大，贫苦生活带来的病痛会一起冒出来。别再过苦日子，生活要有所节制，必需的营养还是要的，千万别过分劳累……”

但怎么劝也没有用，他不想改善自己的生活，他只吃面包，喝点儿葡萄酒。他每天只睡几个小时。当他在博洛尼亚忙于雕刻尤利乌斯二世[①]的铜像时，他同他的三个助手只有一张床睡觉。他和衣而眠，连靴子都不脱。有一次他腿肿了，只好将靴子割开。脱靴子时，连皮带肉地扯了下来。

这种可怕的卫生习惯，恰如他父亲警告过的那样，使他经常生病。人们从他的信件中竟发现他生过十四五次大病。[②]他有几次发烧，差点送了命。他的眼睛、牙齿、头部、心脏都有毛病。他常被神经痛所折磨，尤其是睡觉的时候，真是苦不堪言。他已未老先衰。42岁时，他就感到衰老垂暮了。48岁时，他写道他若干一天活

① （1443—1513）罗马教皇，为政教合一而奋斗的政治家。他出生于意大利，1471年成为枢机主教，因受教皇亚历山大六世迫害，逃往法国，1503年亚历山大六世去世后，当选为教皇。

② 1517年9月，在雕刻圣洛朗佐宫的正面和弥涅尔维的基督像时，“几乎病死”。1518年9月，在塞拉维扎采石场，因过度劳累和心情烦闷而病倒。1520年拉斐尔（意大利文艺复兴时期著名画家、雕刻家）去世他又病了。1521年年底，一位名叫利奥纳多·塞拉约的朋友祝贺他：“居然能从一种很少可以有人幸免的大病中死里逃生。”1531年6月，佛罗伦萨被攻陷，他又感到不适，一直延续到年底。1539年，他从西斯廷教堂的脚手架上摔下来，腿部骨折。1544年6月，他突发高烧。1545年12月和1548年1月，两次旧病复发。1549年3月，他患上石粉过敏症，受尽折磨。1555年7月，石粉症复发，身体衰弱到极点。1561年8月，再度病倒，“他不省人事，浑身抽搐”。

儿，就得歇上个四五天。他死也不肯延医治疗。

这种工作狂的生活，对他精神的影响比对身体的影响更甚，悲观主义侵蚀着他。这是一种遗传病。青年时期，他想尽办法去安慰不时突发受迫害妄想的父亲。米开朗琪罗自己比父亲的症状更重。这种不间断的劳动，这种从来得不到休息的高度疲劳，使他那生性多疑的精神毫无防范地陷人种种迷惘狂乱之中。他怀疑他的仇敌，他怀疑他的朋友。他怀疑他的父母、兄弟和继子，他怀疑他们迫不及待地盼着他早点儿死。

一切都令他忐忑不安；家人对他整天心神不宁感到好笑。他如同自己所说的，是生活"在一种忧伤或者说癫狂的状态之中"。久而久之，他竟然把痛苦变成了一种嗜好，似乎从中找到了一种苦涩的快感：

"越是加害于我，我越快乐。"[①]

对于他来说，什么都是痛苦的由头，包括爱，包括善。[②]

"忧伤是我的享受。"[③]

没有一个人比他更乐少忧多的了。在广阔的宇宙中，他看到和感觉到的只有痛苦。世界上的一切悲观失望全都概括到这句绝望的、一种极大的不公的呐喊之中：

"无尽的欢乐不抵小小的苦痛！"[④]

"他那噬人的精力，"龚迪维说，"使他几乎同整个人类社会完全隔离开来。"

他孤单一人——他恨别人，也被人恨。他爱别人，但却不为人所爱。人们钦佩他，但又都害怕他。最后，他使人产生一种宗教般的敬畏。他统治着自己的时代。于是，他稍稍感到心安，他从高处

① 米开朗琪罗：《诗集》卷42。

② 十四行诗卷59，第48"任何事物都让我感到悲哀，甚至善、因为它转瞬即逝，对我心灵的伤害和压抑不下于恶。"

③ 米开朗琪罗：《诗集》卷81。

④ 米开朗琪罗：《诗集》卷74。

看人，而大家则从低处看他。他从未同时居于高处和低处。他从未有过休息，从未有过赋予最卑微的人的那种温馨：一生中有这么一分钟能够躺在别人的怀中酣然入睡。女人的爱无缘于他。在这荒凉的天空中，只有维多莉娅·科洛娜的那颗纯洁而冷静的友谊的星辰闪烁了片刻。周围是一片黑夜，只有他炽热的思想流星——他的欲望和疯狂的梦境——飞驰而过。贝多芬从未经历过这样的黑夜。因为这黑夜就在米开朗琪罗的内心。贝多芬的悲愤是社会的过错，他本人却天性快活，且渴望快乐。米开朗琪罗却忧郁成性，令人害怕，使人本能地躲开他。他在自己的周围造成了一片空虚。

这还算不了什么。最糟糕的不是孤独，而是对自己也自闭，无法同自己生活在一起，无法主宰自己，而且自己否定自己，自己与自己斗争，自己摧残自己。他的天才与一个在背叛他的心灵结合在了一起。有人说这是他的宿命，命运使他激烈地反对自己，阻止他实施任何伟大的计划。这所谓的命运，其实是他自己。他不幸的关键，他一生的悲剧所在——大家极难看到或很少敢去看的东西——就是他缺乏意志力和性格脆弱。

他在艺术上，在政治上，在他所有的行动和所有的思想中，都是优柔寡断的。在两件作品、两项计划、两种办法之间，他无法做出选择。有关尤利乌斯二世的纪念碑、圣·洛朗教堂的面墙、梅迪西的陵墓等的情况就是明证。他开始了又开始，总是弄不出个结果来。他又要又不要的。他刚一做出抉择，马上又产生了怀疑。直到生命结束，他什么也没有完成，他厌倦了一切。有人说，他的工作是别人强加给他的。有人说这种计划来回变的情况，应由他的东家负责。可是人们忘了，如果他拒绝，东家是毫无办法的，但他不敢。

他很脆弱。他因道德和胆怯之故，在各个方面都很脆弱。他因千百种思虑而苦恼，要是换一个性格坚强一些的人，这种种的思虑都不值一提。他往往夸大自己的责任，自认为不能不干那些一般性的工作，其实，这类事情换了任何一个工头，没准儿都比他干得更好。他不懂如何履行承诺，却又不肯放手让别人去做。

他因谨慎与胆小而脆弱。被尤利乌斯二世称为“可怕的人”的这同样的一个人，却被瓦萨里[①]称为“谨小慎微的人”——简直是太谨小慎微了；而这个“使大家，甚至使教皇们都害怕的人”[②]却害怕所有的人。他在王公贵族面前很软弱，但却比任何人都看不起在王公贵族面前软弱的人，把他们称为“为王公贵族负重的驴”。[③]——他曾想躲开教皇，却始终没走，且十分驯服[④]有时候，他也反抗，说话态度强硬，但最后总是让步。直到死前，他都在挣扎，而无力斗争。克雷芒七世与大家通常所说的恰恰相反，是所有的教皇中对他最好的一位，他了解他的弱点，很可怜他。[⑤]他在爱的方面丧失了全部尊严。他在像费波·德·波奇奥这样的混蛋面前低三下四。他把一个可爱但却平庸的人，如托马索·德·卡瓦列里当成一个“伟大的天才”。

至少，爱使得他的这些弱点变得感人。当他因害怕而变得软弱时，这些软弱也只是非常痛苦的——大家不敢说是“可耻的”——表现而已。他突然被巨大的恐惧所攫住。于是，他便逃走，被恐惧迫使穿越整个意大利。1494年，因被一个幻象吓坏了，他便逃离了佛罗伦萨。1529年，他负责守卫的佛罗伦萨被围，他又从那儿逃走了。他一直逃到威尼斯。他都准备好要逃到法国去了。稍后，他觉得这种行为很可耻，决心弥补，便返回被围的佛罗伦萨，一直坚守到围城结束。佛罗伦萨结束后，许多人被流放，他又吓得魂不附体！他甚至去巴结放逐官瓦洛里，就是那个刚刚把他的朋友、高贵的巴蒂斯塔·德·帕拉处死的家伙。唉！他甚至和朋友划清界限，与佛罗伦萨的流亡者断绝联系。

---

① 乔治·瓦萨里（1511—1574），意大利著名画家和艺术史家，米开朗琪罗的学生和好友，其著作《美术家传记》于1550年出版，引起极大轰动。

② 见塞巴斯蒂安诺·德尔·皮翁博给他的信（1520年10月27日）。

③ 与瓦萨里的谈话。

④ 1518年2月2日，红衣主教尤利乌斯·德·梅迪西（即未来的克雷芒七世）给他写了一封带有侮辱性的信，怀疑他被人收买。米开朗琪罗在回信中屈辱地说，他“一心只想讨他的欢心”。

⑤ 克雷芒七世关心他的健康和他的苦恼。1531年还发布敕书，替他辩护，为他说好话。

他害怕，他对于自己的胆怯感到羞耻，他瞧不起自己，他因厌恶自己而病倒了，他想死，大家都认为他要死了。

但他不能死。他身上有着一种疯狂的求生的力量，紧紧地拉住他，让他忍受更多的痛苦——要是他能不再行动有多好！但他不能这样。他不能不干事，他必须干事。他干了吗？干了，但却是被动地干。他像但丁笔下的罪人，被卷进激烈而矛盾的感情旋风之中。

> 他该是多么的痛苦啊！
> 让我痛苦吧！痛苦吧！
> 在我过去的日子里，
> 没有一天属于我自己！[①]

他向上帝发出绝望的呼救：

> “噢，上帝！噢，上帝！
> 谁能比我更了解我自己？”[②]

他之所以渴望死，是因为他认为死可以结束这种使人发狂的奴隶生活。他在谈到死去的那些人时是多么的嫉妒啊！

> 你们不用再害怕生命和欲念的变化了……
> 以后的日月不会对你们施暴了；
> 必须与偶然都左右不了你们了……
> 写到这里，我怎能不羡慕呢？[③]

死！不再存在！不再是自身。逃出天地万物的掌心！摆脱了对自己的幻想！

> “啊！尽力让我不再回到我自己吧！”

卡皮托勒博物馆里，他不安的目光还注视着我们，从他痛苦的脸上，我似乎听见发出了这凄怆的呼声。

---

① 米开朗琪罗：《诗集》卷49，约写于1532年。

② 米开朗琪罗：《诗集》卷6，约写于1504—1511年。

③ 米开朗琪罗：《诗集》卷58，1534年悼念他父亲去世时的诗篇。

他中等身材，宽肩阔背，四肢发达，肌肉结实。由于工作过于劳累。体形变了样，他走路时仰着头，后背凹陷，腹部前突。这便是荷兰画家弗朗索瓦给他画的肖像：他侧身站着，身着黑衣，肩披罗马式大氅；头缠布巾，巾上一顶宽宽的黑毡帽，压得很低。他脑袋滚圆，额头方方，突出，布满皱纹。头发呈黑色，不很浓密，蓬乱着，微卷着。又小又忧伤但却很敏锐的眼睛，颜色深褐，但有点儿黄褐和蓝褐斑点，色彩常常变化。鼻子又宽又直，中间隆起，曾被托里贾尼[①]的拳头击破。鼻孔到两边的嘴角有一些深深的皱纹。嘴巴很薄；下嘴唇微微前伸。颊髯稀疏，农牧神似的胡须分叉着，不很厚密，长约四五寸，颧骨突起，面颊塌陷，圈在毛发之中。

整个脸部笼罩着忧郁和游移不定的神情，这是诗人塔索时代典型的脸庞，显得疑虑重重。凄凉的目光不由得唤起人们的同情。

我们不要与他斤斤计较那同情了。就把他一生都在渴求而未能获得的那份爱给了他吧。他尝到了人所能尝到的那些巨大痛苦。他看见自己的祖国遭受蹂躏，整个意大利沦人蛮族之手达好几个世纪。他眼见自由泯灭，他所爱的人一个接一个地死去，眼见艺术的明灯一盏盏地熄灭。

在这逐渐降临的黑夜里，他是孤独的，是最后的一个。而在死亡的门槛前，当他回首望去时，他甚至无法聊以自慰地对自己说，他做了自己该做的一切，做了他可能做的一切。他似乎虚度了一生。他白白放弃了欢乐，白白为艺术这个偶像牺牲了自己。[②]

他活了90岁，一辈子没休息过一天，没享受过一天真正的生活，艰苦的劳作竟实现不了一项伟大的计划。他认为最重要的作品没一件能够完成。命运嘲弄的结果，使这位雕塑家[③]只能完成一些

---

① （1472—1528），佛罗伦萨派画家，1511年移居英国，成为英国文艺复兴的倡导者。

② 《诗集》卷147。

③ 他称自己为“雕塑家”而非“画家”。1508年3月10日他写道：“今天，我，雕塑家米开朗琪罗开始西斯廷教堂的绘画。”一年之后，他写道：“那不是我的职业……我白白浪费了光阴。”他这种想法始终未变。

他所不愿意画的绘画。在那些既给他带来那么自豪的希望又带来无数痛苦的大件中，有一些——如《比萨之战》的图稿、尤利乌斯二世的铜像——在他生前就被毁掉了；另外一些——如尤利乌斯的陵墓、梅迪西小教堂——可怜地流产了，只剩下他构思的草图了。

雕塑家吉贝尔蒂[①]在他的《评论集》中讲述了昂茹公爵的一个可怜的德国首饰匠的故事，说“他可以同希腊古代雕塑家相媲美”，但在他晚年时，他看见他花费一生心血做成的作品被毁掉了。“于是，他看到自己全部的辛劳都白费了，他便跪了下来，大声喊道：‘啊，主啊，你是天地的主宰，万物都是你的创造，别再让我误入歧途，除了你我再也不追随其他人了！可怜可怜我吧！’他随即将所有的一切都给了穷人，从此隐居山林，了其余生……”

米开朗琪罗同这个可怜的德国首饰匠一样，人到暮年，苦涩地看着自己虚度的一生，他的努力全是徒劳，他的作品不是未曾完工，便是遭到毁坏，等于一事无成。

于是，他退让了。文艺复兴时代的骄傲，宇宙间自由且至高无上的灵魂，无比自豪地与他一起返璞归真：

那神明的爱，
那神明在十字架上张开双臂迎接我们。[②]

《欢乐颂》那雄浑的声音没有呼唤出来。直到最后一息，依然是“痛苦颂”和让人得到解脱的“死亡颂”。他完全被击败了。

这就是世界的征服者中的一位。享受着他的天才创作出来的他的作品的我们，同享受我们先辈的伟绩一样：再也想不起，流过多少鲜血。

我愿将这鲜血摊开在所有人眼前，我愿举起英雄们红色的战旗，让它在我们头上飘扬。

① （1378—1455），15世纪前期佛罗伦萨著名的青铜雕刻家。

② 米开朗琪罗：《诗集》卷147。

# 上篇 斗 争

## 一 力 量

他于1475年3月6日生于卡森蒂诺的卡普雷塞。土地崎岖不平，“空气清新温和”[①]，岩石和山毛榉遍布于嶙峋的亚平宁山脊。不远处，便是阿西斯的圣方济各看见基督在阿尔佛尼阿山上显圣的地方。

其父是卡普雷塞和丘西的最高行政长官。是个性情暴躁、焦虑不安，“敬畏上帝”的人。米开朗琪罗6岁丧母，留下他们五兄弟：利奥那多、米开朗琪罗、博纳罗托、乔凡·西莫内和吉斯蒙多。

出生后，米开朗琪罗被送到塞蒂涅阿诺的一个石匠的妻子那儿喂养。后来，他打趣说，皆因吃了这个乳母的奶，他才选择当雕塑家。家人将他送进学校，但他在学校里一心一意画画。“因为这个，他被父亲及叔叔伯伯们瞧不起，并且常挨他们的殴打，因为他们对艺术家这一行当怀有仇恨，觉得家里有一个艺术家是一大耻辱。”[②]就这样，他从小便备尝人生的无情和精神的孤独。

但他的固执战胜了父亲的固执。13岁时，他到佛罗伦萨最大最

① 米开朗琪罗常说他的天才受益于故乡“清新的空气”。

② 据龚迪维记述。

好的多梅尼科·吉兰达约[①]画室当学徒。他最早的习作便获得极大的成功。据说连他师傅也嫉妒他。一年后，师徒便分手了。

此时他已厌倦绘画，而心仪另一种更壮美的艺术。他转入洛朗·德·梅迪西在圣马可花园开办的雕塑学校。梅迪西亲王对他颇感兴趣：让他住到王宫里，和自己的孩子们同席。就这样，他一下子置身于意大利文艺复兴的心脏，为古代的珍藏品所环绕，沐浴于伟大的柏拉图派艺术家——玛西尔·菲辛[②]、伯尼维埃尼[③]、昂吉·波利齐亚诺[④]——的博学的和诗意的氛围之中。他陶醉于他们的思想之中；呼吸着古代的气息，怀古之情也油然而生，他成为一位崇尚希腊文明的雕塑家。在“非常喜欢他的”波利齐亚诺的指导下，他完成了《半人半马怪与拉庇泰人之战》这座雕像。[⑤]

这件英气勃勃的浮雕里，压倒一切的是无情的力与美，反映出少年米开朗琪罗的勇敢心魂及其粗犷的雕刻人物的手法。

后来，他同洛伦佐·迪·克雷蒂、布贾尔迪尼、格拉纳奇及托里贾诺·德·托里贾尼一起前往卡尔米尼教堂去临摹马萨乔的壁画。对不如他手巧的同学极尽讥讽之能事。有一次，他攻击虚荣心重的托里吉雅尼，被对方一拳打在脸上。后来，他还对打架的事大吹大擂：“我握紧拳头，”他对贝韦努托·切利尼讲述道，“猛力地向他的鼻子打去，只觉得他的鼻梁骨全都击碎了，软塌塌的。就这样，我给了他一个终生难忘的纪念。”

信奉异教并未压灭米开朗琪罗的基督教信仰。两个敌对的世界展开了对他灵魂的争夺。

---

① （1449—1494），意大利文艺复兴前期佛罗伦萨的著名画家。

② （1433—1499），意大利哲学家、神学家和语言学家，他对柏拉图及希腊书籍的翻译、注释促成了佛罗伦萨的文艺复兴，影响欧洲思想文化达两个世纪之久。

③ （1453—1542），意大利诗人，因将菲辛的精神恋爱理论演绎为诗歌而闻名。

④ （1454—1494），意大利诗人，人文主义者。

⑤ 这座雕像在佛罗伦萨博纳罗蒂府。《欢笑牧神的面具》也是同代作品，正是它使米开朗琪罗赢得了洛朗·德·梅迪西的友谊。

1490年，教士萨伏那洛拉开始狂热地宣传《启示录》。教士35岁，米开朗琪罗15岁。他看见这位矮小羸弱的宣道者，全身透着圣灵之气，在讲台上用可怕的声音猛烈抨击教皇，讲上帝血淋淋的宝剑悬挂在意大利的上空，不禁吓得浑身发凉。佛罗伦萨发抖了。人们纷纷奔上街头，像疯子似的又哭又喊的。最富有的公民，如鲁切拉伊、萨尔维亚蒂、阿尔比齐、斯特罗齐等，纷纷要求加入教派。博学者、哲学家，如比克·德·米朗多尔、波利齐亚诺等，也不再坚持自己的道理。米开朗琪罗的哥哥利奥那多加入了多明我派。

米开朗琪罗丝毫未能逃过这恐惧的传染。当预言者宣称新的塞努斯（神之剑）、那个小丑人法王查理八世临近时，米开朗琪罗吓坏了。有一个梦尤其使他惊慌不安。

他的一位朋友、诗人兼音乐家卡尔迪耶雷，一天夜里，看见洛朗·德·梅迪西的阴魂[①]出现在他眼前，衣衫褴褛，半裸着身子；死者命令他告诉他的儿子彼得，说他马上就会遭到驱逐，永远也回不了祖国了。卡尔迪耶雷把自己的梦告诉了米开朗琪罗，后者鼓励他把这事如实地讲给亲王听；但卡尔迪耶雷害怕彼得，不敢去说。又有一天早上，他又来找米开朗琪罗，慌慌张张地告诉他，那鬼魂再次出现，穿着同样的衣服；并像卡尔迪耶雷一样，躺下来，一声不响地盯着他，轻轻地吹他的脸颊，以惩罚他没有服从命令。米开朗琪罗把卡尔迪耶雷臭骂了一顿，并迫使他立即徒步前往位于佛罗伦萨附近卡尔奇的梅迪西的别墅。半道上，卡尔迪耶雷碰上了彼得：他叫住彼得，把他的梦讲给彼得听。彼得哈哈大笑，并让自己的侍从们把他赶开了。亲王的秘书比别纳对他说道："你真傻。你以为洛朗最爱谁，他儿子还是你？如果洛朗要显灵，当然是向他儿子而不是向你显灵！"卡尔迪耶雷遭此辱骂和嘲讽之后，回到佛罗伦萨；将此行的失败告知米开朗琪罗，并使他相信佛罗伦萨即将大祸临头。米开朗琪罗闻言，两天后便逃走了。[②]

这是米开朗琪罗第一次因迷信而惊恐情绪大发作，类似的事情

① 洛朗·德·梅迪西于1492年4月8日去世。

② 据龚迪维的记述，米开朗琪罗是1494年10月逃跑的。

后来又发生过多次，尽管他为此感到羞愧，但却不能自已。

他一直逃往威尼斯。

一离开烽烟四起的佛罗伦萨，他惊恐的情绪便冷静了下来——他回到博洛尼亚过冬[①]，完全忘了那位预言者及其预言。世界之美又使他振奋起来。他读彼特拉克、薄伽丘和但丁的作品。[②]1495年春，在狂欢节的宗教庆典和党派斗争激烈之际，他又来到佛罗伦萨。但是，他此刻已摆脱了自己周围的那份你撕我咬的狂热，所以，因为要向萨伏那洛拉派的疯狂表示一种怀疑，他雕塑了著名的《熟睡的丘比特》，被时人评为颇具古风。他在佛罗伦萨住了几个月，旋即赴罗马，直到萨伏那洛拉去世，他一直是艺术家中最具异教色彩的一个。萨伏那洛拉下令焚烧散布“虚荣和邪说”的书籍、装饰品、艺术品的那一年，他雕刻成了《醉了的酒神》、《垂死的那多尼斯》和巨大的《爱神》。[③]他的哥哥、僧侣利奥那多因信仰那个预言者而被追逐。危险纷纷聚集在萨伏那洛拉的头上：米开朗琪罗并未回佛罗伦萨来捍卫他。萨伏那洛拉被烧死[④]：米开朗琪罗沉默不语。在他的信件中，毫无这一事件的痕迹。

米开朗琪罗虽一言未发，但却雕成了《哀悼基督》：

死了的基督永恒般地年轻，躺在圣母的腿上，仿佛睡着了一般。清纯的女神和髑髅地[⑤]的神灵，线条中透着希腊古典艺术的朴实无华，却又渗入了一种难以言状的哀愁。悲凉占据了米开朗琪罗的心灵。

使他悲哀的不仅仅是那苦难与罪恶的景象。一种专制的力量进入他的心中，再也不放过他。他受制于这种天才的疯狂，使他到死

① 他住在高贵的乔凡尼·弗朗切斯科·阿尔多弗兰迪家里，在他和博洛尼亚的警察局有麻烦时，乔凡尼伸出援手。这时，他雕了几座宗教塑像——圣彼得罗尼奥，但毫无宗教色彩，仍是傲气十足的力的表现。

② 三位作家均系意大利文艺复兴运动的先驱。

③ 1496年6月，米开朗琪罗到达罗马。《醉了的酒神》《垂死的那多尼斯》和《爱神》均为1497年之作。

④ 此乃1498年5月25日。

⑤ 耶稣受难之地。

都无法再松一口气。他没有对胜利的幻想，但他发誓为了他自己的光荣与家人的光荣，他要去征服。家庭的全部重负都压在了他一个人的肩上。他的家人向他要钱。他虽没有钱，但却因骄傲的缘故而从不拒绝他们：为了寄钱给他的家人，让他卖身他都在所不惜。他的健康已经受到损害，营养不良，居处阴冷潮湿，工作过度劳累，他的身体开始垮下来。头疼、肋胀，父亲责备他的生活方式，他却认为这不能怪他。

“我经受的一切磨难，都是为你们而经受的。”

米开朗琪罗后来给父亲写信时说道：

“……我的所有忧虑，都是因为爱你们而造成的。”

1501年春，他回到佛罗伦萨。

四十年前，佛罗伦萨大教堂事务委员会把一块巨大的大理石岩块交给阿艾斯蒂诺，让他雕一尊先知像。作品刚刚画出草图就停下来了。这样一块巨型大理石，没有人敢接手，此时便交给了米开朗琪罗[①]，硕大的《大卫像》由此诞生。

据说，把雕像交由米开朗琪罗做的旗官[②]比尔·索德里尼为表示自己的品位高雅而对雕像提出了一些批评：他认为鼻子太厚了。米开朗琪罗便拿起一把剪刀和一点儿大理石粉爬上脚手架，一面轻轻地晃动着剪刀，一面把大理石粉一点点撒落，根本没碰那只鼻子，仍让它保持原样。然后转身问旗官：

“现在，您请看。”

索德里尼回答说：

“现在嘛，我觉得好多了，您让它显得活了。”

米开朗琪罗走下脚手架，心中暗暗好笑。[③]

① 1501年8月，他曾和红衣主教弗朗切斯科·彼科洛米尼签订合同，承做锡耶纳大教堂的装饰雕刻，但始终没有动工，他一生都为此深感内疚。

② 中世纪佛罗伦萨共和国首脑的称号。

③ 据瓦萨里记述。瓦萨里，意大利画家、建筑师、作家，因研究意大利文艺复兴时期美术史而闻名。

人们认为从这件作品中仍可看到那种无声的轻蔑。那是一种止息着的骚动的力。它充满着不屑与悲伤。这种力在美术馆的围墙之内感到窒息，它需要户外的空气，恰如米开朗琪罗所说，“需要直接照射的阳光”。[①]

1504年1月25日，艺术家委员会（其中包括菲比利诺·利比[②]、波提切利、佩鲁吉诺[③]和莱奥纳多·达·芬奇），讨论将把《大卫》雕像置于何处。应米开朗琪罗的请求，决定把它立于市政议会的宫殿前。搬运雕像的任务交给了大教堂的建筑师们。5月14日傍晚，《大卫》被从临时的破屋里移出来。巨大的大理石像移出时，门上方的檐墙都被拆除了。夜间，当地民众向石像投掷石块，想把它击碎，有关方面不得不严加防范。塑像慢慢移动，吊得笔直，以免摆动时碰到泥土。从多莫广场搬到宫殿，整整花了四天。18日中午，它到了指定地点。夜里，在它的四周仍旧严加防范着。但是，防不胜防，一天晚上，它还是被石头击着了。[④]

这就是人们有时要作为榜样提供给我国人民的佛罗伦萨民众。[⑤]

1504年，佛罗伦萨市政议会使米开朗琪罗与莱奥纳多·达·芬奇成为死对头。

这两个人毫不投机。同样的孤独本应使他们互相接近，他们彼此间却感到比其他人距离更远。两人中最孤立的是莱奥纳多。他时年52岁，比米开朗琪罗年长20岁。自30岁时起，莱奥纳多就离开了佛罗伦萨，因为这个城市极端的狂热让他难以忍受，他的天性柔和细腻，略有点儿腼腆，他那平和而又带有怀疑色彩的智慧，能接受

① 一位雕刻家想要重新调整工作室的光线，以便作品看上去更完美。米开朗琪罗说：“何必如此麻烦，最重要的，是直接受阳光照射。”

② （1457—1504），佛罗伦萨画家。

③ （1450—1523），意大利文艺复兴时期画家，拉斐尔之师。

④ 见皮耶特罗·迪·马尔可·帕朗蒂的《佛罗伦萨史》。

⑤ 大卫圣洁的裸体让佛罗伦萨人感到羞耻，阿雷蒂诺还因《最后的审判》指责米开朗琪罗下流。1545年他写信给米开朗琪罗：“学学佛罗伦萨人的端庄吧，把他们身上可羞的部分用金叶遮起来。”

一切，理解一切，实难与佛罗伦萨的偏激相契合。这个大享乐主义者，这个绝对自由和绝对孤独的人，与他的祖国、宗教、全世界离得那么远，以致他只有同与他一样思想自由的君王在一起才会舒服。1499年，他的保护人卢多维克·勒摩尔下台，他被迫离开米兰，于1502年，效忠于博尔吉亚亲王。1503年。这位亲王的政治生涯结束，他又被迫回到佛罗伦萨。在这儿，他讥讽的微笑迎面遇上了米开朗琪罗的阴沉和狂热，大大激怒了后者。米开朗琪罗全身心地沉浸于自己的激情与信仰之中，痛恨与之敌对的人，尤其痛恨那些毫无激情且无任何信仰的人。莱奥纳多越是伟大，米开朗琪罗对他就越是怀着敌意；而且他绝不放过任何表示其反感的机会。

“莱奥纳多是个相貌英俊的男人，举止温文尔雅。有一天，他同一个朋友在佛罗伦萨街上闲逛，他身穿一件长达膝盖的玫瑰色上衣，修剪得极为美观的卷曲长须在胸前飘荡。在圣·特里尼塔教堂旁，有几位中产者在聊天：他们在讨论但丁的一段诗文。他们唤住莱奥纳多，请他为他们阐明这段诗的含义。正巧此时米开朗琪罗从这里路过，莱奥纳多便说：‘米开朗琪罗将对你们解释你们所谈论的诗句。’米开朗琪罗以为这是有意嘲笑他，尖刻地答道：‘你自己去解释吧，你这个做了一个青铜马模塑却不会浇铸它，而且还毫不知耻地就此住手了的人！’[①]说完，他便扭头走开了。莱奥纳多满面羞红地待在那儿。米开朗琪罗意欲未尽，还想进一步伤害他，嚷道：‘而那米兰浑蛋还以为你有能耐搞出这样一件作品哩！’”

就是这样的两个人，可行政长官索德里尼竟然让他俩去搞同一件作品：市政议会大厅的装饰画。这是文艺复兴时期两支最强大力量之间的奇特较量。1504年5月，莱奥纳多开始创作《安吉亚里之战》[②]的图稿。1504年8月，米开朗琪罗接到《卡希纳之战》的订单。佛罗伦萨为这两个对手分成了两派——但时间把一切都摆平了，那

① 指达·芬奇未能完成弗朗切斯科·斯伏尔扎的雕像。

② 安吉亚里战役中，佛罗伦萨人打败了米兰人，这个题目显然是想让莱奥纳多难堪，因他在米兰有许多朋友和保护人。

两件作品已经消失了。[①]

1505年3月，米开朗琪罗被教皇尤利乌斯二世召去罗马，从此开始了他生活中的英雄岁月。

教皇与这个艺术家两人都是强硬而伟大的人，只要不发生激烈的冲突，他们还是很相投的。他们的脑子里翻腾着庞大的计划。尤利乌斯二世想替自己建造一座陵寝，堪与古罗马城相媲美。米开朗琪罗为这个气势磅礴的设想而热血沸腾。他胸怀巴比伦式的计划，想造出一座山一般的建筑，上面要安放四十多座硕大无朋的雕像。教皇非常兴奋，派他去卡拉雷，在石料场挑选所有必需的大理石料。米开朗琪罗在山中待了八个多月，他被一种超凡的激越之情控制着。“有一天，他骑马穿越当地，看见一座俯临海岸的山峦：他突发奇想，要将它整个雕成一座巨像，让海上的航行者从远处也能望见……如果他有时间，而且别人也允许他这么做的话，他定会这样做的。”

1505年12月，他回到罗马，他所挑选的大理石块开始运来，搬到圣彼得广场，即米开朗琪罗居住的圣·卡泰里纳教堂后面。“石块堆得那么高，惊呆了所有人，教皇为之狂喜。”于是，米开朗琪罗便开始干了起来。急不可耐的教皇三天两头地跑来看他，“和他聊天儿，像兄弟般亲热”。为了便于来往，教皇下令在梵蒂冈宫与米开朗琪罗的住所之间建一吊桥，作为他的秘密通道。

但这种恩遇并不持久。尤利乌斯二世的性格并不比米开朗琪罗的性格稳定多少。他热衷于这样那样的计划。另一个计划在他看来更能让他的英名永垂不朽：他想重建圣彼得大教堂。这是米开朗琪

① 米开朗琪罗的画稿于1505年画成壁画，在1512年梅迪西卷土重来的动乱中被毁。这件作品只能从零星的摹本中窥见一斑。至于莱奥纳多的那一幅，却是他亲手毁掉的。他力求完美，试用了一种油料，结果不能持久，1506年，他终因灰心而放弃，至1550年，作品已不复存在。在这个时期（1501—1505），米开朗琪罗的作品还有《圣母》和《圣子》两座浮雕，现存伦敦皇家美术院和佛罗伦萨巴尔杰洛博物馆；《布鲁日的圣母》1506年被佛朗德勒商人买去。

罗的仇敌们怂恿他这么干的。他们人数众多，实力雄厚，为首者是一个才气与米开朗琪罗旗鼓相当但意志力却更强的人：教皇的建筑师和拉斐尔的朋友布拉曼特·德·乌尔班①。在这两个翁布里②伟人与佛罗伦萨狂野的天才之间是不可能讲什么同情心的。但他们之所以决心打倒他，无疑是由于他曾向他们挑战。米开朗琪罗不假思索地批评布拉曼特，也许有理也许是无理地指责他在工程中营私舞弊。布拉曼特当即决定除掉他。

布拉曼特使米开朗琪罗在教皇面前失宠。他利用尤利乌斯二世的迷信思想，向教皇提及民间的说法，说生前造墓是个不祥之兆。他居然成功地使教皇搁下了其对手的计划，而用自己的计划取而代之。1506年1月，尤利乌斯二世决意重建圣彼得大教堂。陵墓的修建搁置了下来，米开朗琪罗不仅受到了羞辱，还为作品上的花费欠下了不少债。他痛苦地悲叹着。教皇却不再接见他，他再次求见时，尤利乌斯二世让他的御马夫把他赶出了梵蒂冈宫。目睹这一情景的一位吕克主教对御马夫说：

“您难道不认识他？”

御马夫对米开朗琪罗说：

“请原谅我，先生，可我是奉命行事。”

米开朗琪罗回去后立即上书教皇：

> “圣父，因您的圣命，我今天上午被逐出宫门。现在我通知您，自今日起，如您对我有何差遣，可令人去罗马之外的任何地方找我。”

他把信寄走之后，唤来一个住在他家的石材商和一个石匠，对他们说道：

“你们去找一个犹太人来，把我家里的一切全卖给他，然后，你们就到佛罗伦萨来。”

说完，他跨上马上路了。当教皇接到他的信时，立即派了五名

① 意大利文艺复兴时期的建筑师和画家（1444—1514）。

② 意大利一地区。

骑手随后追去，在晚上十一点光景，在波吉耶西追上了他，把一则命令交给他："接到此令，立即返回罗马，否则严惩不贷。"米开朗琪罗回复道，他可以回来，只要教皇遵守诺言，否则，尤利乌斯二世永远也别再想见到他。

他寄给教皇一首十四行诗：

大人，如果俗语说得不错，
那正是所谓非不能也，是不为也。
你相信了谎话与谗言，
还酬谢说假话的人。
而我，我现在是而且曾经是你忠实的仆人。
我依附你犹如光依附太阳：
我所浪费的时间不曾让你痛惜，
我越是拼死拼活地干，你就越不喜欢我。
我曾希望通过你的伟大而使自己伟大，
我曾希望你的公正的天平和你那强大的宝剑
是我唯一的评判，而非谎言的回响。
然而上天把德行投放人世后.
却又嘲弄他们，
让它在一棵干枯的树[①]上开花结果。

米开朗琪罗所受到的尤利乌斯二世的侮辱并不是促成他逃走的唯一原因。在他写给朱利阿诺·德·桑迦罗[②]的信中，他透露了布拉曼特想派人暗杀他的信息。[③]

米开朗琪罗走了，布拉曼特成了唯一的主宰。他的对手逃走的翌日，他便举行了圣彼得大教堂的奠基仪式。无可缓解的仇恨使他

① 干枯的树喻指尤利乌斯家族族徽上的图案。

② （14457—1516），意大利文艺复兴时期建筑师、雕刻家和军事工程师。

③ "这并不是使我动身的唯一原因，还有别的事，我想还是不说为妙。我只想说，如果我留在罗马，这城市将成为我的坟墓，而不是教皇的坟墓了。这就是我突然离开的主要原因。"

对米开朗琪罗的作品穷追猛打，其举措是要永远摧毁他的事业。他让民众把堆着为尤利乌斯二世建造陵寝的大理石料的圣彼得广场的工地，抢掠一空。

此时，教皇正因雕塑家的反抗大为震怒，连接向佛罗伦萨市政议会发出敕令，米开朗琪罗此时正躲在佛罗伦萨，市政议会叫来米开朗琪罗，对他说道："你居然跟教皇捣乱，连法国国王都不敢这么干的。我们不想因为你而得罪他，因此，你必须回到罗马去；我们会给你带去相当有分量的函件，声明对于你的任何不公，无异于对佛罗伦萨市政议会的不公。"

米开朗琪罗执拗着。他提出了自己的条件，他要求尤利乌斯二世让他继续建造陵墓，且不在罗马而在佛罗伦萨丁作。当尤利乌斯二世出发征讨佩鲁斯和博洛尼亚时，他的警告越来越严厉了，于是，米开朗琪罗决定前往土耳其，因为土耳其苏丹通过方济各会请他去君士坦丁堡建造佩拉大桥。①

最后，他不得不让步了；1506年11月的最后几天，他心里别别扭扭地去了博洛尼亚，尤利乌斯二世刚刚攻陷了该城，正作为征服者入住。

一天早上，米开朗琪罗前去桑佩特罗尼奥教堂做弥撒。教皇的御马夫瞥见并认出了他，把他带到正在斯埃伊泽宫里用膳的尤利乌斯二世面前。教皇怒气冲冲地对他说："应当是你前去罗马晋见我们的；可你竟然等着我们到博洛尼亚来看你！"米开朗琪罗跪倒在地，高声请求宽恕，说他的行为并非出于恶意，而是因为忍受不了被逐，一怒之下才出走的。教皇坐着，低着头，满面怒容，这时，索德里尼派来为米开朗琪罗说情的一位主教上前插言道："望教皇陛下不要把他干的蠢事放在心上，他因愚蠢而犯错误。除了他们的艺术，所有艺术家都这样。"教皇勃然大怒，吼道："你竟对他说出一句连我们都未跟他说过的粗话。无知的是你！……滚开，见你的鬼去吧！"——他待在那儿不走，教皇的侍从便一顿老拳撵走了

① 据龚迪维记载，1504年米开朗琪罗已有去土耳其的念头；1519年，他与安德里亚堡的领主老爷有来往，后者邀请他去为他作画。

他。因为把气全撒在主教身上了，教皇便让米开朗琪罗走上前来，宽恕了他。

不幸的是，为了同尤利乌斯二世和解，米开朗琪罗不得不依从教皇的任性；他那具有绝对权威的意志又转了向，他不再提陵墓，而要在博洛尼亚为自己铸造一座巨型铜像。米开朗琪罗徒劳地声称“他对铸铜一窍不通”。可是没用，他只好从头学起。这可是件又苦又累的活计。他住在一间破房间里，只有一张床。他同两名佛罗伦萨助手拉波与洛多维科以及铸铜匠贝尔纳迪诺共享这张床。十五个月在数不尽的烦恼中度过，他与偷窃他的拉波和洛多维科闹翻了。

“拉波那浑蛋，”他写信告诉父亲，“到处说整个作品都是他和洛多维科做的，或者至少是他俩同我合作了之后我才弄成的。他的脑子里没有想过他并非主人，直到我把他撵出了门，他才头一次发现他是我雇来的。我把他像个畜生似的赶走了。”

拉波和洛多维科大为不满，在佛罗伦萨散布谣言攻击米开朗琪罗，借口米开朗琪罗食言，跑到他父亲那儿勒索钱财。

接着，那个铸铜匠的无能也显现出来了。

“我原以为贝尔纳迪诺师傅会铸铜的，甚至没有火都行，我真是太信任他了。”

1507年6月，铸铜失败了。铜像只能铸到腰际。一切得从头开始。米开朗琪罗为这件作品一直忙乎到1508年2月。他的健康几乎毁在这上面了。

“我几乎连吃饭的时间都没有，”他在写信给他兄弟时说，“……我在极不舒服、极端艰难的环境中生活；除了夜以继日地工作，我什么也不想。我忍受了并还在忍受着那么难以忍受的痛苦，我觉得，如果再让我建一座这样的雕像，我这条命都不够用了：那是件巨人做的工作。”

这样辛苦的劳作，结局却是可悲的。尤利乌斯二世的铜像于1508年2月竖立在桑佩特罗尼奥教堂的面墙前，但只立了四年。1511年12月，被尤利乌斯二世的敌人本蒂沃利党人毁掉；其碎片被阿方斯·德·埃斯特购买，铸成了大炮。

米开朗琪罗回到罗马。尤利乌斯二世又命他完成另一件同样意想不到而且更加艰难的任务。教皇命令这位根本不懂壁画技术的画家，去画西斯廷教堂的穹顶。人们会说他这是在发布不可能执行的命令，而米开朗琪罗居然执行了。

好像又是那个布拉曼特，看见米开朗琪罗回来重新得宠了，便想出这一招来刁难他，好让他荣誉扫地。对于米开朗琪罗来说，这个考验尤其危险，因为就在1508年这同一年，他的对手拉斐尔怀着无可比拟的幸福心情开始绘制梵蒂冈宫的组画，获得了巨大成功。[①]他竭尽全力推辞这项可怕的光荣任务；他甚至建议拉斐尔取他而代之：他说这不是他的专长，肯定是做不好的。然而教皇十分固执，米开朗琪罗只得让步。

布拉曼特替米开朗琪罗在西斯廷大教堂里竖起一个脚手架，并从佛罗伦萨叫来了几个有壁画经验的画家帮他一把。但前文已经提到米开朗琪罗不能有任何助手，他先是说布拉曼特造的脚手架根本不能用，自己另外造了一个；至于那些佛罗伦萨的画家，他也觉得讨厌，二话不说，就把他们给打发了。“一天早上，他让人把他们画的东西全给砸掉了；他把自己关在教堂里，他不愿意给他们开门，甚至在家里也不让人见到他。看来这场玩笑持续时间够长的了，那些画家深感受辱，决定回佛罗伦萨去。”

米开朗琪罗独自留下，只有几个工人和他在一起。巨大的困难丝毫没有拦住他的大胆，反而让他扩大计划，决定不仅像原定的那样画拱顶，而且四周的墙壁也给画上。

1508年5月10日，巨大的工程开工了。阴暗的年月——是他整个一生中最黯淡也最崇高的年代！这是西斯廷的英雄，传奇式的米开朗琪罗，他那伟大的形象已被而且应该被铭刻在人类的记忆之中。

他在烦恼中受尽折磨。他当时的那些信证明了他的极大的沮丧，即使他那神圣的思想也无法使他得以摆脱：

---

① 1508年4—9月，拉斐尔完成了签字厅中的壁画，其中有著名的《雅典学派》和《圣礼的辩论》。

“我的精神极度沮丧，整整一年我没从教皇那儿拿到一文钱。我什么也没向他要，因为我的活计进展不快，所以觉得不配得到什么报酬。工作中困难重重，皆因这并非我的本行。因此，我是在白白地浪费时间。愿上帝保佑我！”。

他刚一完成《大洪水》，该作便开始发霉了：人物的面貌都辨别不清了。他拒绝接着画下去。但教皇不允许有任何借口，他只好又干起来。

除了本身的疲劳及烦躁而外，还有家人那些可恶的纠缠。全家人都靠他养活，滥用他的钱，拼命压榨他。他父亲不断为钱的事情唉声叹气、焦虑不安。他只好花费时间去让父亲振作起精神来，而他自己则已是不堪重负了。

“您不必烦躁，这不是什么性命攸关的事儿……只要我有什么，我就永远不会让您缺些什么的……即使您在这个世上一无所有，只要我活着，您就什么也不会缺……我宁愿一贫如洗而您好好活着，也不愿拥有世上所有的财富而您已经不在人世……如果您无法像其他一些人那样，在世上争得荣誉，您只要有吃有穿的也就足矣。如同我在此地这样，贫贱不移地同基督生活在一起吧，因为我虽很贫穷，但我不为生活，不为荣誉，也就是说不为这个世道而愁苦。我在极度的艰难困苦和无穷的猜忌中度日。十五年来，我没有一刻安生过。我竭尽全力支持您，而您从未意识到，也从不相信。愿上帝原谅我们大家吧！只要我能够的话，我已准备好在将来能活多久就将永远这么去做！”

他的三个弟弟也搜刮他。他们指望着他的钱，指望一个好地位，肆无忌惮地耗光他在佛罗伦萨积攒的那笔小小的资产。他们还跑到罗马来投靠他。博纳罗托和乔凡·西莫内要他替他们盘一个店铺，而吉斯蒙多则要他替他在佛罗伦萨附近购置些田产。他们根本不管他是否愿意，仿佛这都是欠他们的。米开朗琪罗知道他们在搜刮他，但他太骄傲了，不愿拒绝他们。但这几个家伙仍得寸进尺。

他们行为不端，趁米开朗琪罗不在家时，虐待父亲。于是米开朗琪罗大发雷霆，把弟弟们当顽童一般敲打，甚至要杀了他们。

“乔凡·西莫内：

常言道，对善者行善使其更善，对恶人行善会使其更恶。多年来，我总在好言相劝，善行相助，只望把你引回正道，同父亲，同我们，好好相处，可你却越来越不像话了……我可以对你苦口婆心，但这只会成为废话。我干脆跟你说吧，在这个世界上，你一无所有，是我出于对上帝的爱来维持你的生活，因为我认为你同其他人一样，是我的兄弟。可是现在，我肯定你不是我的兄弟，因为，如果你是的话，你就不会威吓父亲了。你简直是个畜生，我将像对待畜生似的对待你，要知道，一个人眼见父亲受到威胁和虐待时，应当不惜为他冒生命危险……下不为例！……我跟你说了，世上没有任何东西属于你。如果我再听到哪怕一点点你的恶行，我就会让你看看我是怎么弄掉你的财产，我要把不是你挣来的房屋、产业一把火烧掉。你别以为你有什么了不起。如果我去到你身边的话，我将让你看点儿东西，你一定会痛哭流涕，让你明白你凭什么敢这样飞扬跋扈……如果你努力改邪归正，尊敬父亲的话，我仍会如帮助别的兄弟一样帮助你，不久后，还可以为你盘下一家好店铺。但是，如果你不照着做的话，我会回来好好收拾你，让你知道自己到底是个什么玩意儿，让你确切地知道你在这个世界上到底有点儿什么……就说到这儿吧！没说到的地方，我会用行动来补足。

米开朗琪罗　于罗马

另外，补充一句。十二年来，我在意大利过着一种悲惨的生活，我忍受着种种羞辱，忍受着种种艰难，因劳累而毁坏了健康，无数次拿生命去冒险，为的只是帮助我的家庭：而现在，我刚刚使家业略有起色，可你却嘻嘻哈哈地要把我那么多年又吃了那么多苦才创下的一点儿基业给毁于一旦！……我以基督发誓，这算不了什么！如果必要的话，我可以把你这样的人碎尸万段。因此，你学乖一些，不要把具有与你完全不同激情的人，逼到无路可走！”

然后，他又给吉斯蒙多写信说：

“我在这里过的是极度苦闷、极度劳累的生活。我什么朋友都没有，而我也不想有朋友……我很少有时间自由自在地吃顿饭，别再让我烦心了，我已经不能再承受分毫烦恼了。”

最后是第三个弟弟博纳罗托，受雇于斯特罗兹家的商店，没完没肆意挥霍从米开朗琪罗那里弄来的钱，而且还吹嘘自己为哥哥花费的寄给他的还要多。

“我很想知道，你这个什么也不会干的人，”米开朗琪罗写信给他说，”想知道你的钱是从哪里来的；我很想知道，你从新圣玛丽亚银行取走了我的二百二十八杜卡托，以及我寄回家的另外几百个杜卡托时，是否意识到了我为养育你们操了多少心，受了多少苦。我很想知道你是否知道这一切！——如果你还有点儿才智承认事实的话，你就不会说：‘我花了自己的好多好多的钱’，也不会跑到这儿来和我纠缠，拿你那些事来烦扰我，而把我过去为你们做的一切忘得干干净净。你本可以说：‘米开朗琪罗知道他给我们写了些什么；如果他现在不写了，那是因为他被什么我们不得而知的事情给耽搁了：我们都耐心点儿吧。’当一匹马在尽力奔跑时，不该再用马刺戳它，不能要求它跑得比它所能达到的速度还要快。可你们过去不了解我，现在也不了解我。愿上帝饶恕你们！是他给了我恩泽，让我能尽力地帮助你们。但是，只有当我不在人世时，你们才能认识到这一点。”

这就是米开朗琪罗置身于其中的那忘恩负义与嫉妒的环境，一边无见识、只知盘剥他的家庭，一边是不断窥伺他、期待着他失败的顽敌手。可他，竟在这个时候，完成了西斯廷大教堂那件了不起的作品是他付出了何等决绝的努力！他几乎要放弃一切再次逃跑。他以为自己要死了。也许这正是他的愿望。

教皇因他进度缓慢而且坚持不让他去看他的工作而怒不可遏。这两个人高傲的性格，像两团夹带着暴风雨的乌云，不时会发生冲突。“有一天，”龚迪维说，“尤利乌斯二世问他什么时候画完，米开朗琪罗照自己的习惯回答他说：‘当我能完的时候。’教皇怒不可遏，用手中的权杖打他，连连重复：‘当我能完的时候！当我能完的时候！’米开朗琪罗跑回住处，收拾行装，准备离开罗马。但尤利乌斯二世马上派了一个人去，给他带去了五百杜卡托，尽其所能地抚慰他，并代表教皇道歉。米开朗琪罗接受了教皇的歉意。”

但是第二天，冲突再次重演。终于有一天，教皇气冲冲地对他说：“你难道想让我叫人把你从脚手架上扔下来吗？”米开朗琪罗只好让步了；他让人撤去脚手架，展露出他的作品，这天恰好是1512年的诸圣瞻礼节。

盛大而阴郁的节日，接待着亡灵节忧伤的幽灵，非常适合于这件可怕之作的揭幕，作品充满掌握生杀予夺之权的神灵——这个像暴风雨一般聚集着一切生命之力的神明，是横扫一切之神。

## 二　力的崩裂

米开朗琪罗从这项需要巨人之力的工作中走出来了，虽光荣但却精疲力竭。经年累月仰面朝天地画西斯廷教堂的天顶画，“他把眼睛都给弄坏了，以致好长一阵儿，看一封信或一件东西时，必须把它们放到头顶才能看清楚。”

他对自己的残疾也常常自我解嘲：

> “这宗苦刑把我变成了臃肿的怪物，好似那些让水泡胀的伦巴第猫……我的肚子尖伸向下巴，胸部像鹰隼般肥厚，我的胡子冲向天，我的脑袋枕着背，画笔的颜色滴在我脸上，给我的脸涂上了五颜六色的彩绘。我的腰部回缩体内，全靠臀部维持平衡。我摸索着走路，连自己的脚都看不清。我的皮肤在前身拉长而在后背缩短，宛如一张叙利亚的弓。我的智力与我的身躯一样的怪诞，因为已折弯的芦苇很难耍弄……”①

我们可别真的以为他这只是在说笑。米开朗琪罗因变丑而苦恼着。像他这样的人，比任何人都醉心于形体美，丑陋简直是一种耻辱。我们可以从他的几首短小的情诗中，看出一点儿他的卑怯的痕迹。②他的忧伤因其一生都受着爱的煎熬而尤为剧烈。似乎他从未得到什么爱的回报。于是他变得内向，只在诗歌中倾诉他的柔情和悲苦。

他从童年时代就开始写诗，写诗成为他欲罢不能的需要。他的素描、信件、散页都写满了他随后又反复不断地加以推敲与润色的反映其思想的诗句。遗憾的是，1518年，他把青年时代的大部分诗稿都焚毁了，另外一些在他死之前也被毁掉了。但留存下来的少量诗歌，已足以让我们看出他当年的激情。③

最早的诗好像是1504年光景在佛罗伦萨写的：

> “爱神啊，只要成功地抵挡住你的狂热，我的生活就会多么幸福啊！唉，而今我涕泪沾襟，皆因我感受到了你

---

① 米开朗琪罗：《诗集》卷九，1510年7月。

② “……既然上帝把人死后的肉体交付灵魂，让它们去享受安宁或苦难，我祈求他把我的肉体留在你身边，尽管它在天上和人间一样丑陋，因为一颗爱心顶得上一张漂亮的脸。”……（《诗集》卷109，第12首）

③ 米开朗琪罗的《诗集》于1623年首次付印，但错误很多。目前最科学、最完整的版本，当属1897年卡尔-弗雷博士在柏林出版的《米开朗琪罗诗集》，本书所引诗句，均以此版本为准。

的力量……”[①]

1504—1511年间写的两首短小情诗（可能是写给同一个女子的），其中包含极为伤心的表白：

“是谁在硬把我引到你身边去？……唉！唉！唉！……我是被紧紧地捆绑住的。可我仍是自由的！……我怎会不复属于我自己？噢，上帝！噢，上帝！噢，上帝！……谁硬把我与自己分离的？……是谁占据我胜于我自己？噢，上帝！噢，上帝！……”

1507年12月，从博洛尼亚发出的一封信的背面，写有一首充满青春气息的十四行诗，诗中故作风雅的肉欲表白，令人回想起波提切利来：

“鲜艳的花冠戴在她的金发上，她是多么的幸福啊！谁能第一个亲吻她，如同鲜花紧贴她的天庭！金丝般的长发永不厌倦地轻抚她的脖颈和脸颊。金丝织成的饰带更加幸运，它温柔地轻压她的胸部。似乎在说：‘我愿永远缚住她……’啊！……我的双臂将做什么呀！”[②]

在一首带有自由性的长诗中——是一种忏悔，很难确切引述——米开朗琪罗以格外露骨的词句描述了他的爱情苦恼：

“我一天见不着你，便处处不得安宁。一旦见到你，我便仿佛久旱逢甘霖……当你对我微笑，或在街上向我致意，我的心腾地燃烧起来……当你跟我说话时，我总是红着脸，一句话说不出，我强烈的欲念顷刻间无影无踪……”[③]

接着是一声声痛苦的呻吟：

“啊！无尽的苦痛，撕裂着我的心，想到我如此爱恋

① 《诗集》卷2。

② 《诗集》卷7。

③ 《诗集》卷36。

的人儿根本不爱我，我怎能在人世苟活？……”①

下面几句是他写在梅迪西家庭小教堂圣母像的画稿旁的：

“阳光普照大地，唯我在黑暗中受煎熬。人人欢快，而我却躺在地上，在痛苦中呻吟，哭泣。”②

在米开朗琪罗的强有力的雕刻与绘画中，爱是缺席的。他只让人们看到他最具英雄气质的思想。他似乎觉得加进心灵的脆弱是可耻的。他只在诗中倾诉自己。正是在这儿，应该探寻他粗犷外表下温柔而怯懦的内心秘密：

“我爱，为何我来到人间？”③

西斯廷的任务完成了，尤利乌斯二世也死了，米开朗琪罗回到佛罗伦萨，回到他念念不忘的计划——建造尤利乌斯二世陵寝。他签了合同，保证七年完工。三年间，他几乎全力以赴地从事这项工作。在这段相对平静的时期——这是忧伤但宁静的成熟时期，西斯廷时期的疯狂激越已经平缓下来，犹如波涛汹涌的大海重归平静——米开朗琪罗创作了最完美的作品，其热情与意志达到最佳平衡状态的作品：《摩西》和藏于卢浮宫的《奴隶》。④

然而这只是短暂的平静，生命的狂澜几乎立即卷土重来；他又落入黑夜之中。

新教皇利奥十世竭力把米开朗琪罗从其前任的光辉之中拽走，转而为自己那个家族树碑立传。这对他来说只不过是自尊心问题，并不意味着他对米开朗琪罗有特别的好感，因为他那伊壁鸠鲁派的

① 《诗集》卷13。

② 《诗集》卷22。

③ 《诗集》卷109，第35。

④ 《摩西》是计划置于尤利乌斯二世陵墓第一层的六座巨型雕像之一，直到1545年，米开朗琪罗还在做这件作品；《奴隶》制作于1513年，1546年赠与佛罗伦萨共和党人罗伯特。

思想不会明白米开朗琪罗的忧伤天才的[①]：他的所有恩宠全都给了拉斐尔。但是为西斯廷大教堂增光的那个人是意大利的骄傲：利奥十世想要这个人成为他的奴仆。

他建议米开朗琪罗把佛罗伦萨的梅迪西家族教堂——圣·洛朗教堂的面墙修造好。米开朗琪罗见拉斐尔趁他不在时成为罗马的艺术权威，想要和拉斐尔一比高低，便不由自主地被拉到这个新的任务上来，事实上，要完成新任务而又不放弃原来的工作是不可能的，这又成了他那无穷烦恼的原因。他在尽量使自己相信，他可以让尤利乌斯二世的陵寝与圣·洛朗的面墙齐头并进。他打算把主要工作交给一名助手去干，而自己则只去搞那些主要的雕像。然而按照他的老习惯，他越来越为他的计划着迷，不久他就不能容忍和旁人分享荣誉，何况他还担心教皇收回成命，于是他恳求利奥十世把自己拴在这新的锁链上。[②]

当然，继续建造尤利乌斯二世的陵寝对他来说已不可能了。但是，最可悲的是，他无法修造圣·洛朗的面墙。他赶走了所有的合作者还不算，以他事必躬亲的可怕怪癖，他不待在佛罗伦萨制作他的作品，反而跑到卡拉雷去监督采石工作。在那儿他遇上了各种各样的麻烦。梅迪西家人想用最近佛罗伦萨刚被收购的皮耶特拉桑塔采石场的石料，而不喜欢卡拉雷采石场的。由于米开朗琪罗主张用卡拉雷石料，被教皇指为受到卡拉雷人买[③]；因为不得不遵从教皇的命令，他又被卡拉雷人责难，他们和航运人员串通一气，从热那亚

① 他并非对米开朗琪罗完全没有关爱的表示，但米开朗琪罗让他不安，和这位艺术家在一起让他感到不舒服。皮翁博给米开朗琪罗的信中说：“教皇说起你时，仿佛是说他的一个兄弟，眼睛里饱含泪水。他对我说，你和他一起长大，但他不认为自己了解你和爱你，你让所有人感到害怕，教皇也不例外。”

② 他在1517年7月给多梅尼科·伯宁塞尼的信中说：“我要把这个教堂的正门，做成全意大利的建筑与雕刻界效仿的榜样，教皇和大主教（即未来的教皇克雷芒七世，尤利乌斯·德·梅迪西）必须马上做出决定，是否要我做。如果他们要我做，就必须与我签合同……多梅尼科阁下，关于他们的意见，请给我一个明确的答复。这将给我带来最大的快乐。”

③ 尤利乌斯·德·梅迪西致函米开朗琪罗（1518年2月2日）。

到比萨，他找不到一条船肯为他运石料。他不得不修筑一条路来穿山越岭，其中有一段路是架在木桩上的，以便穿过沼泽平原地带。当地人不肯拿出钱来帮助筑路，工人也不懂怎样干活儿。采石场是新建的，工匠们也都是新手。米开朗琪罗哀叹道：

> “我想开山筑路，好把艺术运到此地，可那竟同让死人复活一样地艰难。”

然而他一直坚持着：

“我答应的事，我就一定要做，不管有多么艰难。我将做出意大利从未有过的最美的作品，愿上帝助我。”

枉费了多少的力气、热情和才气啊！因为疲劳和操心过度，1518年9月末，他在塞拉韦扎病倒了。他知道他的健康和梦想在这操劳的生活中已日趋衰竭。他因渴望有朝一日重新工作而焦虑，为迟迟不能如愿而悲哀。他还有其他无法兑现的承诺[①]在追逼着他。

> “我烦得要死，因为我那该死的命运总是不让我做我想做的事情……我痛苦得要命，我让人以为自己是个大骗子，尽管这根本就不是我的过错……”[②]

回到佛罗伦萨，他心急如焚地等待石材运抵码头，但是阿尔诺河干涸了，满载着石料的船只无法溯流而上。

船只终于到来了：这一下该可以开工了吧？——不行。他回到采石场去。和上次为尤利乌斯二世修建陵墓一样，在石材堆积如山之前，他固执地不肯动_丁。他把开工日期一拖再拖；也许他害怕开工。他是不是太夸口了？是否过于鲁莽地签下了这项宏伟建筑的修建合同？这根本就不是他干的活儿，他去哪儿学去？现在，他已没有退路，他是进也不是退也不是。

历尽千难万苦，仍然未能保障石材的安全运送。在运往佛罗伦萨的六根独石巨柱中，有四根在途中断裂了，甚至有一根就是到了

---

① 指《弥涅瓦的基督》和尤利乌斯二世的陵墓。

② 见1518年12月21日致阿让大主教的信。

佛罗伦萨才断裂的。他受到那些工人的欺骗。

那么多宝贵的时间白白浪费在采石场和泥泞的道路上，教皇和梅迪西大主教终于不耐烦了。1520年3月10日，教皇下了敕令，取消了米开朗琪罗于1518年签订的加高圣·洛朗教堂的面墙的合同。直到派去接替他的工人队伍到达皮耶特拉桑塔，米开朗琪罗才得知这一消息。他受到了严重的伤害。

“我不同红衣主教计较我在这儿浪费掉的那三年时光，”他说，“我不同他计较我被圣·洛朗的活计毁损到什么地步。我也不跟他计较对我的侮辱：一会儿委任我做这件事，一会儿又不让我做：我只是不明白，这究竟是为什么！我不和他计较我失去的和我支出的所有一切……现在，这事可以概括如下：利奥教皇收回了已砍制的石料的采石场；我手中是他给我的五百杜加金币，还有人家还给我的自由！”①

米开朗琪罗应该指责的不是他的保护者们，而是他自己，他心里很明白，这正是他最大的痛苦所在。他和自己搏斗，从1515—1520年，正值其力量充沛、才华横溢之时，他都干了些什么？——苍白乏味的《弥涅瓦的嫉妒》——一件毫无米开朗琪罗特色的米开朗琪罗的作品——而且，就连这件作品他也没有完成。②

从1515—1520年，在伟大的文艺复兴的这最后的几年中，在大动乱尚未葬送意大利的春天之前，拉斐尔绘了《演员化妆室》、《火室》以及各种题材的杰作，修建了公主别墅，领导建造圣彼得大教堂，领导着文物的发掘、节日的庆典、纪念性建筑的建立，掌管着艺术，创立了一个从者无数的画派，然后，满载着丰硕成果溘

① 见1520年的书信。

② 米开朗琪罗把这件未完的工作交给他笨拙的学生乌尔巴诺，他把它给弄坏了（见皮翁博给米开朗琪罗的信，1521年9月6日）。罗马雕塑家弗里兹胡乱把它修理了一通。所有这些挫折，都没能阻挡米开朗琪罗在这些不堪忍受的重负之外寻找新的任务。1519年10月20日，他代表佛罗伦萨科学院致函利奥十世，请求将拉韦衲的但丁遗物运回佛罗伦萨，并提议“为这位神圣的诗人建造一座配得上他的纪念像”。

然长逝。[1]

幻灭的苦涩，枉费时日的绝望，希望破灭，意志被摧毁，在后来那些阴郁的作品中反映了出来，诸如梅迪西家族坟墓，以及尤利乌斯二世纪念碑上的那些新雕像。[2]

自由的米开朗琪罗，终其一生，总是从这副桎梏转移到另一副桎梏，不断更换着主人。红衣主教尤利乌斯·德·梅迪西不久当上了教皇，名为克雷芒七世，自1520—1534年，主宰着他。

人们对克雷芒七世颇多微词。他也和所有教皇一样，想把艺术和艺术家用作显耀其家族的工具。但米开朗琪罗没有什么太多的东西可抱怨他的。没有一个教皇像克雷芒七世对他那么宠爱有加的。没有一位教皇曾对他的作品怀有如此持久的兴趣和热情。没有一位教皇像他那么了解米开朗琪罗的意志脆弱，知道必须时时给他鼓励，阻止他浪费精力。即使在佛罗伦萨发生骚乱和米开朗琪罗反叛之后，克雷芒对他的爱护也一如既往。[3]然而平息他内心的焦虑却不取决于教皇，狂热、悲观、致命的忧郁，啃噬着这颗伟大的心。一个主人的个人仁慈又有何用？那毕竟是个主人啊！……

“我曾为诸位教皇服务过，”米开朗琪罗后来说道，“完全是不得已。”[4]

一点点荣耀和一两件佳作又能怎样？这同他所梦想的相去甚远！……老境将至，他周围的一切都黯淡下来。文艺复兴正在消亡，罗马即将遭受蛮族的蹂躏。一个悲哀的神的可怕阴影即将重压在意大利的思想上。米开朗琪罗感觉到悲剧时刻的来临，他忍受着

---

① 1520年4月6日。

② 指《胜利者》。

③ 皮翁博写信告诉米开朗琪罗：”他崇拜你的一切，没有人比他更爱你，他谈起你时是那么亲切、慈爱，一个父亲谈起儿子也不会如此……”（1531年4月29日）“如果你愿意来罗马，你想要什么就能有什么，大公或者王侯……在这位教皇治下你可以有自己的名分，你是主人，可以随心所欲。”（1531年12月5日）

④ 1548年给侄儿利奥那多的信。

令人窒息的哀伤。

克雷芒七世把米开朗琪罗从其深陷其中的焦头烂额的工作中拉了出来之后，决定把他的天才投向一条新的道路，他可以密切地注视他。他让米开朗琪罗承建梅迪西教堂和陵园的建筑[①]，要他全身心地为他服务。他甚至劝他加入教派[②]，并赠予他一笔教会俸禄。米开朗琪罗拒绝了，但克雷芒七世仍然给他以一笔月薪，是他所要求的三倍，还送给他一座临近圣·洛朗教堂的房子。

似乎一切都顺顺当当，教堂的工程也积极地在开展，这时米开朗琪罗突然放弃了住房，拒绝接受克雷芒七世给他的薪金。[③]他经历着又一次灰心的危机。尤利乌斯二世的继承者们不能饶恕他放弃已开始的工作；他们宣称要控告他，要对他的品格提起诉讼。一想到打官司，米开朗琪罗害怕了；他的良心认为他的对手们言之有理，并责怪他爽约：他觉得只要不退还他从尤利乌斯二世那儿拿到的钱，绝不能接受克雷芒七世的钱。

“我干不下去了，也活不下去了，”他写道。[④]他恳求教皇在尤利乌斯二世的继承者们面前疏通，并帮助他偿还他欠他们的一切：

> “我将卖掉一切，我将尽一切可能把这钱还上。”

要么就允许他全身心地投入尤利乌斯二世纪念碑的建造：

> “我企盼从这桩义务中解脱出来，比求生的愿望更强烈。”

一想到假如克雷芒七世突然去世，他就会受到他的敌人们的追逼，竟像孩子般绝望地哭了起来：

> “如果教皇扔下我，我也不会再活下去……我不知道

① 这项工程在1521年就开始了，但直到1523年11月19日尤利乌斯·德·梅迪西大主教登上教皇宝座，成为克雷芒七世后，才积极推动其进程。与此同时，米开朗琪罗还承担了圣一洛朗图书馆的建筑工作。

② 见1524年1月2日法图契以克雷芒七世的名义给米开朗琪罗的信，这里指方济各教派。

③ 1524年3月。

④ 1525年4月19日给教皇的管事乔凡尼·斯皮纳的信。

自己在写些什么，我完全昏头涨脑的了……”[①]

克雷芒七世对这种艺术家的沮丧并不看得太严重，他坚持要他别中断梅迪西家族小教堂的修建。他的朋友们也不理解他那些顾虑，都劝他别闹出拒绝薪俸的笑话。有的人对他这种欠考虑的行为很不以为然，请求他今后别再这么由着自己的性子来。[②]也有的朋友给他写信说：

> “听说你拒绝你的薪俸，放弃了你的住房，还终止了你的工作，我觉得这纯粹是疯癫行为。我的朋友，我的伙伴，您这是在使亲者痛仇者快……您别再去管尤利乌斯二世的陵寝了，收下您的薪俸，他们给你薪俸完全是好心。”[③]

米开朗琪罗仍执拗着——教廷司库抓住他的话把儿戏弄他，取消了他的月薪。可怜的人，陷入了绝境，几个月后他不得不重新申请他曾拒绝的钱。一开始，他羞惭地、怯生生地在要求：

> “亲爱的乔凡尼，既然笔总是比舌头更加大胆，那我就把我这几天来一再想向您开口可又没有勇气启齿的话写给您吧：我还能得到月俸吗？……即使我确信不再有薪俸，我也不会改变自己的安排，我将一如既往尽力为教皇工作：但我将相应调整我的业务。”[④]

后来，迫于生计，他又写了一封信：

> “在仔细考虑之后，我看出圣·洛朗的工作是多么牵动着教皇的心；既然教皇考虑到我不为生计所累，想让我更有条件加快工程进度，那么我若不接受月俸便无异于延宕工期了，所以我改变了主意；我此前一直不要这份月俸，现在，出于种种难言之隐，我要求得到它了……您愿

---

① 1525年10月24日给法图契的信。

② 1524年3月22日法图契给米开朗琪罗的信。

③ 1524年3月24日利奥纳多·塞拉约给米开朗琪罗的信。

④ 1524年教皇管事乔凡尼·斯皮纳的信。

否给我，并从曾答应我的那一天算起？……请告诉我何时能拿到这笔钱。”①

人家想教训一下他：便装聋作哑。都两个月了，他还是一分钱也没拿到。后来他只好再三提出申请。

他苦恼不堪地干着活儿，他抱怨这些烦心事把他的想象力都扼杀了：

> “……烦恼使我大受其害……一个人不可能手上做一件事，脑子里想着另一件事，尤其是雕刻。人家说这一切有利于刺激我，可我却认为这是要刺坏我，会使人倒退的。我已一年多未得到月俸了，我在同贫困进行着斗争：我独自一人应对这些困难；何况麻烦事这么多，令我无暇顾及艺术，我没有办法雇人来帮助我。”②

克雷芒七世有时为他的痛苦而动容。让人向他转达深切的同情，向他保证，“只要他活一天”就一定会善待他。③但是，无法救药的梅迪西家族的无聊占了上风；他们非但不减轻他的一部分任务，反而给他压上一些新的任务。其中一座荒谬的巨像，头顶一座钟楼，手臂是根烟囱。④米开朗琪罗不得不为这一怪念头花费了一段时间——此外，他那些工人、泥瓦匠、车夫，受到宣传八小时工作制的诱惑，也不断和他闹纠纷。⑤

与此同时，他的家庭烦恼也有增无减。他父亲岁数越大，脾气越坏，越不讲理，有一天，他竟然从佛罗伦萨逃走，说是被他儿子赶走的。米开朗琪罗给他写了一封感人至深的信：

> “亲爱的父亲，昨天回家没看见您，我感到非常惊异。现在，我得知您在埋怨我，说是我把您赶走的，我对

① 1525年8月29日给乔凡尼·斯皮纳的信。

② 1525年10月24日给法图契的信。

③ 1525年12月25日皮埃尔帕洛·马尔兹以克雷芒七世的名义给米开朗琪罗的信。

④ 见1525年10月12日的书信。

⑤ 1525年10月24日给法图契的信。

此更加的惊愕不已了。自我出生到现在，我自问不曾做过任何——无论大还是小——使您不快的事。我所忍受的一切痛苦，始终是出于对您的爱去忍受的……我一直是站在您的一边的……几天以前，我还对您说过，只要我活着，就会以我全部精力为您作奉献，在此我不妨再对您说一遍。我很惊诧您这么快就把这一切全都给忘记了。三十年来，您是很了解我的，您和您的儿子们都知道，我一直待您很好. 无论是思想上还是行动上。您怎么可以到处去说我把您赶走了呢？您难道看不出这会给我带来什么样的名声吗？现在，我的烦心事够多的了，实在不能再增添任何烦心的事，而且，我的烦心事全都是因为爱您的缘故！您就这么回报我呀！……不过，该怎么就怎么吧：我愿意使自己相信我不断地给您带来羞辱和损害；我请求您原谅这一切，好似我真的做过这种事一样。请原谅我吧，就当作是在原谅一个一贯放荡不羁、给您干尽了坏事的儿子吧。我再一次地恳求您原谅我这个可怜的人。别把那所谓撵走您的恶名加在我的头上，名誉对我的重要性是您所意想不到的：不管怎样，我总归是您的儿子呀！”

这么多的爱、这么多的谦卑只是片刻地平息了老人那刻薄尖酸的思想。过了些时日，他又说儿子偷了他的钱，米开朗琪罗忍无可忍，写信对他说：

“我也不知道您到底要我怎么样。如果我活着让您受累的话，那您已经找到摆脱我的办法，您不久就可以拿到您认为由我掌管的金银财宝的钥匙。您做得对，因为佛罗伦萨每个人都知道您是一个无比富有的人，知道我老在偷您的钱，我应该受到惩罚，为此您会受到高度赞扬！……您想要我怎么样就尽管说尽管喊吧，就是别再给我写信，因为您让我没法工作。您逼得我想起二十五年来您从我这儿得到的一切。我不想说，但最终我不得不说！……您得当心……人只能死一回，死了就不能回来补赎自己所干的错事了。您是要等到临终时才肯改正错误了，愿上帝助您！”[①]

这就是他从他家人那儿得到的帮助。

“忍耐吧！”他在给一位友人的信中叹息道，“但求上帝别让使他不快的事搅得我不痛快！”[②]

在这些痛苦忧烦中，工作难有进展。当1527年把意大利弄得天翻地覆的那些政治事件突然而至时，梅迪西家族小教堂的雕像一个都还没有做成。[③]因此，1520—1527年这段新时期只是在他前一阶段的幻灭与疲惫上又增添了新的幻灭与疲惫。十年来，没有一件成品，没有一个完成了的草图，给米开朗琪罗带来欢乐。

## 三 绝 望

对自己和对一切事物的厌恶，致使他卷入1527年在佛罗伦萨爆发的洪流之中。

米开朗琪罗此前在政治事务中的态度，与他在生活中和艺术上始终颇受其苦的态度一样，凡事总是犹豫不决。他个人的感情和他对梅迪西家族承担的责任从来不曾协调一致。这位强劲的天才在行动上总是畏缩不前；他不敢冒险去同这个世界上的强权在政治上和宗教上进行斗争。他的信件反映出他总是在为自身、为家人担忧，唯恐一时冲动，说出反对某个专制行为的大胆言辞而

① 1523年给父亲的信。

② 1526年6月17日给法图契的信。

③ 1526年6月，同一封信内谈到，一座雕像已开始，其他四座象征的人像和圣母像也已动工。

惹祸上身。[1]他老是写信给家人，让他们小心谨慎，少说为佳，一有什么动静就赶快逃离：

> “要像发生瘟疫时那样，首先逃走……生命重于财富……安分守己，切勿树敌，除了上帝，别信任任何人，不要议论任何人的短长，因为谁也不知将来会怎样，管好自己的事就行了……什么事也别搅和。”[2]

他的兄弟及朋友都嘲笑他这么胆小怕事，拿他当疯子看待。[3]

“不要嘲笑我，”米开朗琪罗伤心地回答说，“不应该嘲笑任何人。”[4]

这位伟人无休止地战战兢兢实际上并没有什么好笑话的。他那可悲的神经倒是应该同情的，它们使他成了恐惧的玩偶，尽管他一直与之搏斗，却从未战胜过。遇到危险时，他第一个举动就是逃跑，这丢脸的冲动过去以后，他竟能强逼自己的肉体与精神去承受危险，他这样倒是更加的了不起。再说，他比别人更有理由害怕，因为他更聪明，他的悲观主义也只会让他对意大利的厄运看得更清楚——但是，以他怯懦的天性，要卷入佛罗伦萨这场革命，真的有一种绝望的激愤，才会揭开他绝望的底蕴。

这颗灵魂，那么战战兢兢地深藏不露，却满怀热烈的共和思想。这种情况我们可以在他信心十足或激情狂热之时时而会流露出来的话语中感觉得到的，特别是他后来在同他的朋友们——卢伊吉·德·里乔、安东尼奥·佩特罗和多纳托·贾诺蒂[5]——谈话时表现得更明显。贾诺蒂在其《但丁神曲对话录》中就引述过他们的谈

---

① 1512年9月的信中，谈及梅迪西的同盟者——罗马帝国士兵劫掠普拉图之事。

② 1512年9月给弟弟博纳罗托的信。

③ “我并不是一个你们所认为的疯子”（1515年9月给博纳罗托的信）。

④ 1512年9—10月给博纳罗托的信。

⑤ 米开朗琪罗的《布鲁图胸像》便是为贾诺蒂制作的。在《对话》前几年，即1536年，洛伦佐主题是谋杀了亚历山大·德·梅迪西，洛伦佐因而被称作另一个布鲁图。

话。[①]朋友们觉得惊讶，为什么但丁会把布鲁图斯和卡修斯放在地狱的最后一层，而把恺撒放在其上。米开朗琪罗被问及此事，便为弑君者辩护道：

> “如果你们仔细地读过头几篇的话，就会看出但丁非常了解暴君的天性，他知道他们应该受到神和人什么样的惩处。他把他们归入‘他人施暴’一族，罚入第七层地狱，将他们投入沸腾的血海之中……既然但丁是这么看待这个问题的，那他必然认为恺撒是他的祖国的暴君，而布鲁图斯和卡修斯刺杀他是完全正确的，因为杀死暴君的人并不是杀了一个人，而只是杀了一头人面野兽。所有的暴君都毫无每个人对同类天生应该感觉到的爱，他们丧失了人性：而只有兽性。他们显然对同类没有任何爱心，否则他们也就不会抢掠属于别人的东西，也不会变成践踏他人的暴君了……很明显，杀死暴君并未犯杀人罪，既然他没有杀人，而只是杀了一头野兽。因此，布鲁图斯和卡修斯在杀恺撒时并没犯罪。首先，他们刺杀了一个每个罗马公民都坚持要按照法律杀掉的人。再者，他们杀的不是一个人，而是一个长着人头的兽。”[②]

因此，当罗马被查理五世的大军攻陷、梅迪西一家被放逐的消息传到佛罗伦萨，唤醒了民族意识及共和观念，米开朗琪罗站到了佛罗伦萨起义者的前列。同样是这个人，平日嘱咐家人远离政治犹如逃避瘟疫，此刻竟兴奋狂热到天不怕地不怕的境界。他留在了瘟疫和革命肆虐的佛罗伦萨。瘟疫传染到他的兄弟博纳罗托身上，他

---

① 朋友们讨论的主题是但丁在地狱里究竟度过了多少日子，是从星期五晚到星期六晚，还是从星期四晚到星期天早晨？他们请教了米开朗琪罗，他比任何人都了解但丁的作品。

② 米开朗琪罗小心地把暴君和世袭君王及合法的王公加以区别：“这里我不是指那些拥有百年权威或民意所属的大公，他们以与人民协调一致的精神统治着城市……”

死在米开朗琪罗的怀里（1528年7月2日）。1528年10月，他参加了守城事宜的讨论。1529年1月10日，他被选为城市防御工程的监管。4月6日，他被任命为佛罗伦萨城防工事总监，任期一年。6月，他去视察了比萨、阿雷佐和里沃那的城防。7月和8月，他被派往费拉雷，检查那儿的著名的防御工事，和当地的大公、著名的防御工程专家一起讨论问题。

米开朗琪罗认为佛罗伦萨的防御重中之重就是圣米尼亚托高地；他决定在这个地方修建棱堡。但是不知什么原因，他和佛罗伦萨的旗官卡波尼发生了冲突，后者甚至试图打发他离开佛罗伦萨。米开朗琪罗怀疑卡波尼和梅迪西党人想甩掉他，不让他守卫佛罗伦萨，因此他便在圣米尼亚托住了下来，没再挪窝儿。他病态的猜疑，助长了这个被围之城中的流言，而这一次的流言还并非毫无根据。可疑的卡波尼被撤去行政长官一职，由弗朗切斯科·卡尔杜奇接替；但是，令人不安的马拉泰斯塔，巴利翁却被任命为佛罗伦萨军队的司令，此人后来果然向教皇献城以投降。米开朗琪罗预感到这一罪行，且将他的疑虑告诉了市政厅。“市政长官卡尔杜奇非但不感谢他，还把他给臭骂了一通，斥责他总是疑神疑鬼，胆小怕事。”[①]马拉泰斯塔得知米开朗琪罗揭发他，便散布说，一个具有这等素质的人，为了除掉一个危险的对手，是什么事都干得出来的。而且，他在佛罗伦萨有权有势，像个大元帅似的。米开朗琪罗知道自己完蛋了。

> “我已决定无所畏惧地等到战争结束，”他写道，“但是，9月21日星期二早晨，有个人跑到圣尼古拉门外（我当时正在炮台上）来悄悄地告诉我说，如果我想逃命，就得赶快离开佛罗伦萨。他随我回到家里，与我一起吃了饭，替我牵了马来，直到目送我走出佛罗伦萨才离开我。”

瓦尔基还另外补充说：“米开朗琪罗在三件衬衫上缝上一万两

① 龚迪维记述：卡尔杜奇真应该接受这好意的忠告，因为梅迪西卷土重来时，他被立即处死了。

千金弗罗林，再把衬衫做成短裙。而且他和里纳多·科尔西尼及安东尼奥·米尼一起从防守最松的正义门逃离佛罗伦萨时，并非没遇到困难。”

“天知道究竟是神灵还是魔鬼在驱使我。”几天后，米开朗琪罗写道。这是习惯性的恐怖精灵在作怪。据说，半路上，在卡斯泰尔诺沃，他在前行政长官卡波尼处下榻时，他把自己的遭遇讲的那么惊心动魄，吓得老人几天后便一命归西！如果此言当真，可见他当时该是处于多么恐惧的状况之中。①

9月23日，米开朗琪罗在费拉雷。由于精神紧张，他拒绝了当地大公的邀请，不肯住进大公的城堡，而是继续逃窜。9月25日，他到了威尼斯。市政议会得知，立即给他派了两位侍从前去，表示愿提供一切服务以满足他的需要。但米开朗琪罗一则心有愧疚；二则性情孤僻，拒绝了人家的好意，退隐到乌德卡去。他认为这躲得还是不够远。想要逃亡法国。在他到达威尼斯的当天，就给弗朗索瓦一世在意大利采购艺术品的代理人巴蒂斯塔·德·帕拉写了一封忧心忡忡且十万火急的信：

> “巴蒂斯塔，亲爱的朋友，我离开了佛罗伦萨，打算去法国。可是，到了威尼斯之后，我打听了路径：人家跟我说，要去那儿必须经过德国国土，这对我来说既危险又困难。你还有意去趟法国么？……请您告诉我，我在哪儿等您好，我们可以一起走……收到我这封信后，望尽快给我一个回音，因为我急于到那边去。如果您已无意再去法国，也请告诉我，以便我做出决定，不惜一切代价，独自前往……”②

法国驻威尼斯使节拉扎尔·德·巴尔夫赶忙写信给弗朗索瓦一世和蒙莫朗西陆军统帅，催促他们利用这个机会，将米开朗琪罗留在法国宫廷。法国国王立即表示要给米开朗琪罗一笔年俸和一幢房

① 据塞尼记述。

② 1529年9月25日给巴蒂斯塔·德·帕拉的信。

子。但是，信札往返：毕竟需要一段时间；当弗朗索瓦一世的复信到来时，米开朗琪罗已经回到佛罗伦萨了。

紧张情绪放松下来，在吉乌德卡的幽居生活中，他有了闲暇为自己的恐惧感到脸红。他的逃亡在佛罗伦萨闹得沸沸扬扬。9月30日，市政议会下令，所有逃亡者如在10月7日前不返回，将以叛逆罪论处。到了指定的那一天，逃亡者果然被判为叛逆，其财产一概没收。然而，米开朗琪罗的名字尚未列在名单上；市政议会给了他一个最后期限，佛罗伦萨驻费拉雷的使节加莱奥多·朱尼通知佛罗伦萨共和国说，米开朗琪罗得悉命令太晚了，如能对他网开一面，他准备回来。市政厅答应原谅他，并让石匠巴斯蒂阿诺·迪·弗朗切斯科把一张特别通行证带到威尼斯交给米开朗琪罗。巴斯蒂阿诺还转交给他十封朋友们的信，都是求他回去的。[①]其中有一封是豪爽的巴蒂斯塔·德·帕拉写给他的，对他的召唤尤其充满爱国热忱：

“您所有的朋友，不管政见如何，都毫不迟疑地、异口同声地恳求您回来，为了您的生命、您的祖国、您的朋友、您的财产以及您的荣誉，为了享有一个你曾热烈渴望和企盼的新时代。”

他相信佛罗伦萨回到了黄金时代，毫不怀疑美好的事业已经成功——但这个可怜的人成了梅迪西家族归来后反动势力的第一批受害者之一。

巴蒂斯塔的话打动了米开朗琪罗。他回来了，但行动迟缓，前往卢克奎迎接他的巴蒂斯塔·德·帕拉等了他多日，简直开始绝望了。[②]最后，11月20日，米开朗琪罗才回到佛罗伦萨。[③]23日，市政厅撤销了对他的判决，但三年之内，他不得进入议会。[④]从此，米开朗琪罗英勇地恪尽职守，直到最后。他又恢复了在圣米尼亚托的职位，那里已遭敌人的炮击有一月之久。他重新加固了高地上的防御

① 1529年10月22日。

② 他又写信给米开朗琪罗，敦促他回来。

③ 四天前，他的薪俸被市政厅下令取消了。

④ 从他给巴斯蒂安·德·皮翁博的一封信中可以看到，他也被罚缴纳1500杜加的罚金。

工事，创造了一些新的器械，听说他还将羊毛和被褥挂在绳上，保护钟楼幸免于难。[1] 关于围城期间他最后的活动，1530年10月22日得到的消息是，说他爬上大教堂的圆顶，以便监视敌人的行动，或者是为了察看圆顶的状况。

预感到的灾祸终于成为事实。1530年8月2日，马拉泰斯塔·巴利翁叛变。12日，佛罗伦萨投降，当局把城市交给了教皇的使者巴乔·瓦洛里。屠杀开始了，最初几天，什么也无法阻止战胜者们的报复行为。米开朗琪罗的挚友们，诸如巴蒂斯塔·德·帕拉，是属于第一批被杀害的。据说，米开朗琪罗躲藏在阿尔诺河对岸的圣尼科洛教堂的钟楼里了。他的确有害怕的理由，因为流言说他想要捣毁梅迪西宫。不过克雷芒七世并没有失去对他的喜爱。据塞巴斯蒂安·德·皮翁博说，教皇知道了米开朗琪罗在围城期间的表现后，非常不高兴，但他也就只是耸了耸肩，说："米开朗琪罗很不应该，我可从未伤害过他。"[2]待最初的怒气缓解，克雷芒七世立刻写信到佛罗伦萨，命人寻找米开朗琪罗的下落，且说只要他愿意继续搞梅迪西家族陵寝的话，他将会受到他应有的待遇。

米开朗琪罗走出他的隐蔽所，重新为他反对过的人们的荣耀工作。不仅如此，这个可怜的人还同意替教皇干过各种坏事的工具以及杀害其好友巴蒂斯塔·德·帕拉的凶手巴乔·瓦洛里，雕刻《拈手搭箭的阿波罗》。不久，他还进一步和那些佛罗伦萨的流亡者断绝了关系（1544）。一个伟大人物的可悲的弱点，把他逼得卑怯地在物质力量的暴虐淫威之下低头，为的是保全自己那艺术之梦，而这种暴力恰可以任意扼杀他的梦想！他将自己的晚年

---

① 米开朗琪罗对弗朗索瓦·奥兰德说："当教皇克雷芒和西班牙军队围攻佛罗伦萨时，我用安置在塔楼上的机器阻住敌军许久。一天夜里，我让人在城外覆盖了一些羊毛袋；又一天，我命人挖掘壕沟，充填了火药，准备炸死卡斯蒂利亚人，我要让他们的碎尸飞上半空……瞧瞧绘画多有用途！它可以为制造机器和战争器械服务，可以给炮弹和火药以适当的形状，还可以建造桥梁、制作云梯，尤其可以用来设计要塞、堡垒、壕沟和反坑道……"

② 见1531年4月29日塞巴斯蒂安·德·皮翁博给米开朗琪罗的信。

完全奉献于为使徒彼得建造一座超人类的纪念碑，并不是没有道理的：他同彼得一样，不止一次听到雄鸡啼唱时痛哭流涕。

他被迫说谎，被迫奉承瓦洛里，被迫赞颂乌尔班公爵洛朗，他痛苦和羞愧得要崩溃了。他只好全身心地投入工作，把毫无作用的狂热发泄在工作中。[①]他根本不是在雕刻梅迪西家族，雕刻他绝望的形象。当指出朱利阿诺和洛朗·德·梅迪西雕得不像时，他傲慢地回答："以后，谁能看出像不像？"一个是表现行动；另一个是表现思想。的那些雕像是在诠释这两尊雕像——《昼》与《夜》，《晨》与《暮》——道出了生活中全部令人精疲力竭的苦恼及其可鄙。人类痛苦的这些不朽的象征于1531年完成。[②]绝妙的嘲讽！谁都没有看出来。乔凡尼·斯特罗齐看到这可怕的《夜》时，写下了几句诗：

"夜，你所看到的
如此甜美地睡着的夜，
是由一位天使在这块岩石上雕成的；
她熟睡着，
却充满生命活力。
你若唤她醒来，
她将和你说话。"

① 在米开朗琪罗一生最惨淡的这几年中，他那一向为基督教悲观主义所压抑的狂放天性产生了逆反效应，他大胆制作了一些带异教色彩的作品，如《受天鹅抚爱的勒达》（1529—1530）本是为费拉拉大公画的，后来却送给了他的弟子安东尼奥·米尼，并被米尼带往法国，据说1643年，以其色情为由，被诺瓦耶的苏布莱特所毁。稍后，米开朗琪罗为巴托洛梅奥·贝提尼画了一幅壁画图稿《厄洛斯爱抚维纳斯》后由蓬托莫画成壁画。还有几幅素描，极其猥亵，很有可能是同一时代作品。

② 《夜》可能于1530年秋雕刻，1531年春完成；《晨》完成于1531年9月；《日》与《暮》稍后。

米开朗琪罗回答说：

“睡眠对我来说是弥足珍贵的。
成为顽石却更有福，
只要世上还有罪恶和耻辱，
不见不闻，才是最大的幸福。
因此，别叫醒我，
啊！说话轻点儿！”①

在另一首诗中他又呼喊道：

“人们只能在天上安睡，
既然那么多人的幸福只有一个人能体会！”

被奴役的佛罗伦萨在回答他的呻吟：②

“你圣洁的思想切勿迷惘。以为已把您从我这儿夺走的那个人，是享受不到其大罪大恶的乐趣的，因为他异常恐惧。些许欢乐就能使情人们无比欢乐，从而平息欲念，而苦难则因希望太大而使欲念增强。”③

必须考虑到罗马的遭劫和佛罗伦萨的陷落对当时人们心灵的影响：理性的彻底破产和崩溃，使许多人从此一蹶不振。

塞巴斯蒂安．德·皮翁博成为一个追求享乐的怀疑主义者：

“我竟然落到这步田地，宇宙可以塌陷，我可以毫不介意，我嘲笑一切事物……我觉得我已不是那场浩劫前的

① 米开朗琪罗：《诗集》卷109，第16，17——弗雷博士推定以上两诗写于1545年。

② 米开朗琪罗在想象中与佛罗伦萨及其流亡者对话。

③ 米开朗琪罗：《诗集》卷109，第48。

塞巴斯蒂安，我再也不能还原为过去的我。”[①]

米开朗琪罗想到自杀：

“万一允许自杀的话，那么，满怀信仰，却过着悲惨的奴隶生活的人，最应享有这个权利。”[②]

他的思想极其混乱。1531年6月，他病倒了。克雷芒七世竭力抚慰他也无济于事。他命秘书和塞巴斯蒂安·德·皮翁博转告他切勿过劳，要有所节制，工作不妨从容一些，不时散散步，不要把自己弄得像个囚犯似的。[③]1531年秋，大家在为他的生命担心。他的一个朋友给瓦洛里写信说：“米开朗琪罗衰弱且消瘦。我最近同布贾尔迪尼及安东尼奥·米尼还谈起过：我们认为如不仔细照料他，他将活不了多久。他工作太累，吃得太差太少，睡得更少。一年来，他被头疼心口疼折磨得够呛。”[④]——克雷芒七世真的担心起来。1531年11月21日，教皇下令禁止米开朗琪罗除了尤利乌斯二世陵寝和梅迪西家族陵墓以外再干别的活儿，否则以逐出教门论处，为的是爱惜其健康，“以便更长久地为罗马、为梅迪西宗族以及他自己的光荣做贡献”。

他保护他免受瓦洛里们和阔绰的乞丐们烦扰，这些人老是向米开朗琪罗讨艺术品，强制他承担新的工作。“当有人向你求画时，”教皇让人写信告诉他，“你就把画笔系在脚上，画上几道，

① 见1531年2月24日皮翁博写给米开朗琪罗的信，这是罗马浩劫后首次给他写信：“天知道在经历了那么多苦难、灾祸和危险以后，我还能这么快乐，全能的上帝以他的仁慈和恻隐之心，让我们健康地活了下来，我每想到这里，真觉得是奇迹……现在，老兄，既然我们曾出入水火之中，经历了种种意想不到的事情，无论如何该感谢上帝，至少要尽可能使自己安度余生。命运是那么险恶和令人痛苦，不必过多依赖命运……”当时，他们的来往信件要被检查，所以皮翁博还嘱咐米开朗琪罗伪造自己的笔迹。

② 米开朗琪罗：《诗集》卷38。

③ 见1531年6月20日皮埃尔·帕洛·马尔兹给米开朗琪罗的信和1531年6月16日皮翁博给他的信。

④ 1531年9月29日乔凡尼·巴蒂斯塔·迪·帕洛，米尼给瓦洛里的信。

说，‘画画好了。’”[①]教皇还常在米开朗琪罗和越来越凶的尤利乌斯二世的继承人之间充当说客。[②]1532年，乌尔班公爵的代表们和米开朗琪罗之间签订了第四份契约：米开朗琪罗答应另造一座新的很小的陵墓，[③]三年内完工，费用由米开朗琪罗个人负担，还要付两千杜加金币，以偿还尤利乌斯二世及其继承人过去所付的款项。“只需让人在作品中嗅到一点儿您的气味就够了，”[④]塞巴斯蒂安·德·皮翁博写信给米开朗琪罗说——可悲的条件啊，既然米开朗琪罗所签的契约说明了大计划的破产，他就只好为此付出代价，年复一年，米开朗琪罗在他的那些绝望之作的每一件中，签订的实际上是他生命的破产，是他人生的破产。

尤利乌斯二世陵墓的计划流产后，梅迪西陵园的计划也坍塌了。1534年9月25日，克雷芒七世逝世。所幸米开朗琪罗当时不在佛罗伦萨。很久以来，他在佛罗伦萨一直惶惶不安，因为亚历山大·德·梅迪西公爵很恨他。要不是出于对教皇的尊敬，他早就会叫人把他干掉了。[⑤]自从米开朗琪罗拒绝建造一座君临佛罗伦萨的要塞，他益发怀恨在心。但对于米开朗琪罗这个胆小的人来说，这算得上是一个勇敢之举，表明了他对祖国崇高的爱——自那以后，米开朗琪罗已准备好遭到来自公爵方面的任何打击；当克雷芒七世逝世时，他凑巧不在佛罗伦萨，他认为完全是托天之福。他不再回佛罗伦萨，他不打算再见到它——梅迪西家族小教堂告吹了，永远也完不成了。我们今日所谓的梅迪西陵园，和米开朗琪罗原来的构想相距万里，只剩下极少的一点儿联系。留给我们的顶多也就是墙壁

① 见1531年11月26日班韦努托·戴拉·沃尔帕雅给米开朗琪罗的信。

② 1532年3月15日皮翁博写信对他说，“你要是没有教皇作后盾，他们非像毒蛇一样跳起来把你吞掉不可。”

③ 这里，只有后来立在梵柯利圣彼得大教堂的六座未完成的雕像：《摩西》《胜利》《奴隶》和《博博利石窟的群像》等。

④ 1532年4月6日皮翁博给米开朗琪罗的信。

⑤ 好几次，克雷芒七世不得不在他侄儿亚历山大大公面前回护米开朗琪罗。（1553年8月16日）。

装饰的那点儿构架而已。米开朗琪罗不仅没有完成雕像的一半[①]，没有完成他所设想的绘画，而且，当他的门徒们后来竭力地要找回和补全他的构想时，他甚至说不清原来的设想是怎么回事了：[②]他就这样地放弃了自己所有的工作，竟致把什么都忘得一干二净。

1534年9月23日，米开朗琪罗回到罗马，在那里一直待到去世。[③]他离开罗马都二十一年了。在这二十一年中，他为未完工的尤利乌斯二世陵墓制作了三座雕像，为未完工的梅迪西陵园制作了七座未完成的雕像，还有洛朗教堂的未竟的过厅；圣·玛丽·德·密涅瓦教堂之未竟的《基督》；为巴乔·瓦洛里作的未竟的《阿波罗》。他丧失了他的健康，他的精力，失去了对艺术、对祖国的信仰，还失去了他最亲爱的那个弟弟[④]，他失去了他崇敬的父亲。[⑤]他为他们各写了一首痛苦感人的悼念诗，但也同他所做的其他一切那样，没有写完，诗中充满了对死的渴求：

> “上天把你从我们的苦海中救出。可怜可怜我吧，我像个行尸走肉！……你是死去的死者，你已成为神明；你不必再担心生存与欲念的变化了：写到这里，我怎能不羡慕呢？仅仅给我们带来不切实的欢乐与切实的痛苦的命运与时间，不敢跨进你们的门槛。没有一片云彩使你们的光明变得晦暗；以后的时日无法对你们施暴，需要和偶然不能再操纵你们的行为。黑夜扑灭不了你们的光华：白昼无

① 米开朗琪罗只为洛伦佐·德·乌尔比诺和尤利乌斯·德·内穆尔及圣母宫雕刻了七譬雕像的一部分；计划中的江河四雕像根本没开始；为洛伦佐墓和洛伦佐的兄弟尤利乌斯墓制作的雕像，他也让别人做了。

② 人们甚至不知道已塑好的雕像该安放在哪里，也不知道他打算在空壁龛中放哪些雕像。受科斯梅一世之命去做米开朗琪罗未完成的瓦萨里和阿玛纳蒂曾写信问他，他竟什么也想不起来。1557年8月，他在信中写道：“记忆和思想跑到我面前，到另一个世界等我去了。”

③ 米开朗琪罗于1546年3月20日取得罗马市民的身份。

④ 博纳罗托死于1528年的瘟疫。

⑤ 其父死于1534年6月。

> 论怎样明亮，也不会增加它的光度……由于你的死，亲爱的父亲，我学会了死……死，并不像人们想象中那样是件坏事，对于人生的末日亦即在神坛前的开始之日和永恒之日的人来说倒是好事一桩。我希望，且相信，我能靠上帝的恩宠再见到你。如果我的理智把我那冰冷的心从尘世的泥淖之中拉出来的话，只要理性如同所有德行一样，能在天上增进父子间至高无上的爱。”①

人世间他已无所留恋，无论艺术、雄心、温情，还是任何一种冀望。他年已六十，人生似乎已结束了。他孤苦伶仃，他不再相信他的作品了：他怀念着死亡，热切渴望能最终避开“生存状态和欲念的改变”“时代的暴力”及“需要和偶然”的专制。

> “唉！唉！我被我那飞逝的时日背叛了……我有过太多等待……时间飞逝，我已垂垂老矣。我不复能在死者身旁忏悔和自省……哭也枉然：没有任何的不幸可以同你失去的时间相比拟的……
>
> 唉！唉！回顾以往，我找不出一天曾属于我自己！虚假的希望与徒劳的欲念——此时此刻我承认了——它们羁绊住了我，哭、爱、激情燃烧、悲哀叹息（因为没有一种致命的情感我不曾体验过），我远离了真理……
>
> 唉！唉！我不知何去何从；而且我害怕……如果我没弄错的话（噢！愿上帝让我弄错了吧！）——我看见，主啊，我看见了永恒的惩罚，因为我明知有善却去作恶。而我只剩下期盼了……”②

① 米开朗琪罗：《诗集》卷58。

② 米开朗琪罗：《诗集》卷49。

# 下篇　舍　弃

## 一　爱情

在这颗遭蹂躏的心里，给他带来生机的一切都舍弃以后，一种新的生命开始了，万紫千红的春天来临了，燃起了明亮的爱的火焰。但这份爱几乎不再有任何的自私和肉欲的成分。这是对卡瓦列里的美貌的神秘崇拜。这是对维多莉娅·科洛娜的虔敬的友谊——在上帝面前两个灵魂热情地沟通。这是他对他的失去父亲的侄儿们的慈父般的爱，是对穷苦人和弱者的怜悯，即神圣的爱德。

米开朗琪罗对托马索·德·卡瓦列里的爱，一般人——不论是正派人还是不正派的人——都会感到困惑的。甚至是在文艺复兴晚期的意大利，也会引起一些令人恼火的流言；阿莱廷①对此大加影射，挖苦。②但是，阿莱廷们的辱骂（这总是少不了的），不可能损害米开朗琪罗。“他们以自己的小人之心来捏造一个米开朗琪罗。”③

---

①　（1492—1557），意大利诗人、散文家、剧作家，以辛辣的讽刺而闻名。

②　米开朗琪罗的侄孙在1623年首次刊印其诗集时，不敢把他致卡瓦列里的诗按原样刊出，而是设法让人相信这些诗是写给一位女性的。直到最近的研究中，还有人把卡瓦列里当作维多莉娅·科洛娜的化名。

③　根据1542年10月米开朗琪罗的一封信，收信人不详。

没有任何灵魂比米开朗琪罗的更加纯洁的了。没有一种爱的观念比他的更虔诚。

龚迪维说：

“我曾经常听见米开朗琪罗谈论爱情，在场的人都说他所说的爱情全是柏拉图式的。就我而言，我不知道柏拉图说了些什么，但我知道，在与米开朗琪罗那么长时间的亲密交往中，我从他嘴里听到的只是最可敬的话语，可以扑灭青年人心中骚动狂躁的欲火。”

可是这种柏拉图式的理想并无文学的或冷酷的成分，米开朗琪罗迷恋一切美的事物，对柏拉图的思想也是这样。他自己也知道这一点，因此，有一天，在拒绝他的朋友贾诺蒂的邀请时，他说道：

“每当我看见具有某种才能或有某种智力天赋的人，一个其言或其行胜于旁人的人，我都会为他着迷，于是，我便一心扑在他的身上，竟致不再属于我自己了……你们都是那么才华横溢，所以我要是接受了您的邀请，我就会失去自己的自由；你们每一个人都会窃去我的一部分。乃至跳舞和弹琴的人，只要他们精通自己的艺术，也可以对我为所欲为。我非但不能因你们的陪伴而得到休息，增强体力，心情平静，反而使自己的心灵随风飘荡，无处停息。以致几天之后，我不知会死在何处。”①

既然思想、言谈或声音的美都能如此这般地征服他，那他将被肉体之美更加地征服了！

“美貌的威力，怎样地刺激着我！

世间没有什么能给我这么大的快乐的了。”

对于这位俊美外形的伟大创造者——同时又是一位虔诚笃信者——来说，美的躯体是神圣的，一个美丽的躯体，是神灵的肉身

① 贝多纳托·吉阿诺蒂：《对话录》，1545年。

覆盖下的显现。如同火丛林前的摩西一样，他只是一个劲儿地颤抖着走近它。他所崇敬的对象对他来说，真正是他的偶像。他匍匐在他脚下；伟人的这种心悦诚服的谦卑——让高贵的卡瓦列里难以忍受——在美貌的偶像有着一颗庸俗可鄙的恶魂时——如费博·德·波奇奥——就更加的不可思议了。但米开朗琪罗对此视而不见……他真的是视而不见吗？——他是什么都不愿意看见，他要在心中完成已勾画出轮廓的雕像。

他那些美梦中最早的理想情人，是1522年光景的吉拉尔多·佩里尼。[①]后来，米开朗琪罗于1533年又恋上了费博·德·波奇奥，1544年又恋上了塞奇诺·德·布拉奇。[②]他对卡瓦列里的友情并非是一心一意的，但却最持久且达到了狂热的程度。从某种意义来说，不仅是因其朋友之美貌，道德的高尚也值得他尊重。

瓦萨里说过：

> “他爱托马索·德·卡瓦列里甚过其他一切人。卡瓦列里是罗马的一个贵族，年轻，热爱艺术，米开朗琪罗曾为他画过一帧肖像——是他画过的唯一的这样的肖像，因为他厌恶画活人，除非此人美貌绝伦。”

瓦萨里补充说过：

> “当我在罗马看到托马索·卡瓦列里先生时，他不仅绝顶俊美，而且举止谈吐温文尔雅，思想出众，行为高尚，确实值得人爱，特别是当你更加了解他时。”[③]

---

① 佩里尼尤是阿莱廷猛烈攻击的对象。弗雷曾刊出1522年米开朗琪罗写给佩里尼的几封很温柔的信：“当我读你的信时，仿佛和你在一起，这是我唯一的愿望。”下面署名是，“你的如儿子般的……”

② 米开朗琪罗与卡瓦列里结交一年多以后，又爱上波奇奥，曾给他写过狂热的信与诗，而那个下流的家伙却在回信中向他讨钱；布拉奇是佛罗伦萨一个流亡者的儿子，是路易吉·德尔·里奇奥的朋友，米开朗琪罗与卡瓦列里来往十年后才认识他，1544年他在罗马去世，米开朗琪罗为他写了48首悲怆诗。

③ 见贝内德托·瓦尔奇《讲稿二篇》，1549。

米开朗琪罗在罗马与他相识，那是1532年秋天。他写给他的第一封信充满热情的表白，卡瓦列里的复信则极其庄重：

“来信收悉，此信对我来说弥足珍贵，因为实出我之预料。我之所以说‘实出我之预料’，是因为我实在不配让您这样的人给我写信。至于别人对我的称赞，以及我的那些您所表示极其钦佩的工作，我可以告诉您，它们根本不值得让您这么伟大的举世无双的天才——我的意思是除您之外世上没有第二个——去给一个初出茅庐、极其无知的年轻人写信的。我当然不会认为您在说谎。我相信，是的，我确信，您对我的情感，正是您这样一个作为艺术化身的人，对那些现身艺术、我就是那些人中的一个，而且，热爱艺术的人必然会有的感情。就热爱艺术而言，我的确不下于任何人。我答应您，我要好好地回报您的爱：我从未像爱您那样爱过别人，我还从未盼望过除您的友情而外的任何友情……在有机会为您效劳的时候，尽管吩咐我，我永远仰仗着您的帮助。

您忠诚的托马索·德·卡瓦列里”①

卡瓦列里对他似乎一直保持着这种尊敬且有分寸的情感。他直到米开朗琪罗临终时都一直是忠诚于他的，并为之送终。他一直为米开朗琪罗所信任，且被认为是唯一能对他施加影响的人，他罕有的长处就是永远为他朋友的伟大与利益尽心竭力。是他使得米开朗琪罗决心完成圣彼得大教堂圆顶的木制模型的。是他为我们保存了米开朗琪罗为建造圆顶而绘制的图纸的，并努力使之实现。而且，也是他在米开朗琪罗逝世之后，监督后者遗愿的执行的。

但米开朗琪罗对他的友谊犹如一种疯狂的爱。他给他写一些癫

① 此信写于1533年1月1日。

狂的诗，把他当偶像般顶礼膜拜。[①]他称他为“一个强有力的天才……一个奇迹……我们的时代之光”；他恳求他“不要蔑视他，因为他不能与他相比，没有人能达到他的高度”，他把他的现在、他的未来全都赠予他；他补充说道：

> “不能把我的过去也奉献给你，不能更长久地为你效劳，于我是一桩无尽的痛苦，因为未来是短促的：我太老了……[②]我相信没有任何东西可以毁坏我们的友谊的，尽管我此言甚狂，因为我远不如您……我可能忘记你的名字，犹如忘记我赖以生存的食粮，是的，我宁可忘记只是毫无乐趣地支撑着我的肉体的食粮，也不能忘记支撑着我的肉体与心灵的您的名字，你的名字使我全身心无满甜蜜，只要想着你，我就感觉不到痛苦，也不畏惧死的临。[③]——我的灵魂掌握在我把它交付于他的那个人的手里了[④]……如果我不得不停止想念他的话，我相信我会当场死去。”[⑤]

他赠予卡瓦列里一些精美的礼物：

> “是一些惊人的素描，以红黑铅笔画的一些绝妙头像，是他想要教他素描时勾画的。然后，他还为他画了一幅《被宙斯翅膀举上天空的甘尼米》[⑥]、一幅《鹰叼其心的提提厄斯》[⑦]和一幅《法埃东乘太阳战车与酒神节的孩子们

① 卡瓦列里的第一封信，米开朗琪罗当天就回复了。这封信留下了三份草稿。其中一份的补白中，米开朗琪罗写道：“一个人献给另一个人的礼物，有一个名词可以代替，但为体统起见，这封信里就不用了。”这个词显然就是“爱情”。

② 1533年1月1日给卡瓦列里的信。

③ 1533年7月28日给卡瓦列里的信。

④ 给巴托洛梅奥·安吉阿利尼的信。

⑤ 给塞巴斯蒂安·德·皮翁博的信。

⑥ 甘米尼是希腊神话中特洛亚王的儿子，宙斯的侍酒童子。

⑦ 提提厄斯系希腊神话中的巨人，因企图施暴勒托，被宙斯罚入地狱受鹰啄食肝脏的酷刑。

一起跌入波河》：所有的作品都美妙非凡，难以想象的完美。”

他还给他寄过一些十四行诗，有时妙笔生花，但经常是阴暗的，其中有一些不久就在文学圈内广为传颂，闻名意大利。[①]有人说下面这一首是“十六世纪意大利最美的抒情诗”：

“你的慧眼，使我看到了，
我这盲眼所不能见的柔和光线。
您的双脚
助我承受，
我这行动困难的双足难以承受的负重。
因您的精神，
我感到自己已飞升上天。
你的意志，
包括了我所有的意志。
我的思想在您的心中形成，
而我的话语在您的喘息中露出。
我只身一人犹如月亮，
只有在太阳照亮它时，
人们才能看见它在天上。”

另一首则更加著名，是赞颂完美友谊的最美的诗篇之一：

“如果两个情人中
存在着贞洁的爱情，

① 瓦尔奇将其中两首发表了，后又在他的《讲稿二篇》中刊出。米开朗琪罗对自己的爱并不保密，他讲给巴托洛梅奥·安吉阿利尼和皮翁博听。对这样的友情没有人大惊小怪。切奇诺·戴·布拉奇去世时，里奇奥对所有人发出爱和绝望的呼声：“啊，我的朋友多纳托！我们的切奇诺死了，整个罗马在为他哭泣。米开朗琪罗为我设计他的纪念碑。我求你为他写墓志铭，再写一封能给我慰藉的信，悲哀让我失去了理智。”（1544年1月里奇奥给多纳托·吉阿诺蒂的信）

最高的敬爱、同等的处境，
如果残酷的命运打击一个也打击另一个，
如果唯一的一种精神、唯一的一种意志主宰着两颗心，
如果两个躯体上的一颗灵魂成为永恒，
以它的双翼将两人都带往上空，
如果爱神以它的金箭，
一箭穿透并焚烧两人的五脏六腑，
如果一个爱着另一个，谁也不爱自己，
如果两人都把他们的欢乐用以渴求两人同样的结局，
如果千千万万的爱情都不及这桩爱情的百分之一，
那么一个怨恨的举动，
会不会永远割断和解除他们的联系？”①

这种忘我，这种全身心融入他之所爱的现身热情，并非总是这么平静安详。忧伤重又占了上风；而被爱控制的灵魂在边呻吟边挣扎。

“我哭泣，我燃烧，我消耗自己，我的心沉浸在痛苦之中……”②

他在另一首诗中对卡瓦列里说：

“你带走了我生的欢乐。”③

对于这些过于热情的诗，“被爱着的温柔之神”卡瓦列里报之以友爱和平静的冷淡。这种过分夸张的友谊使他暗中不快，米开朗琪罗求他原谅：

“我亲爱的神，请勿因我的爱而恼怒，那只是奉献给你身上的优秀品德的，因为一个人拥有思想才智，全靠他能热爱他人的思想才智。我所企盼的是，我在你那俊美的

① 米开朗琪罗：《诗集》卷44。
② 米开朗琪罗：《诗集》卷52。
③ 米开朗琪罗：《诗集》卷109，第18。

面孔上所学到的，不能为一般人所理解。谁要想理解就得先理解死亡。”

不用说，这种对美的激情毫无虚假的成分。但是，这份炽热而惶惑[①]，而且不管怎么说都是纯洁的爱之谜毕竟还是令人不安而且头晕目眩的。

这种病态的友谊——可说是为了否定生命的虚无，试图创造他所渴望之爱的绝望的努力——之后，幸而有一位女性明朗安详的友情（这个女子善解这个老孩童，这个孤苦伶仃地失落于世的人）给他那颗死了的心灵注入一点儿平和、信心、理智，以及令人感伤的对生与死的承受。

那是1533—1534年，米开朗琪罗对卡瓦列里的爱达到了顶峰。[②]1535年，他开始结识维多莉娅·科洛娜。

她生于1492年，父亲是帕利阿诺的领主，塔利亚科佐的亲王法布里齐奥·科隆纳。其母名叫阿涅丝·德·蒙泰费尔特罗，是乌尔班亲王费德里戈的女儿。其家族属于意大利最高贵的门第之一，也是受文艺复兴精神熏陶最甚的家族之一。17岁时，她嫁给了佩斯卡拉侯爵、大将军费朗特·弗朗切斯柯·德·阿瓦洛，即帕维尔的征服者。她很爱他，他却完全不爱她。她长得不美。人们在那些纪念章上所看到的她的像，她长着一张男性的脸，显得很有主见，略有些严厉，额头很高，鼻子长且直，上唇较短且后缩下唇稍稍前突，嘴巴紧闭，下巴突出。认识她并为她作传的菲洛尼科·阿利卡纳塞奥尽管措辞委婉，仍让人明白她的长相颇丑：“当她嫁给佩斯卡拉侯爵时，她努力地提高思想天赋，因为她不算很美，她便钻研文学，以获取这种不像容貌那样会消失的永不会磨灭的美。”——她是热心追求心智发展的人。在一首十四行诗中，她写道：“粗俗的感官，不能促成产生纯洁爱情和高贵心灵的和谐，它们绝对激发不

① 在一首十四行诗中，米开朗琪罗要把他的皮蒙在他所爱的人身上，还要变成他的鞋子，载着他去踏雪。

② 尤其是1533年6—10月，米开朗琪罗离开卡瓦列里回佛罗伦萨期间。

起欢乐与痛苦……明亮的火光，使我的心灵升华，致使一些卑劣的思想会使它恼怒。”——她生就没有能使英俊纵欲的佩斯卡拉爱她的地方。然而，毫不理智的爱情却要她始终爱他，为他受苦。

她忍受着残酷的折磨，她的丈夫甚至在自己家里欺骗她，对她不忠实，闹得整个那不勒斯沸沸扬扬。可是，当他1525年去世时，她仍旧痛苦不堪。她遁人宗教和诗歌，在罗马，稍后在那不勒斯，过着修道院式的生活。[①]起先她并未完全与世隔绝：她寻求孤独只是为了沉浸在她对爱的回忆之中，如她在诗中所吟咏的。她同意大利的所有大作家都有来往，诸如萨多莱特、贝姆博、卡斯蒂廖内，后者把他的《侍臣》手稿送给她，还有在其《疯狂的奥兰多》中称颂她的阿里奥斯托，以及保罗·佐夫、贝尔纳多·塔索、罗多维柯·多尔斯等。自1530年起，她的十四行诗在整个意大利传诵，在当时的女作家中，唯有她享有这份光荣。退隐伊斯基亚岛之后，她仍然不倦地歌唱她那已经改头换面的爱情。

但是，自1534年起，宗教把她整个俘获了。宗教改革思想，试图改革教会，同时又避免教会分裂的宗教自由思想征服了她。我们不知道她在那不勒斯是否结识了胡安·德·瓦尔德斯[②]，但是，她无疑是深受锡耶纳的贝尔纳迪诺·奥基诺[③]的宣道的影响。她是彼特罗·卡尔内塞基[④]、基贝尔蒂、萨多莱特、高贵的雷吉纳尔德·波莱

① 那时她的精神导师是维罗纳的主教马泰奥·吉贝尔蒂，他是宗教改革运动的第一人，他的秘书即诗人弗朗切斯科·贝尔尼。

② 西班牙王查理五世的私人秘书之子，自1534年起成为那不勒斯宗教改革运动的领袖，死于1541年，据说他在那不勒斯的信徒有三千余人之众。

③ 著名的宣道者，嘉布遣教派的副司铎，1539年成为瓦尔戴斯的朋友，他在那不勒斯、罗马、威尼斯等地进行大胆的宣传，受群众拥护。1542年，因被控为路德派将被治罪，遂从佛罗伦萨逃往费拉拉，转道13内瓦，在那里加入了新教。他是维多莉娅. 科洛娜的知己，离开意大利时，在一封密信中，把自己的决心告诉了她。

④ 克雷芒七世的秘书，也是瓦尔戴斯的朋友与信徒，1546年第一次被列入异教罪人名单，1567年在罗马被焚死。他和维多莉娅·科洛娜来往甚密。

和改革派主教中最伟大的卡斯帕雷·孔塔里尼[①]红衣主教的朋友。孔塔里尼主教曾徒劳地设法与新教徒达成妥协，他居然敢写出这样大胆的语句：

> “基督的律令是自由的律令……凡以一个人的意志为准绳的政府均不能称之为政府，因为它实质上倾向于恶，而且为无数情欲所驱动。不！任何主宰皆是一种理智的主宰。他的目的旨在通过正确道路指引所有服从于他的人到达他们正确的目的地：幸福。教皇的权威也是一种理智的权威。一个教皇应该知道，这权威是行使于自由人的。他不应该随心所欲的下命令，或禁止，或豁免，而只能依据理智的规则、神的训诫和爱——一种将一切引向上帝，引向共同幸福的准则行事。”

维多莉娅是这个理想主义小团体最狂热的分子中的一员，这个小团体联合了意大利最纯粹的良心。她同勒内·德·费拉雷，同玛格丽特·德·纳瓦尔保持通信往来；后来变成新教徒的彼尔·保罗·韦尔杰廖称她为“一道真理之光”——但是，当冷酷无情的卡拉法[②]领导的反改革运动兴起时，她陷入致命的怀疑之中。她同米开朗琪罗一样，有一个狂热却软弱的灵魂：她需要信仰，她无力抵御宗教的权威。“她持斋、节食以苦修，饿的只剩皮包骨头。”[③]她的

---

① 威尼斯的世家子弟，曾任威尼斯驻荷兰、英国、西班牙等国的大使，1535年被教皇保罗三世任命为红衣主教。1541年被派出席北欧的国际宗教会议，他与新教徒未达成谅解，同时又受到天主教徒的猜疑。失望归来，1542年8月死于波伦亚。

② 基耶蒂的主教，于1524年创立台阿廷教派，从1528年起，在威尼斯组织反宗教改革团体。他先是作为红衣主教，继而作为教皇保罗四世，无情地打击了新教徒，严厉惩治改革运动的参与者。

③ 1566年卡尔内塞基在异教徒裁判法庭的供词。

朋友波莱[1]红衣主教强迫她屈从，强迫她否定自己的聪颖智力。舍身向神，从而使她平静下来。她以一种献祭的热忱做着这一切……但愿她只是拿自己献祭！她连带着牺牲了自己的朋友们。她连累了奥基诺，把他写的东西交给了罗马异教裁判所。她这颗伟大的灵魂，像米开朗琪罗一样，被恐惧粉碎了。她把良心的责备埋入一种绝望的神秘主义中：

> “您看到了我们处于的那无知的混沌，迷失于错误的歧路。看到了那永远在运动着以寻求休憩的躯体，看到了为了找到平和一直骚动不安的：心灵。上帝要我意识到，我一文不名，要我明白同，一切在于热爱基督。”[2]

她召唤死神，作为一种解脱——1547年2月25日，她告别了人世。

在她深受瓦尔德斯和奥基诺的自由神秘主义的影响时期，她认识了米开朗琪罗。这个女子，忧伤，苦恼，永远需要一个可依傍的向导，同时也永远需要一个比她更软弱、更不幸的人，以便把她心中充盈着的全部母爱施与此人身上。她在米开朗琪罗面前藏起她的惶恐不安。她表面上平静，矜持，有点儿冷漠，她将自己求之于人的平静传递给了米开朗琪罗。他俩的友谊始于1535年左右，自1538年秋天趋于亲密，但完全建立在对神的信念上。维多莉娅时年46岁，米开朗琪罗已63岁了。她住在罗马平奇奥山脚下的圣西尔韦斯德罗修道院。米开朗琪罗住在卡瓦洛山附近。每星期日，他们在卡瓦洛山的圣西尔韦斯德罗教堂聚会。阿姆布罗乔·卡泰里诺·波利蒂为他们诵读《圣保罗书信》，他俩一起讨论，葡萄牙画家弗朗索瓦·德·奥朗德在他的四本《绘画谈话录》中，为我们留下了这些谈话的记忆。这些生动的画面，反映了他们之间严肃而亲切的友谊。

---

① 雷吉纳尔德·波莱，出生于约克家族，因与英王亨利八世发生冲突而逃离故土，1532年途经威尼斯，成为孔塔里尼的挚友，后由保罗三世任命为红衣主教和圣彼得教区的教皇特使。1554年，波莱作为教皇特使返回英国，成为坎特伯雷大主教，1558年去世。

② 1543年12月22日维多莉娅致红衣主教莫罗内。

弗朗索瓦·德·奥朗德第一次去圣西尔韦斯德罗教堂时，碰上佩斯卡拉侯爵夫人正在同几个朋友一起听诵读圣书。米开朗琪罗当时不在场。诵读完毕后，可爱的夫人微笑着对画家说：

“和讲道相比，弗朗索瓦·德·奥朗德大约更乐于听米开朗琪罗的谈话。”

弗朗索瓦深受伤害，抢白道：

“怎么，阁下您以为我除了绘画，对其他任何事情都麻木不仁么？”

“请勿多心，弗朗西斯科先生，”拉塔齐奥·托洛梅伊说，“侯爵夫人恰恰深信画家在任何方面都很优秀。我们意大利人是非常敬重绘画的！她说这句话可能是想让您听听米开朗琪罗的谈话，好使您更加高兴。”

弗朗索瓦连声道歉，于是，侯爵夫人便吩咐她的一名仆人：

“去米开朗琪罗那里，告诉他我和拉塔齐奥先生仪式完毕之后留在这个小教堂里，这儿舒适凉快，如果他愿意耗费一点儿时间，我们将获益匪浅……不过，”她深知米开朗琪罗的性格孤僻，便又补充说道，“别告诉他葡萄牙人弗朗索瓦·德·奥朗德在这儿。”

等待仆人回来的时候，他们商量用什么办法把谈话引到绘画上，而又不让他看出他们的意图来，因为，如果被他觉察出来，会立刻拒绝继续谈下去。

> “沉默了片刻之后，有人敲门。这么快就有了回音，大家都很担心大师不来。但是，福星高照，住在附近的米开朗琪罗正在前来圣西尔韦斯德罗的路上。他是从埃斯基利纳街往温泉方向走，一路上在同他的门生乌尔比诺大谈哲学。我们派去的仆人遇见他，便把他带来了，此刻正是他本人站在门槛上。侯爵夫人立起身，站着和他谈了好一会儿，然后才请他在拉塔齐奥和她之间坐下。”

弗朗索瓦·德·奥朗德在他身旁坐下来；可是米开朗琪罗根本

没有注意到他的邻座——这使弗朗索瓦大为恼火，愤愤地说：

“真的，要让人看不见他的最好方法，就是直挺挺站在这个人的跟前。”

米开朗琪罗闻言一惊，立刻向他道歉，态度十分谦恭：

“真对不起，弗朗西斯科先生，我没有看见您，因为我的眼睛一直望着侯爵夫人。”

此时，维多莉娅稍停片刻，这时开始用一种怎样吹嘘都不算过分的艺术，谈起这样那样的事情，巧妙而且谨慎地避开绘画的话题。仿佛像是某人在艰难而巧妙地包围一座坚固的城池；而米开朗琪罗则像是一个警惕的、多疑的被围困者，处处设岗，扯起吊桥，遍布陷坑，警惕地在房门和墙壁上都安排了驻军。但是，最终侯爵夫人得胜了。说实在的，没有谁能够防得住她的。

“喏，”她说，“应该承认，当我们用与他同样的武器，即诡计，去攻击米开朗琪罗时，我们总是失败的。拉塔齐奥先生，我们必须同他谈诉讼案，谈教皇的敕令，然后么……再谈绘画，如果我们想弄得他哑口无言，自己掌握主动权的话。”

这巧妙的绕弯把话题引向了艺术领域。维多莉娅同米开朗琪罗商谈她计划修建的一座宗教建筑，米开朗琪罗立刻自告奋勇去查看场地，草拟图样。侯爵夫人回答：

“我可不敢对您提出这么多的要求，尽管我知道在所有的事情上都遵从抑强扶弱的主的教导……因此，了解您的人都尊重米开朗琪罗的为人，更甚于尊重他的作品，而不像那些不认识您本人的人，只尊崇您自己的最弱的部分——出自您手的那些作品。不过我也没少赞扬您经常抽身躲到一旁，避免参与我们无聊的谈话，您并不是老画那些向您求画的王公贵人，而是几乎把您的整个一生奉献给了唯一的一件伟大的作品。”

对这些恭维话，米开朗琪罗谦虚地表示婉谢，并表达了他对那些多嘴且有闲者——大贵人或教皇的反感，这些人强迫一个艺术家去陪着他们胡扯闲聊，殊不知这个艺术家已来日无多，难以完成自己的使命了。

接着，谈话转到艺术的最高主题上，侯爵夫人以虔诚的严肃态度对待这个问题。一件艺术作品对于她来说，如同对于米开朗琪罗一样，是一个信德的行为。米开朗琪罗说：

> “好的绘画，必走近神并与之结合……它只是上帝之完美的一个复制品，只是神的画笔、音乐、旋律的影子……因此，画家光伟大和灵巧还是不够的。我倒是认为他的生命尽可能的是纯洁和神圣的，以便神灵能控制他的思想……”①

日子就这样在圣西尔韦斯德罗教堂里，在庄严平静、真正神圣的谈话中度过。有时候，朋友们更喜欢到花园中继续交谈，如同弗朗索瓦·德·奥朗德向我们描述的那样，“在喷泉旁，在月桂树的浓荫下，我们坐在石凳上，背靠爬满常春藤的墙壁。”他们从那儿俯临着在他们脚下延伸的罗马城。②

遗憾的是，这些美妙的谈话没有延续多久。佩斯卡拉侯爵夫人所经受的宗教危机使得谈话突然中止。1541年，她离开了罗马，把自己幽禁在奥尔维耶托的一个隐修院，继而又转至维泰尔贝隐修院。

> “但她常常离开维泰尔贝前来罗马，专程看望米开朗琪罗。他为她超凡脱俗的气质而着迷，她则使他得到抚

① 奥朗德：《罗马城绘画对话录》第一部分。

② 见《罗马城绘画对话录》第三部分。那天，教皇保罗三世的侄儿奥克塔夫·法尔奈兹娶亚历山大·德·梅迪西的寡妇为妻，那次盛大的仪仗包括十二驾古式彩车从纳沃内广场通过，观者如潮。米开朗琪罗和朋友们则藏在高处圣西尔韦斯德罗教堂的宁静中。

慰。他收到并保留了她的许多信，封封都充满着一种圣洁而温柔的爱，恰如这样一个高洁的心灵所能写出的。”[①]

“按照她的意愿，他绘制了一张裸体的基督像。画上的基督离开了十字架，如果没有两个天使扶掖着他的胳膊，他会像一具毫无生气的尸体般倒在圣母脚下。圣母坐在十字架下，满面泪痕，痛苦不堪，她张开双臂，举向苍天。在十字架的木头上，可以看见这样一行字：Non vi si pensa quanto sangue costa.[②]——米开朗琪罗出于对维多莉娅的爱，还画了一张十字架上的耶稣基督像，和人们惯常表现的不同，基督不是死的，而是还活着，他把脸转向圣父，喊道：‘哎呀！哎呀！’那躯体不是瘫软的，而是痉挛着在一临终时最后的痛苦中挣扎。”

也许现藏于卢浮宫和不列颠大英博物馆中的那两张伟大的《复活》画像也是受了维多莉娅的启迪——在卢浮宫的那张上，大力士般的基督，正在奋力掀开盖在坟墓上的沉重石板，他还有一只腿在墓穴中，但却高昂着头，举着双臂，在热情冲动中欲奔向上空，使人想起卢浮宫中的多幅《囚徒》中的一幅来。回到上帝跟前去！离开这个尘世。离开他不屑一顾的这些愕然且惊骇的人们！挣脱了这人生丑恶，终于挣脱了！……——不列颠大英博物馆的那一张宁静得多。基督已经走出坟墓，翱翔在天上，健壮的身躯在轻抚他的熏风中飘浮；双臂环抱着，头往后仰，闭目养神，宛如一缕阳光升到光明之中去。

维多莉娅就这样为米开朗琪罗的艺术重新开启了信仰之门。不

---

① 龚迪维记述。

② 意大利文：再也想不起流过多少鲜血——这幅画启发米开朗琪罗创作了一系列圣母哀恸耶稣之死的作品，如佛罗伦萨的《圣母哀悼基督》（1550—1555）、隆达尼尼的《圣母哀恸基督》（1563），《帕莱斯特里纳哀恸基督》（1555—1560）。

仅如此，还激活了他那曾被卡瓦列里唤醒的诗的才华。[①]她不仅在他影影绰绰感觉到的启示方面照亮了他，而且还如索德所指出的那样，她为他在诗中歌颂这些启示做出了榜样。在他们结交的初期，维多莉娅就写出了《灵性的十四行诗》。她一面写，一面寄送给她的朋友。[②]

米开朗琪罗从中汲取了一种抚慰人的温馨、一种新的生命。在一首回赠她的优美的十四行诗中，他表白了动人的感激之情：

“幸福的精灵，以炽热的爱，
使我垂死的衰老心灵保持活力，
而你在钱财与欢乐当中，
于诸多高贵的生灵之间，
唯独选中了我，
过去你这样出现在我眼前，
如今你显现在我的心灵中。
为的是给我以安慰……
你想到了生活在忧患中的我，

① 此时，米开朗琪罗想要出版自己的诗集。之前，他一直没有把自己写的东西当回事，是他的朋友路易吉·德尔·里奇奥和多纳托·吉阿诺蒂给他出了这样的主意。由吉阿诺蒂操办出版事宜。1545年前后，米开朗琪罗从自己的诗稿中遴选了一部分，朋友们替他重新抄录。但是，里奇奥和维多莉娅的去世，使他改变了想法，他觉得这是一种毫无意义的虚荣。因此他的诗只有很少一部分在瓦尔奇、吉阿诺蒂、瓦萨里等人的著作中引用，其他并没刊印。但他的诗到处传抄，瓦尔奇曾在佛罗伦萨学士院朗读并介绍他的一首十四行诗，誉之为具有“古代诗人的清纯和但丁的丰富思想”。米开朗琪罗对意大利其他古典作家同样熟悉，如著名诗人彼特拉克、卡瓦尔坎蒂，法学家兼诗人皮斯托亚的奇诺等。他的诗风格简洁精练，而使之富有活力的思想感情则是柏拉图式热烈的理想主义。

② 1551年3月7日，米开朗琪罗在信中告诉法图契：“十余年前，她送给我一本羊皮小书，内有103首十四行诗，还不包括她在维特尔贝寄给我的40首。”

我要写诗向你致谢。
如果我认为以一些可怜的画
就足以回报那些美丽且生动的创作，
那简直是狂妄自大，奇耻大辱了。”

1544年夏，维多莉娅回到罗马，住进圣安娜修道院，一直到她逝世。米开朗琪罗不时去探望他。她深情地思念他，总想暗地送他一些小礼物，好让他的生活稍稍惬意和舒适一些。但是，这个倔老头儿“不愿接受任何人的礼物”。[①]即使他最爱的人的礼物也不接受，所以他不肯给她这个乐趣。

她死了。他眼睁睁看着她死去，他所说的几句感人肺腑的话，足见他俩之间的爱有着一种多么矜持的圣洁：

“我看着她死去，而我不曾如吻她的手那样吻她的额和脸，我真是后悔莫及。”[②]

“她的死，”龚迪维说，“使他很长一段时间里痴呆麻木着，似乎失去了知觉。”

“她希望我成就大的事业，”稍后他悲伤地说，“我也一样。死神夺走了我的一位好友。”

他为悼念她作了两首十四行诗。一首渗透着柏拉图学派的思想，仿佛黑夜中划过一道闪电，表现了一种狂热的理想主义和极其高雅讲究的风格。米开朗琪罗把维多莉娅比作雕塑神的锤子，从物质上砍出崇高的思想火花来：

“如果我的粗糙的锤子把坚硬的岩石
时而打造成这样，时而打造成那样，
那是因为它从握着它、引导它、指挥它的那只手那儿

① 据瓦萨里记述，一次他与好友路易吉·德尔·里奇奥发生龃龉，原因是后者送给他礼物。米开朗琪罗写信指责他：“你过分的好意，比你偷盗我更让我难堪。朋友之间应平等，如果一个施与多，一个给得少，就会发生争执了。”

② 据龚迪维记述。

接受了动作。

驱动它的是一种外力。

但雕塑神的锤子举起来，

仅凭它自身的力量，

创造自己的美和其他人的美。

没有任何别的锤子能不用锤子就打造自己；

只有它在使其他一切富有生气，

作坊里的锤子举得越高，

砸下去的力量就越大，

神锤高举在上空，直达天庭，

倘若神的铸铁场现在能帮帮我，它就能将我的作品臻于完善。

迄今为止，在这大地上，它仍是唯一的。”

另一首则更温柔，且宣告了爱情对死亡的胜利：

“当那个把我从哀叹中拯救出来的女子

从人世，从她自身，从我眼前消遁，

对她有过恰当评价的天理为之愧疚，

而所有见到此情此景的人为之恸哭。

死亡啊，而今你且慢得意，

你扑灭了这一太阳的光辉，她却衍生出别的！

因为爱神胜利了，使她在天上人间，

在圣人中间复活了。

万恶的不公正的死亡。

自以为磨灭了她灵魂的美丽，

遏制住了她德行的回响。

但她的诗词恰恰相反：

它们让她比生前焕发出更明亮的光芒，

而死后，她征服了她未曾征服的天国。”

在这严肃而平静的友谊中，米开朗琪罗完成了他最后的伟大绘画和雕塑作品：《最后的审判》、波利内教堂的壁画和——终于完成了——尤利乌斯二世陵寝。

当1534年，米开朗琪罗离开佛罗伦萨前往罗马安家时，因为克雷芒七世已死，他终于可以摆脱其他工作，安安静静地完成尤利乌斯二世的陵墓，然后，良心上已卸掉了压了他一辈子的重负，可以了却此生了。但是，刚一到罗马，立刻被新主人的锁链缚住。

> “保罗三世召唤他去为他效劳……米开朗琪罗拒绝了，说他不能这样做。因为合同规定他必须受乌尔比诺大公的约束，直到尤利乌斯二世的陵墓完成为止。于是，教皇勃然大怒，说道：‘三十年来，我一直有此愿望，而我现在已是教皇，难道还不能满足这一夙愿吗？我可以撕掉那张合同，无论如何，我要你为我服务。”①

米开朗琪罗差一点儿又要逃跑。

> “他想躲到热那亚附近的一座修道院去，住持阿莱里亚主教是他的朋友，也是尤利乌斯二世的朋友：他或许能在临近的卡拉雷采石场很方便地完成他的作品。他也曾想过躲到乌尔比诺，那是个安静的去处。他希望那儿的人因缅怀尤利乌斯二世而善待他。他已经派了一个人去打前站，想在那里买一所房子。”②

但是，正当要做出决定时候，他又像往常一样拿不定主意，他在担心行动的后果，他始终怀着那种幻想——他可以通过某种妥协脱身——但那永远是个破灭的幻想。他重又让人捆绑着，继续承受着沉重的负荷，直到生命终止。

1535年9月1日，保罗三世下了道敕令，任命他为使徒宫雕塑与绘画的总建筑师。早在四月份，米开朗琪罗就接受了《最后的审判》的工作。自1536年4月起到1541年11月，全副精力都投入到这

① 据瓦萨里记述。

② 据龚迪维记述。

件作品之中。也就是维多莉娅在罗马小住的时候，他在从事这项宏伟事业的过程中——想必是在1539年——米开朗琪罗从脚手架上摔下来过，腿部受了重伤。“他既痛苦又冒火，不愿意让任何医生诊治。”[①]他讨厌医生，听说亲友中有人冒失地求医时，他的信中便表现出一种可笑的担心。

> “所幸他跌下以后，佛罗伦萨的巴乔·隆蒂尼，他的朋友，一个极聪明的医生，他爱慕米开朗琪罗，对他极为同情，有一天便前去他家。敲门时，无人应声，他便径直上楼，挨着房间寻找，一直找到米开朗琪罗正躺在床上的那间房间。米开朗琪罗看见他时，老大不高兴。但巴乔却再也不愿离开，直到他把他治愈为止。”[②]

如从前尤利乌斯二世那样，保罗三世也来看他作画，参加意见。他来时都由其礼仪长比阿奇奥·德·切塞纳陪同。有一天，教皇问切塞纳对作品的看法，瓦萨里记述说，“切塞纳是个非常迂腐的人。宣称在这样一个庄重的场所，画上这么多下流的裸体是极不恰当的；还说这种画只能装饰浴室或者旅店。”米开朗琪罗心里憋着一肚子气，等切塞纳离开之后，凭着记忆把他画进地狱，把他画成判官米诺斯的样子，在一座魔鬼的山中，一条巨蛇缠着他的腿。切塞纳便去教皇面前抱怨。保罗三世打趣他说：“要是米开朗琪罗把你放在炼狱里的话，我还可以想想办法救你，但他把你放在了地狱里，那我就无能为力了：在地狱里肯定是没救得了。”

切塞纳并非唯一一个认为米开朗琪罗的画有伤大雅的人。意大利正在整肃世风，那时离韦罗内塞[③]因《西门家的最后晚餐》被异教裁判所传讯已为时不远。不少人看到《最后的审判》时，大叫有伤大雅的不乏其人。叫喊得最凶的是拉莱廷。这个淫秽大师竭力在

① 据瓦萨里记载。

② 据瓦萨里记述。

③ （1528—1588），威尼斯画派著名画家，色彩大师。

给贞洁的米开朗琪罗一些廉耻教育。[①]他给米开朗琪罗写了一封无耻的伪君子的信。他指斥他在表现“一些连妓院都要脸红的东西”，他向新设立的异教裁判所控告其亵渎宗教的罪行。他说，“侵害他人的信仰，其罪恶更甚于自己无信仰”。他恳请教皇把壁画毁掉。他在指控米开朗琪罗是路德派的同时，还卑鄙地影射他道德败坏，而且，为了置他于死地，还指控他偷了尤利乌斯二世的钱。这封信侮辱和败坏了米开朗琪罗灵魂深处最珍视的虔诚、友谊、爱惜名誉等情操。对于这样的一封信，米开朗琪罗读的时候不禁报之以轻蔑的一笑，并且伤心地哭了，但他并未给以回击。他大概想起了自己提及某些敌人时，以压倒人的蔑视说过的话：“他们不值得回击，因为战胜他们毫无意义。”而且，当拉莱廷和切塞纳对他的《最后的审判》的看法占了上风时，他仍不置一词，也不采取任何行动去阻止他们。当他的作品被当作“路德派的垃圾”时，他也什么都没说。当保罗四世要把壁画弄掉时，他也一声不吭。当达尼埃尔·德·沃尔泰尔奉教皇之命，来给他的主人公们“穿裤子”时[②]，他还是一句话也不说。人家征询他的意见，他毫无怒气地回答，语气中交织着嘲讽和怜悯：“请禀告教皇，这是小事一桩，很容易整顿的。但愿教皇也把世界给整顿一下：修理一幅画不过是举手之劳而已。”——他很清楚自己是在什么样的热烈的信念之中，在与维多莉娅·科洛娜的宗教谈论之中，在这颗洁白无瑕的灵魂的庇护之下，完成这件作品的。他羞于为这些寄予了他的英雄思想的纯洁裸体辩护，以反驳那些下流的猜度和伪君子及小人的含沙射影。

---

① 这是一种报复行为。拉莱廷多次向米开朗琪罗索要艺术品，米开朗琪罗未予理睬，他曾为米开朗琪罗的《最后的审判》设计了一幅草图，也被客客气气地拒绝了。因此他要米开朗琪罗为此而付出代价。

② 这是1559年的事。沃尔泰尔把他的修改工作称作“穿裤子”。他是米开朗琪罗的朋友，他的另一个朋友，雕塑家阿玛诺蒂，同样认为表现裸体很下流。在这件事情上，他的信徒也不拥护他。

当西斯廷的壁画完成时[①]，米开朗琪罗终于认为自己已有权弄完尤利乌斯二世陵寝了。而不知足的教皇却逼着这位70岁的老人画保利内教堂的壁画。[②]他差点就要从用于尤利乌斯二世陵寝的雕像弄走几尊，用到他自己的小教堂的装饰上去了。米开朗琪罗应该感到幸运，因为人家同意他同尤利乌斯二世的继承人签了第五份也是最后一份合约。根据这份合同，他交付出已经完成的那些雕像[③]，并出资雇用两名雕刻家完成陵墓的扫尾工作：这样一来，他便永远摆脱了他的任何其他责任了。

他的苦难尚未结束。尤利乌斯二世的继承人一个劲儿地逼他还清他们声称以前支付给他的钱。教皇让人告诉他，不要为这些事分心，专心做好保利内教堂的事情，他回答说：

> “但是，我们是用脑子而不是用手去画的，做事不动脑子的人是要丧失荣誉的。因此只要我有这些操心事，我就做不出好作品……我整个一生都曾与这个陵寝拴在了一起；我浪费了自己的青春去在利奥十世和克雷芒七世面前为自己辩白；我因为过分讲良心而毁了自己。这就是我的命运使然！我看见不少人每年能弄到两三千埃居；可我呢，历尽艰辛，却仍然贫穷。而别人还把我当窃贼……在人们面前（我不说是在神的面前），我自认为是个诚实的人；我没有骗过任何人……我不是个窃贼，我是佛罗伦萨的士绅，出身高贵，是一个受尊敬的人的儿子……当我不得不同这帮浑蛋斗的时候，我最终变成了疯子！……”[④]

---

① 《最后的审判》落成礼于1541年12月25日举行，意大利、法国、德国、弗朗德勒，各处都有人来参加。

② 这些壁画包括《圣保罗谈话》、《圣彼得殉教》等。米开朗琪罗从1542年着手工作，1544年和1546年两次因病中断，1549年和1550年间才勉强完成。瓦萨里说：“这是他一生中最后完成的一组绘画，且付出了极大的精力，因为绘画，尤其是壁画，对老年人是很不相宜的。”

③ 这组雕像首先是《摩西》和两座《奴隶》，后米开朗琪罗觉得《奴隶》不适宜这一减缩了的建筑，便换了另两座雕像：《行动生活》和《冥想生活》。

④ 1542年10月的一封信，收信人不详。

为了赔偿他的对手们，他亲手完成了《积极的生命》与《凝思的生命》，虽说合同上并没有要求他这样做。

最后，尤利乌斯二世陵寝于1545年1月在温科利的圣彼得大教堂落成。最早的美妙规划现在剩下了什么？只有《摩西》，原计划中只是一个陪衬的雕像，现在却占据了中心的位置。一个伟大计划的讽刺画！

毕竟，这件事了结了。米开朗琪罗从一生的噩梦中摆脱出来了。

## 二 信 仰

维多莉娅去世之后，他本想回到佛罗伦萨的，“在父亲身边，休息他疲惫的筋骨”。但是，在毕生都为几位教皇效劳之后，想把余年奉献给上帝。也许他这是受了他的那位女友的怂恿，想要完成她最后一个遗愿。1547年1月1日，维多莉娅·科洛娜死后的一个月，米开朗琪罗确实被保罗三世的一纸敕令委任为圣彼得大教堂的总建筑师，受命全权修造这座建筑物。他接受这项任务并非没有困难，也不是教皇的坚持，才使他下决心以七十余岁的老迈之身，担负起这副他从未承受过的重担。而是因为他从中看到一个义务，一项神的使命：

“许多人认为——而且我也认为——是上帝把我安置在这个岗位上的，”他写道，“不管我有多老，我也不愿放弃它，因为我是由于对上帝的爱服务了一辈子的，我所有的希望都寄托在上帝身上。”

为了这项神圣的使命，他不接受任何的报酬。

在这件事情上，他又得和众多的敌人交手，诸如瓦萨里所说的“桑迦罗派”①，以及所有的管理人员、供货商、工程承包商等，他揭出他们营私舞弊的劣迹，但桑迦罗过去一直装聋作哑，从不过问。瓦萨里说：“米开朗琪罗把圣彼罗从窃贼与强盗的手中解救了

① 桑迦罗从1537年直至1546年去世，一直是圣彼得大教堂的总建筑师。他一直是米开朗琪罗的敌人，为了梵蒂冈的城堡设计，两人曾针锋相对，最终桑迦罗的计划被取消。

出来。”

一个反对他的联盟渐渐形成。为首的是厚颜无耻的建筑师巴乔·比奇奥，瓦萨里指责他曾盗窃米开朗琪罗，现在又一心要排挤他。有人散布谣言，说米开朗琪罗对建筑一窍不通，只会浪费金钱，毁坏前人的作品。圣彼得大教堂行政委员会也在反对米开朗琪罗，于1551年搞了一次由教皇主持的慎重调查；检察人员和工人们在两位红衣主教——萨尔维亚蒂和切尔维尼的支持下，都来控告米开朗琪罗。米开朗琪罗几乎不愿申辩：他拒绝一切辩论。他对切尔维尼红衣主教说：“我不必非要把我应该做或想要做的事告诉您或任何其他的人。您的任务是监督支出。剩下的事只与我有关。”①他那改不了的骄傲禀性，从不肯把自己的计划告诉任何人。对他的那些一个劲儿抱怨的工人，他回答说：“你们的任务就是抹灰、凿石、锯木，执行我的命令，干你们的本行。至于想知道我脑子里在想些什么，你们是永远也不会知晓的，因为这侵犯我的尊严。”②

他这套办法当然激起了更多的怨恨，如果没有教皇们保护，他一刻也支撑不下去。③因此，当尤利乌斯三世去世，而切尔维尼成为教皇时，米开朗琪罗差一点儿就要离开罗马。但马尔赛鲁斯二世登上教皇宝座不久便逝世了，由保罗四世承继了他。④最高权威的保护重新确立，米开朗琪罗也就重新奋斗下去。如果放弃这个创作，他会认为是丢人的事，而且他也担心自己无法超生。

“我是不由自主地挑上这副担子的，”他说，“八年来，我白

---

① 据瓦萨里记述。

② 据博塔里记述。

③ 1551年调查结束后，米开朗琪罗对主持会议的教皇尤利乌斯三世说：“圣父，您看看我得到了什么！如果我所忍受的烦恼无助于我的灵魂，我就算白白浪费了时间，白白受了苦。”教皇把手搁在他肩上，说道：“别担心，你是双赢，灵魂和肉体你都得到了。”

④ 保罗三世死于1549年11月10日；和他一样看重米开朗琪罗的尤利乌斯三世于1550年间2月8日至1555年3月23日在位；1555年5月9日切尔维尼成为教皇，号称马尔塞鲁斯二世，登基刚几天就去世；1555年5月23日，保罗四世登基成为教皇。

白在无尽的烦恼和劳累中耗得筋疲力尽。现在，工程进展得很好，都可以造圆顶了，如果我此刻离开罗马，那此作将功亏一篑，这于我不啻一大耻辱，也是灵魂的一大罪孽。”①

他的敌人们当然不肯善罢甘休，争斗有时竟会酿成悲剧。1563年，圣彼得教堂工程中最忠诚于米开朗琪罗的助手比尔·吕伊吉·加埃塔被诬告盗窃，进了监狱；而工程总管切萨尔·德·卡斯泰尔迪朗特被人刺杀了。米开朗琪罗的回应是，任命加埃塔接替切萨尔。可行政委员会赶走了加埃塔，任命了米开朗琪罗的敌人南尼·迪·巴乔·比奇奥。米开朗琪罗勃然大怒，不再去圣彼得教堂视事。于是，流言四起，说他被解职了；而行政委员会又让南尼替代他，南尼也立时摆起主管的架势。他打算干脆让这个病重垂危的88岁的老人感到厌烦丧气。可他对这位敌手估计不足。米开朗琪罗立即前去晋见教皇；表示若不还他以公道，他就离开罗马。他要求重新调查，证明南尼无能加撒谎，把他赶走。这是1563年9月，他去世前的四个月的事情②——就这样，直到他最后的时日，他还在与嫉妒和仇恨搏斗。

我们也不必为他抱屈。他知道怎么自卫，直到临死的时候，他还能——如他以前对他弟弟乔凡·西莫内说的——“把这帮畜生打得落花流水”。

除了圣彼得的巨型作品，还有其他一些建筑工程占用着他的暮年，诸如朱庇特神殿、圣玛丽亚·德利·安吉利教堂、佛罗伦萨圣洛朗教堂的楼梯、皮亚门，尤其是佛罗伦萨的圣乔凡尼教堂——他的宏伟计划中的最后一个，也和其他宏伟计划一样流产了。

佛罗伦萨人曾要求他在罗马建一座他们的教堂；科斯梅公爵还

① 1555年5月11日给侄儿利奥纳多的信。1560年，因受朋友们的批评，他要求“解除他十七年来以教皇之命，承担的重负”，然而他的请求未能获准，保罗四世下令再次授予他权力。这时他才决定答应卡瓦列里的要求，制作穹顶的木制模型。之前他一直把全部计划藏在自己头脑里，不愿向任何人透露。

② 米开朗琪罗死后第二天，南尼就去求科斯梅大公，要求继任米开朗琪罗在圣彼得教堂的职位。

就此亲笔写了一封恭维他的信给他；米开朗琪罗为乡恋之情所激励，以年轻人般的热情投入了这项工作。他对自己的同胞们说：“如果你们按我的图纸施工的话，无论罗马人还是希腊人都将无法和他们媲美。”据瓦萨里说，他从来不曾说过这样的话，以前没有，以后也没有，因为他是极其谨慎的。佛罗伦萨人接受了他的图纸，未作丝毫的改动。米开朗琪罗的一个朋友，蒂贝廖·卡尔卡尼在他的指导之下，做出了教堂的一个木质模型。瓦萨里说：“这是一件极其罕见的艺术品，无论就其壮美、富丽，还是多姿多彩而言，都从未见过这样的教堂。建设开工了，花费了五千埃居。后来，资金短缺。只好停工，米开朗琪罗伤心到了极点。”[①]该教堂终未建成，连模型也不知去向了。

这便是米开朗琪罗的最后的一次艺术上的失望。行将就木之际，他怎能幻想刚刚起步的圣彼得大教堂有朝一日能够建成，他的作品中还能有一件永存于世吗？即使他本人，如果是自由的话，他也许都会把它们毁掉的。他的最后一件雕塑——佛罗伦萨大教堂的《基督下十字架》[②]——的故事就表明了他对艺术已经到了多么不关心的程度了。他之所以还在继续雕刻。那已不再是出于对艺术的信仰，而是由于对基督的信仰，而且因为”他的精神和力使他不能不创造”。[③]但作品一旦完成，他就会将它砸碎。“如果不是他的仆人安东尼奥哀求他把它赏赐给他的话，他本会把它彻底毁掉的。”

这便是米开朗琪罗最后的岁月对自己的作品漠不关心的表现。

自从维多莉娅去世之后，再没有任何伟大的爱照亮他的人生了。爱已远去：

“爱情的火焰没有在他的心中存留。

我已折断了灵魂的翅膀，

① 据瓦萨里的记述。

② 1553年，他开始制作他全部作品中最动人的，因为它是最亲切的，人们觉得他在其中只谈到他自己，他痛苦着，完全陷入痛苦之中。此外，那个面容痛苦，扶着基督的老人，仿佛就是他自己。

③ 瓦萨里语。

巨大的病痛（衰老）总能驱除微不足道的忧伤。”①

他失去自己的兄弟们和最要好的朋友们，卢伊吉·德·里乔于1546年去世，塞巴斯蒂安·德‘皮翁博死于1547年，他的弟弟乔凡·西莫内死于1548年。最小的弟弟吉斯蒙多——他和他一向联系不多——死于1555年。他把他对家庭的粗暴的爱转移到他的已成孤儿的侄儿辈——他最爱的弟弟博纳罗托的两个孩子身上。他们是一男一女，侄女名切卡（弗朗西斯卡），侄儿叫利奥那多。米开朗琪罗把切卡安置在修道院，给她置办了行装，供给她一切食宿费用，不时去看她；当她出嫁时②，他把自己的财产分了一份给她做嫁妆。③——他亲自负责利奥那多的教育，其父死时，他才9岁。长篇大论的通信，令人想起贝多芬和他侄儿的通信，表明他是何等严地在尽父辈的责任。但并不是说他就不常发脾气了。利奥那多常惹他伯父发火；米开朗琪罗也常常耐不住性子。这年轻人糟糕的书法就足以使米开朗琪罗暴跳起来，他认为这是对他不敬：

> “收到你的信，没有一次不是读信之前就让我恼怒万分。我不知道你是在什么地方学习写字的！毫不用心！……我相信你就是给世界上一头大蠢驴写信，也会多用点儿心的……我把你最近的来信扔进火里了，因为我没法读它，也没法回信。我已经跟你说过，而且不厌其烦地一再地说，我每次收到你的信，还没看就先来气。从今往后，你别再给我写信了，你有什么事要对我说，就去找个会写字的人替你写，因为我的脑子里还有别的事要考虑，没工夫去辨认你那胡涂乱画的字。”④

生性多疑，再加上兄弟们令他失望，使他益发多心，他对侄儿的讨好和奉承并未寄予太多幻想：他觉得侄儿的那份情感是冲着他的钱

① 米开朗琪罗：《诗集》卷81，约写于1550年。

② 1538年，她嫁给了米凯莱–迪·尼科洛·圭恰尔迪尼。

③ 即他在波佐拉迪科的地区的产业。

④ 伯侄间的通信始于1540年。

来的，那小子知道，自己是他的继承人。米开朗琪罗也毫不客气地向侄儿挑明了这一点。有一次，米开朗琪罗发病，生命垂危，听说利奥那多去了罗马，干了些不得体的事，十分恼怒，写信对他说：

“利奥那多！我病倒了，你却跑到乔凡·弗朗切斯科先生家去探听我都留下了点儿什么没有。难道你有了我放在佛罗伦萨的钱还不够么？真是有其父必有其子，你父亲把我从佛罗伦萨自己的家中赶走！要知道，我已立了一个遗嘱，根据遗嘱你别再指望从我这里得到什么。所以，去同上帝在一起吧，别再出现在我的面前，也永远别再给我写信了！”[①]

他的这种愤怒并未太触动利奥那多，因为通常随之而来的是温情的信和这样那样的礼物。[②]一年之后，受了三千埃居馈赠的许诺的诱惑，他又跑来罗马。米开朗琪罗被他这种情急的表现所刺痛，写道：

“你如此心急火燎地跑来罗马。我不知道倘我处于贫困之中，连面包都不够吃的时候，你能否这样快的赶来！……你说这是出于对我的爱才跑来的。是的！这是蛀虫之爱！如果你真爱我的话，你就会给我写信说：‘米开朗琪罗，您留着那三千埃居，自己花吧，你已经给了我那么多钱，足够我们用了，你的生命对我们来说比财产更重要……’可是，四十年来，你们靠我养活，但我却从未从你们那儿听到过一句好听的话……”

利奥那多的婚姻大事是一个严重的问题。此事让伯侄两人操心了六年之久（1547—1553）。利奥那多很温顺，为了遗产而哄着伯父；他听从伯父的一切安排，让他去挑选、评议，自己不表示任何

① 1544年7月11日给侄儿的信。

② 1549年，米开朗琪罗病倒，首先是通知侄儿，说已将他写入遗嘱。遗嘱大致是这样的：我将所有的一切，遗留给吉斯蒙多和你。你，我的侄儿，和我的兄弟吉斯蒙多享有同等的权利，两人中任何一人如无另一人的同意，不得处置我的财产。

意见，似乎什么都无所谓。反之，米开朗琪罗十分投入，仿佛是他自己要结婚。他视婚姻为一件严肃的事，其中的爱情不爱情的倒是无所谓。而且，穷富也不太计较：他认为最重要的，是健康和名声。他提出一些生硬的看法，毫无诗情画意，极端而肯定：

> “这是一项重大的决策：你要记住，丈夫和妻子之间一定得相差10岁；注意你所选择的女子不仅要贤惠，而且要健康……别人跟我提了好几个：有的我觉得不错，有的则觉得不行。你考虑考虑，如果这里面有你中意的，就来信告诉我，我再告诉你我的意见……你选择哪一个是你的自由，只要她是良家女子，有教养，为了今后和睦相处，与其有巨额奁产，还不如没有妆奁……有位佛罗伦萨人跟我说，有人跟你提起吉诺里家的一位姑娘，说你也中意。可我不愿意你娶一个只要没钱备下奁产，就不会把女儿嫁给你的父亲的女儿。我希望想把女儿许给你的人是看中你的人而不是你的钱……你唯一必须考虑的是对方的灵魂与肉体是否健康，是否出身良家，是否人品端庄，还要了解其父母是何等人，因为这很重要……你要费点儿神思去找一个受穷时不以洗洗刷刷、料理家务为耻的女子……至于美貌，既然你肯定不是佛罗伦萨最漂亮的男子，你就不必担心，只要她不是残废或丑八怪就可以了……”

多方寻求之后，似乎终于找到了那稀罕尤物。但是，到了最后时刻，又发现了足以造成严重障碍的缺点。

> “听说她是近视眼，在我看来这不是小毛病。因此，我什么都还没有答应。既然你也什么都没有允诺，我看你还是作罢吧，假如你确信真有其事的话。”（1551年12月19日）

利奥那多灰心了，他奇怪伯父干吗非要他结婚不可。米开朗琪罗回答：

“没错儿，我是希望你结婚，因为你结婚了，我们家的香火就不至于断了。我知道，即使我们这一族绝灭了，对世界不会有任何影响，但是，每一种动物都是在努力地繁衍的。因此，我希望你结婚生子。”①

最后，米开朗琪罗自己也烦了；他开始觉得自己可笑，老是他在忙活儿侄儿的婚事，利奥那多本人倒漠不关心。他宣布他今后不再掺和这事了：

“六十年来，我一直在操心你们的事；现在，我老了，我得想想自己的事情了。”

正在这时候，他得知他侄儿刚同卡桑德拉·丽多尔菲定亲了。他很高兴，他祝贺他，答应送个他一千五百杜加金币。利奥那多结婚了。米开朗琪罗向年轻夫妇写信致贺，许诺送给卡桑德拉一条珍珠项链。他尽管很高兴，但仍提醒他侄儿说，尽管他不很清楚这类事情，但他觉得利奥那多本应在把那女子领到家里来之前，应该把所有金钱的问题作个明确的安排，因为在这些问题上，总存在着一颗不和的种子的。作为结尾，他添上了一个带有嘲讽意味的劝告：

“喏！……现在，好好地生活吧，也要好好动动脑子，寡妇的人数总是多于鳏夫的人数的。”②

两个月后，他给卡桑德拉寄去的，并不是曾许诺的项链，而是两枚戒指。一枚戒指上镶有钻石，另一枚上镶着红宝石。卡桑德拉为表示感谢，给他寄了八件衬衣。米开朗琪罗回信道：

“衬衣很漂亮，特别是布料，我非常喜欢。但我不高兴你们为我花钱，因为我什么都不缺。我感谢卡桑德拉为我做的一切，我可以给她寄我在这里所有能找到的一切，

① 他又附加道：“如果你觉得自己不太健康，那就顺其自然吧，不要再给这个世界增添其他不幸者了。”

② 1553年5月20日的信。

无论是罗马出的还是别处生产的产品。这次，我只寄了点儿小东西；下次，我会送给她更好的、更讨她喜欢的东西。不过你得告诉我她喜欢什么。”

不久，孩子们相继诞生了：第一个，按米开朗琪罗的意思，取名博纳罗托（1544）；老二叫米开朗琪罗，出生后不久便夭折了。1556年，老伯父还邀请年轻夫妇前来罗马他的家中。他一直深情地和家庭同甘共苦、悲喜与共，但却从不允许他的家人管他的事情，甚至他的身体健康。

除了与家人的联系而外，米开朗琪罗也有不少著名的、高贵的朋友。[①]尽管他脾气暴躁，但要把他想象成像贝多芬似的多瑙河的一个农民，那就大错特错了。他是意大利的上层人物，有很高的文化修养和世家子弟的优雅气质。从他少年时在圣马可花园与洛朗·梅迪西在一起玩耍时起，他同意大利的最高贵的爵爷、亲王、主教以及作家、艺术家过从甚密。他常同诗人弗朗切斯科·贝尔尼切磋；他同贝纳代托·瓦尔基有书信往来；他同卢伊吉·德·里奇奥及多纳托·贾诺蒂作诗唱和。人们收集研究他的谈话、他对艺术的深刻

① 在他漫长的一生中，有备受冷落的孤独时期，也有友情满盈的时期。1515年在罗马，有一群思想自由、生气勃勃的佛罗伦萨人：多梅尼科·伯宁塞尼、利奥纳多·塞拉约、乔凡尼·斯佩蒂亚勒、巴托洛梅奥·韦拉扎诺、乔凡尼·杰莱西、卡尼吉阿尼等。在克雷芒七世治下，有弗朗切斯科·贝尔尼和塞巴斯蒂亚诺·德尔·皮翁博等思想精英，皮翁博是他忠诚又危险的朋友，是他向米开朗琪罗报告了外界有关他的流言，并挑起他对拉斐尔的仇恨。特别是，在维多莉娅·科洛娜时期，有路易吉·德尔·里奇奥登一圈人。里奇奥是佛罗伦萨商人，在银钱事务方面常充当他的顾问，是他的密友。在他家里，米开朗琪罗遇见了多纳托·吉阿诺蒂、音乐家阿尔卡德尔特和漂亮的切诺奇。他们同样爱好诗歌、音乐和美食。因里奇奥为切奇诺的死伤心欲绝，米开朗琪罗为他写了48首悼诗；里奇奥则每收到一首诗，就寄给米开朗琪罗许多美食……1546年里奇奥死后，米开朗琪罗几乎没有朋友，只有信徒了：瓦萨里、龚迪维、达尼埃尔·德·沃尔台雷、布隆奇诺、莱奥内·莱奥尼、班韦努托·切利尼等。他从他们那里感受到强烈的求知欲，他则对他们报以真诚的关切。

论述，还有无人能与之匹敌的对但丁的理解和看法。有一位罗马贵夫人[①]曾经写道，当他愿意的时候，他是“一位温文尔雅、风度迷人的绅士，这样的人品在欧洲都很罕见”。在贾诺蒂和弗朗索瓦·德·奥朗德的谈话录中，可以看出他周到的礼貌和待人处事的习惯。在他写给亲王们的某些信件中，甚至能看出他不难成为一位无懈可击的廷臣。社交场从未拒绝过他，而是他总在与之保持距离。他只要想过一种风光的生活，那是不成问题的。对于意大利来说，他是其天才之化身。到他艺术生涯的最后几年，已是伟大的文艺复兴运动硕果仅存的巨人，他是文艺复兴的代表人物，他独自一人就代表着整整一个世纪的荣光。不光是艺术家们认为他是个超凡入圣之人[②]，王公们在他的面前也得礼让三分。弗朗索瓦一世和卡特琳娜·德·梅迪西都向他表示过敬意。[③]科斯梅·德·梅迪西想委任他为元老院议员[④]；当米开朗琪罗来罗马时，以平起平坐的礼节来对待他，请他坐在身边，和他亲切地交谈（1560年11月）。科斯梅之子，堂·弗朗切斯科·德·梅迪西接待他时，把帽子拿在手里，“对这位旷世之才表示出无限的敬意”（1561年10月）。人们对他的天才与对“他崇高的道德“一样地表示崇敬。他的晚年像歌德、雨果一样为荣誉所环绕。但他是另一类人物。他既无歌德那种对获得名望的渴求，也没有雨果那份对资产阶级的尊敬——他独立不羁，不受社会和现存秩序的约束。他蔑视光荣，蔑视社会，若说他为教皇们服务，那只是“迫不得已”。他还毫不掩饰，“他连教

① 指阿尔让蒂娜·玛拉斯皮纳夫人。

② 龚迪维的《米开朗琪罗传》，开头说：“自从上帝赐我恩宠的那一刻，不仅让我见到了那独一无二的雕塑家、画家米开朗琪罗·博纳罗蒂——这是我所不敢奢望的，我试着收集他生命中值得赞颂的一切，以便他人以这样一位伟人为榜样。”

③ 1546年弗朗索瓦一世曾写信给他；1559年，卡捷琳娜·德-梅迪西给他的信中说：“我和全世界都知道，他在这个世纪无人能比。”因此要请他雕一座亨利二世骑在马上的像……

④ 1552年，科斯梅大公有此意，米开朗琪罗未予理睬，使大公极为不悦。

皇都觉得讨厌，他们有时在同他说话时，并派人找他时，都让他恼怒”，而且，“哪怕他们下命令，他要是没安排出时间，照样不去。”①

> “当一个人天生如此，而且也由于其所受教育，使他憎恶繁文缛节，蔑视虚伪时，倘若不让他按适合于自己的方式生活，那就太不通情理了。如果他对你无所求，也不想跻身你的圈子，那你去干扰他干什么？为什么要强迫他去迁就那些与他的远离社会相抵触的无聊小事呢？此人并非什么高人，他只想着自己的才华，而不愿媚俗。”②

他和社会只保持必不可少的联系，或者单纯思想文化上的交往。他不让世人接近其隐私；而教皇、亲王、文人和艺术家们在他的生活中并不占有什么位置。甚至他们当中他真正抱有好感的一小部分人，他也很少与之建立持久的友谊。他爱他的朋友们，他对他们很慷慨，但是他的暴躁、骄傲和多疑，常常把那些最感激他的朋友变成他的死敌。有一天，他写了如下这封漂亮而悲伤的信：

> “可怜的忘恩负义者天生如此，你在他陷于困境时帮助他，他说你给予他的他早就给过你了。如果你给他工作做，以表示你对他的关照，他认为你是不得不委托他做这件事，因为你自己不会。他所得到的所有恩惠，他都说成是施恩者不得不这么做。如果这些恩惠太明显，他不可能加以否认时，忘恩负义者会长时间等待着，等到他受其恩的那个人犯下一个明显的错误，他便抓住借口说他的坏话，而且就此摆脱他所欠下的所有情分——人们总是这么对待我来着；然而，没有一个艺术家有求于我而我不是真心实意地有求必应的。而后，他们便借口我脾气古怪，性格癫狂，把我说成精神病患者。即使我真的患了疯病，那也只是伤害了我自己呀！他们就这么对待我：好心没有

① 见弗朗索瓦·德·奥朗德《关于绘画的对话》。

② 见弗朗索瓦·德·奥朗德《关于绘画的对话》。

好报。”[①]

在他自己家里，他有一些相当忠实的助手，但大都是平庸的人。有人怀疑他是有意选些平庸之辈，好把他们当作驯服的工具，而非合作者，何况，这是合理合法的。但是，龚迪维说：

“许多人说他不愿教自己的助手，这种说法是不对的：恰恰相反，他很愿意教他们。倒霉的是他不是遇上低能儿，就是遇上有能力而没有恒心的人，刚学了几个月，就不知天高地厚，俨然是个大师了。”

毫无疑问，他对助手的要求首先是绝对地服从。对那些桀骜不驯的人，他冷酷无情；而对谦虚与忠诚的徒弟则宽容大度有加。懒惰的乌尔巴诺“不愿好好干”[②]，而他还振振有词：因为他一干活儿，就会笨手笨脚地把作品弄坏，乃至根本无法补救。他有一次病了，受到米开朗琪罗慈父般地照料；所以他称之为“亲爱的，最好的父亲般的”米开朗琪罗[③]——彼特罗·迪·贾诺托被他“视为儿子”。西尔维奥·迪·乔凡尼·切帕雷洛从他那儿出去替安德烈·多里亚干活儿，觉得心里过意不去，要求米开朗琪罗重新收留他。安东尼奥·米尼的动人故事，是米开朗琪罗对待助手们慷慨大度的一例。据瓦萨里说，米尼“是他的徒弟中有毅力但不聪明的一个”，他爱上了佛罗伦萨一个穷寡妇的女儿。按他父母的意思，米开朗琪罗要他离开佛罗伦萨。安东尼奥愿意去法国，米开朗琪罗送了他一份可观的大礼：所有的素描、所有的纸样、《丽达》[④]以及为作此画所做的全部模型，有蜡制的也有陶制的。安东尼奥带着这些馈赠走了。

---

① 1524年1月26日给皮埃罗·贡蒂的信。

② 瓦萨里描写米开朗琪罗的助手：“皮耶罗·乌尔巴诺很聪明却不用功；安东尼奥·米尼用功却不聪明；阿斯卡尼奥·戴拉·里帕·特兰索内肯用功，却一事无成。”

③ 米开朗琪罗对他手指上的一点小伤口也要担心。

④ 即《天鹅抚爱丽达》，原系为费拉拉大公而作，因费拉拉驻佛罗伦萨大使对他不敬，米开朗琪罗便没有给他。

但是，打击米开朗琪罗宏伟设想的厄运，更严峻地落到了他卑微的朋友身上。安东尼奥去巴黎，想把《丽达》献给国王。弗朗索瓦一世当时不在，他便将画寄存在一个朋友，意大利人朱利阿诺·博纳科尔西那儿，便回到他居住的里昂去了。几个月后，他返回巴黎，《丽达》不见了：博纳科尔西把它卖给了弗朗索瓦一世，钱他自己得了。安东尼奥气疯了，没有经济来源，又无力自卫，流落在这异域的城市中，于1553年末忧愤而死。

在所有的助手中，米开朗琪罗最喜爱，且因他的关爱而成为不朽的，则是弗朗切斯科·德·阿马多雷，绰号乌尔比诺。自1530年起，他便为米开朗琪罗工作，在米开朗琪罗的指导下搞尤利乌斯二世陵寝。米开朗琪罗为他在自己身后的前途操心。

“我死后，你怎么办？”米开朗琪罗问他。

“那我就去给别人干。”乌尔比诺回答。

“噢，可怜虫！”米开朗琪罗说，“我要把你救出苦海。”

于是，他一下子拿出两千埃居给他：这样的馈赠只有皇帝和教皇才做得到。[①]

但乌尔比诺却先他而去。[②]他死的第二天，米开朗琪罗写信给他侄儿说：

> “乌尔比诺死了，昨天傍晚四点左右。我是那样伤心和心烦意乱，我还不如和他一道死去，反倒好过些。因为我太喜欢他了，而且他也应该得到我的爱：他是一个光明磊落、忠贞不贰的高尚的人。他的死让我觉得活不下去了，我无法觅回平静的心情。”

他的痛苦难以言表，以致三个月后，在写给瓦萨里的一封著名的信里，这痛苦仍使他备受煎熬：

> “乔奇奥先生，我亲爱的朋友，我已无心写信，但为复您的信，权且胡乱写几行。您知道，乌尔比诺去世

① 据瓦萨里记述。

② 乌尔比诺死于1555年12月3日。

了——这对于我来说是一个残酷无比的剧痛，但也是上帝给我的一大恩泽。就是说，他活着的时候，使我也能存活，他一死，教我也懂得了死，并非不乐意而是很乐意死。他在我身边待了二十六年，我一直都觉得他为人忠实可靠。我让他致富了；现在正想把他当作老来的依傍，他却离我而去，只给我留下在天堂与他相见的希望。既然上帝使他幸福地死去，就表明他一定会在天堂。对于他来说，比死更痛苦的是把我留在了这个欺瞒的世界，留在了无尽的烦恼不安之中。我自身的最精美的部分已随他而去，留下的只是无穷无尽的苦难。”①

在他极大的悲痛之中，他请求他的侄儿前来罗马看望他。利奥那多和卡桑德拉很为他的忧伤担心，来罗马后，发现他极其衰弱。乌尔比诺死前把自己的儿子托付给了他，请他担任孩子们的监护人，其中一个是他的义子，以他的名字命名，他从托孤的重任中汲取了一种新的力量。②

他还有其他一些奇特的友情。顽强的天性，猛烈对抗一切强加于人的社会约束，常有一种反其道而行之的需要，所以他喜欢结交一些头脑简单的人，他们往往头上有反骨，不拘小节，是一些与一般人不一样的人。有一个叫托波利诺的，是卡拉雷的石匠，“自以为是位出众的雕刻家，从不放过一条驶往罗马的运石船，每次都要带给米开朗琪罗三四件他制作的小小的人像，往往逗得他捧腹大笑”；还有一个叫梅尼盖拉的，是瓦尔达诺的画家，“不时地跑到米开朗琪罗那儿去，求他为他画一张圣洛克或圣安东尼，然后他涂上颜色，拿去卖给乡下人。而米开朗琪罗，连王侯们向他讨得一点儿小作品都很不容易，却肯按照梅尼盖拉的要求替他作画，其中有

① 1556年2月23日的信。

② 他满怀关切地给乌尔比诺的遗孀科尔内莉娅写信，答应将小米开朗琪罗接过来抚养，“要给予他比给予侄儿利奥那多的孩子们更多的爱，要教给他乌尔比诺希望他学会的一切。”科尔内莉娅于1559年再嫁，米开朗琪罗永远不原谅她。

一幅上乘之作——《基督受难图》”——还有一个理发师，也混迹于画家之中，米开朗琪罗便为他画了一幅《圣弗朗索瓦受刑》图——他的一个罗马工匠，是为尤利乌斯二世陵寝干活儿的，自以为不知不觉间已经成为大雕塑家，因为顺从地遵循米开朗琪罗的指示，居然在白石中雕出一座美丽的人像，把他自己都吓坏了——此外，还有那滑稽的金匠皮洛托，外号拉斯卡；懒散的怪画家英达科，“他爱聊天儿的劲头，正好和厌恶作画的程度差不多”，他常说，“老是工作，不会寻乐，是不配做基督徒的”；特别是那个可笑而无伤大雅的朱利阿诺·布贾尔蒂尼，米开朗琪罗对他特别青睐。

“朱利阿诺天性善良，生活方式简单质朴，既无邪念亦无欲念，让米开朗琪罗无限喜爱。他唯一的缺点就是太爱自己的作品了。但米开朗琪罗却认为这是好事而非坏事，因为他自己之所以十分不幸，正是由于任何作品都不能使他完全满意……有一次，奥塔维亚诺·德·梅迪西要朱利阿诺替他画一张米开朗琪罗的肖像。朱利阿诺便开始画了；他要米开朗琪罗一声不响地端坐了两小时之后，嚷道：‘米开朗琪罗，你来看，你起来呀，你相貌的主要部分我已经抓住了。’米开朗琪罗站起身，看了肖像，边笑边问朱利阿诺：‘你搞什么名堂？你把我的一只眼睛嵌进太阳穴里去了，你自己瞧瞧吧。’朱利阿诺一听，十分生气。他把肖像和他的模特来回瞧了好几遍，大胆地回答：‘我没这种感觉。可你再去坐下吧，如果是这样，我将修改。’——米开朗琪罗知道他是怎么回事，笑着坐在朱利阿诺对面，后者反复地看看他又看看画，然后站起来说道：‘这只眼就是我画的这个样子，是自然显得如此。’——米开朗琪罗笑着说道：‘这是自然的错，继续吧，别吝惜颜料。’”①

这样的宽容，米开朗琪罗对待其他人是不大会有的，却慷慨地

① 据瓦萨里记述。

施与这些小人物，也是他对这些自以为是大艺术家的可怜的人们的一种幽默的嘲讽，也许他们使他想起了自己的疯癫狂乱来。这里面，确有许多既滑稽又悲凉的讽刺成分。

## 三　孤　独

他就这样地与那些卑微的朋友们——他的助手和那些痴狂的人——生活在一起，与之相伴的，还有更加卑微的朋友——他的家畜，他的母鸡和猫咪。①

他写信给他侄儿时说，“我同谁都不说话。”——他不仅渐渐地与人类社会隔绝，而且对人类的利害、需求、乐趣、思想，也都淡漠了。

他最后的激情，把他和那个时代的人们联结在一起的共和主义的激情，也泯灭了。1544年和1546年，在他两次重病染身时，他的被放逐的共和党人朋友里乔把他接到斯特罗兹家中时，他又一次，也是最后一次放射出风暴般的闪光。米开朗琪罗病愈后，便让人去求亡命里昂的罗伯特·斯特罗兹向法国国王请求履行诺言。他还补充说道，如果弗朗索瓦一世能使佛罗伦萨恢复自由，他将自费为他铸造一座骑马铜像，立在佛罗伦萨的议会大厦广场上②。1546年，为感激斯特罗兹留他在他家养病，他把两尊《奴隶》雕塑送给了他，但这只是政治狂热的一次——最后的一次——迸发。他在1545年与贾义的谈话中，好几次表露出类似托尔斯泰的斗争无用论和勿抗恶思想：

> “敢于杀害某个人是一种妄自尊大，因为我们无法判断他的死能否生出善，他的存在是否有碍于善的产生。因此，我无法忍受那些人，他们认为如果不以恶——也就是以杀戮——为开始的话，就不可能产生善。时代在变，新

① 1553年，米开朗琪罗离家后，安吉阿利尼写信告诉他：“母鸡和公鸡老爷都很高兴但猫们看不见你显得有些忧伤，虽说它们并不缺吃的。”

② 见1544年7月21日里奇奥给罗伯托·迪·菲利波·斯特罗兹的信。

的事件不断产生，欲望也转变了，人也厌倦了……总而言之，总会有人们没有料想到的事情发生。”

从前大肆颂扬弑君的那个米开朗琪罗，而今在横眉冷对那些想以行动改变世界的革命者了。他知道自己曾是他们中的一员，他以苦涩的心情责备的正是他自己。如同哈姆雷特，他现在怀疑一切，怀疑自己的思想、仇恨以及他以前所相信的所有一切。他放弃了行动。

“这个勇敢的人，”他写道，“在回答某人时说：‘我不是政坛人士，我是个正直的人，一个凭良知行动的人。’——此人说的是真话。但愿我在罗马的工作如同政治一样不需要我多操心！”[①]

其实，他这是不再憎恨了。他不能恨。因为要恨也晚了：

“我好不幸，因久久地期待而筋疲力尽，
我好不幸，达到我所渴望的已经太迟！
现在，难道你不知道吗？
一颗勇敢、高傲而高贵的心已经懂得宽恕，
在向冒犯他的人奉献着爱。”[②]

他住在特拉扬广场一带的马塞尔·德·柯尔维街。他在那儿有一所房子，带有一个小花园。他和一个男仆、一个女佣，还有他那些家畜占据着这所住宅。他和仆人们在一起过得并不舒服。据瓦萨里说，“他们全都马马虎虎的，脏兮兮的”。米开朗琪罗经常换仆人，经常叫苦不迭。[③]他和仆人之间的纠葛，绝对不比贝多芬少。在他的笔记（如同贝多芬的《谈话笔记》）中，仍留有这些主仆争吵的痕迹。1560年，他把女佣吉罗拉玛辞退之后写道：“但愿她根本没有来过！”

他的卧室暗得像一座坟墓。“蜘蛛们在里面忙碌，纺造着它们

① 1547年给侄儿利奥那多的信。

② 《诗集》卷109，第64。可能写于1536年亚历山大·德-梅迪西被洛伦奇诺刺杀以后。米开朗琪罗假设了诗人和一个佛罗伦萨流亡者的对话。

③ 1550年8月16日，他给侄儿利奥那多写信说：“我想找一个善良且爱干净的女仆，但很困难，这种人全都那么肮脏和放荡……”

小小的织物。”[1]在楼梯中间，他画了一幅《死神》，肩上扛着一口棺材。[2]

他活得像个穷苦人，吃得很少[3]，而且“睡不着觉，常常夜里起身，用凿子工作。他给自己做了一顶硬纸壳帽，戴在头上，中间插上一支蜡烛，这样，既给工作照明，两只手还不受妨碍”。

他越老，就越孤独。整个罗马城都入睡的时候，他隐藏在自己的夜间工作中，这对于他来说正是一种需要了。寂静于他是恩惠，而夜晚则是他的朋友：

> “噢，黑夜，噢，温柔的时刻，尽管暗黑，但却恬静的时光，一切努力终将达到平和，那称颂你的人有眼光也善理解；而赞美你的人仍具有其完整的判断。你剪除了所有为潮湿的阴影和休息所渗透的疲乏的思虑；你经常把我从尘世带往高空，那是我希望去的地方。
>
> 噢，死亡的阴影，治愈痛苦的至高无上的良药，你使我的病残的肉体恢复健康，你擦干了我们的眼泪，你消除了我们的疲劳，洗涤善良人的怨恨和憎恶。”[4]

一天夜晚，瓦萨里前去看望这个老人，他独自待在凄凉的屋子里沉思，面对着他那凄切的《哀悼基督》。

瓦萨里敲门，米开朗琪罗站起身，拿着蜡烛去开门。瓦萨里想看看他的雕塑，但米开朗琪罗把烛台弄掉在地上熄灭了，让他什

---

① 米开朗琪罗：《诗集》卷81。

② 棺材上写有一首诗：“我告诉你们，告诉将灵魂、肉体和思想同时交给了人世的你们，在这黑暗的匣子里，你们可以抓住一切。”

③ 瓦萨里说：“他吃得很少，年轻时只吃一点儿面包和酒，因为要用全部时间来工作。上了年纪以后，从画《最后的审判》开始，他习惯于喝些酒，但只限于晚上，一天的工作结束以后，而且极有节制。尽管他富有，却像穷人一样过活。他从来不，或很少和朋友一起吃饭，也不愿接受别人的馈赠，因为这让他觉得受惠于人就必须报答。节约的生活使他极为清醒，只需很少的睡眠。”

④ 《诗集》卷78。

么也看不见。当乌尔比诺去找另一支蜡烛时，大师转身对瓦萨里说：“我太老了，以致死神常来拽我的裤腿，要我随他同去。有一天，我的躯体会像这个烛台似的摔落，像它一样，熄灭我的生命之光。”

死的念头缠绕着他，缠得越来越紧，越来越挥之不去。

他对瓦萨里说：“我的一切想法，无不刻有死亡的印记。”[①]

死现在似乎成了他生命中唯一的幸福：

> “当往昔浮现在眼前时，我经常出现这种情况，我这才认清了人类的谬误和过错。喔，虚伪的人世！终于相信你的谄媚和你那虚妄的快意的那个人，正在为他的灵魂准备剧痛般的悲伤。有过亲身体验的人非常明白，你经常许诺你没有，也永不会有的安宁与福祉。因此，最失意的人是那个在尘世羁留得最久的人；寿命较短的人，则比较容易回到天国……[②]
>
> “漫长的岁月把我引向最后的时日，噢，世界，我承认你的欢乐太迟太迟。你许诺你所没有的太平；你许诺尚未出生便已死去的安宁……我这么说，我知道这一点，凭的是经验：出生后旋即死去的，才是上天所选中的人。”[③]

他的侄儿利奥那多，为儿子的出生大宴宾客，受到米开朗琪罗严厉的呵责：

> “这种排场我很不高兴。在全世界都在哭泣时，是不允许笑的。为了某个人的出生举行庆典是一种麻木不仁的表现。应把欢乐留到一个饱经风霜之人死的那一天再宣泄出来。”[④]

翌年，当侄儿的次子幼年夭折时，他竟写信道贺。

---

① 1555年6月22日给瓦萨里的信。

② 米开朗琪罗：《诗集》卷109，第32。

③ 米开朗琪罗：《诗集》卷109，第34。

④ 1544年4月给瓦萨里的信。

大自然，迄今为止一直为他喷涌的激情和颖慧的天赋所忽略[①]，在他的晚年却是他的一个安慰。1556年9月，当罗马受到西班牙阿尔贝公爵大军威胁时，他逃出罗马，途经斯波莱特，在那里驻足五周，置身于橡树和橄榄树林中，尽情享受秋日的灿烂。10月末，他被召回罗马，他是非常遗憾地回去的。他写信告知瓦萨里："大半个我还留在那里，因唯有在树林里才能觅得真正的安宁。"[②]

回到罗马后，这位82岁的老者作了一首漂亮的诗献给田园与乡间生活，对照城市的虚妄欺骗，这已是他最后的诗作，但却充满青春朝气。

但是，如同在艺术中一样，他在自然中探寻的仍然是神，他日复一日地向上帝靠近。他一向是虔诚笃信的。虽说他不受神甫、僧侣、善男信女的骗，而且一有机会就刻薄地挖苦他们。[③]在他父亲及兄弟们患病或死的时候，他首先关心的是领圣事的问题。[④]他把自己所得到的一切幸运与没有轮到的灾祸全都归功于祈祷。在孤独中，他多次发作对神秘主义的狂热崇拜，偶然给我们留下了其中一次的记忆：当时的一次记述向我们描述了这位西斯廷英雄陶醉沉迷的面相，夜深人静时，在罗马家中的小花园内，他独自一人在祈祷，痛苦的双眼在哀求地仰望着星斗满天的苍穹。

有人试图让人相信他对圣徒、圣母的礼拜十分淡漠，这不符合事实。他把自己的最后二十年用来建造使徒圣彼得大教堂，他最

---

① 米开朗琪罗虽在乡间度过不少岁月，却不重视自然，在他的作品中，描绘风景的十分罕见。这一点和同时代的达-芬奇、拉斐尔、佩鲁吉诺、提香等人大不相同。当然，他也鄙视当时十分时髦的弗朗德勒的风景画。

② 1556年12月28日给瓦萨里的信。

③ 1548年，他的侄儿利奥那多曾想加入朝山进香的行列，米开朗琪罗阻止了他，劝他不如把这笔钱用来施舍。"因为，把钱交给教士们，上帝知道他们拿去做什么！"他为侄儿张罗婚事时，一个女信徒找他，劝他为利奥那多娶一个信女，米开朗琪罗写信告诉侄儿："我回答她，她最好还是去纺纱织布，不要这样拿神圣的事做交易。"

④ 1516年11月23日，他为父亲的病致信博纳罗托，1548年1月为兄弟乔凡·西莫内之死致信利奥那多，关心他们是否做了忏悔，是否行了圣礼。

后一件作品，因他去世而未能完成的，是圣彼得的雕像，把这样一个人说成新教徒是滑稽可笑的。我们不会忘记他多次想去远处朝圣，1545年，想去朝拜科姆波斯泰雷的圣雅克，1556年，想去朝拜洛雷泰，而且他还是圣·让·巴蒂斯塔兄弟会的成员。像所有伟大的基督徒一样，他活着和死去都和基督在一起。1512年，他写信给父亲时说："我同基督在一起过着清贫的生活。"临终时，他请求人家让他回忆基督的苦难。自从和维多莉娅·科洛娜建立友谊，特别是在她死后，这种信仰越发热诚。在他把自己的艺术几乎完全奉献给基督的激情之荣光的同时，他的诗作沉浸在神秘主义之中。他撇弃艺术，投入了十字架上的殉道者张开的翅膀：

> 在波涛汹涌的海上，我乘着一叶扁舟，把我的生命，送达共同的彼岸，在那儿，人们卸下所有虔诚和渎圣的作品，为的是为他们做出解析和评判。因此，使我将艺术视为偶像，视为君主的热情幻想，今天看来，我发觉它充满着多少的错误啊；而且，我清楚地看到人人都在希冀的东西其实都是苦难。在我走近双死（指精神和肉体的死亡）之际，它们现又如何呢？那爱情的念头，虚妄的寻乐意图，对其中的一个我是确信无疑，而那另一个却在威胁着我。无论绘画还是雕刻都无法再平静我的心灵，它已转向神圣的爱，这神圣的爱正在十字架上为迎接我们而张开了双臂。①

但是，信仰和痛苦在这颗不幸的衰老的心灵中绽放的最纯洁的花朵，是那神圣的仁慈。

① 米开朗琪罗：《诗集》卷147，约写于1555—1556年。

被仇敌们诬为吝啬、贪婪之徒[1]的这个人，终其一生，从未间断施惠于穷人，无论是认识的，还是不认识的。他不仅对自己的老仆们和他父亲的老仆们始终恩爱有加——其中有一个叫莫娜·玛格丽塔的女佣，在布奥纳洛蒂死后，被他收留，而且她的死"使他比死了亲姐妹还要伤心"。[2]他还帮助一个在西斯廷教堂造脚手架的可怜木工，为他的女儿出嫁资……[3]而且，他还经常不断地周济穷苦人，特别是害羞的穷苦人。他喜欢让侄儿、侄女参与他的施舍活动，启发他们的爱心，有时他让他们替他施舍，且不让他们说出他的名姓，因为他愿意隐姓埋名地做好事。[4]"他喜爱行善而不喜欢显摆。"[5]出于一种温柔细腻的情感，他特别想到穷苦的女孩子：他想方设法地暗中为她们置办嫁妆，让她们能够结婚或进修道院。

> "你想法去结识一个有女儿待字闺中或要送去修道院的穷市民，"他写信给他侄儿说，（他又补充说：我指的是没钱而又羞于启齿的人。）"把我寄给你的钱给他，但要暗中给，而且要防备受欺骗……"[6]

后来，他又写道：

---

① 这些流言是阿雷蒂诺、班迪内利散布的。米开朗琪罗虽然对钱很认真，但他从不记账，亦不清楚自己的财产究竟有多少。他大把大把地施舍，他的家族一直花他的钱，他对朋友、仆人的大方，往往是只有帝王才会如此。他的作品，大部分是送掉而不是卖掉的；他为圣彼得大教堂工作完全是义务的。没有人比他更严厉地斥责贪财的癖好，他写信对弟弟说："贪财是一大罪恶。"瓦萨里把米开朗琪罗一生中赠送给朋友和信徒的作品一一罗列出来，说："将价值好几千金币的每件作品随意送人的人，我不懂人们怎能把他当作一个贪财的人。"

② 见1533年给乔凡·西莫内的信和1540年11月给利奥那多的信。

③ 据瓦萨里记述。

④ 1547年8月给侄儿的信："你来信说，为了爱上帝，你给了那女人四个金币，这让我很高兴。"1549年3月29日的信中说："要注意，要把钱给那些真正需要的人，不是为了友谊，而是为了对上帝的爱……不要说出钱的来源。"

⑤ 龚迪维语。

⑥ 1547年8月给利奥那多的信。

"你若还认识什么急需用钱的高贵的市民的话，立即告诉我，特别是有女待嫁的；为了灵魂的得救，我很乐意给他们帮忙。"①

## 结束语

多么渴望而来得这样迟缓的死——

因为，对不幸者而言，死总是显得懒洋洋……②

它终于来临。

他那修士的严峻生活所维系的身体虽然壮健，但逃不脱病患缠身。1544年和1546年，他两次患上恶性疟疾，他一直没有完全复原，结石、痛风、各种各样的痛楚终于把他击垮了。在他晚年的一首苦中作乐的诗中，他描绘了他那被种种残疾折磨的可怜的躯体：

"我独自凄惨的生活，犹如树皮中的髓质……我的声音仿佛关闭在皮囊里的胡峰……我的牙齿如琴键似的松动了……我的脸丑得吓人……我的耳朵老是嗡嗡直响：一只耳里，蜘蛛在结网，另一只耳朵里有一只蟋蟀在整夜鸣唱……重伤风引起的哮喘，是我不能入眠……给了我荣耀的艺术竟把我弄成这么个结局。可怜的老朽，死亡若不快来救我，我就完了……疲劳肢解了我，撕裂了我，压碎了我，死，就是我所等待的最后归宿……"③

"我亲爱的乔奇奥，"1555年他写信给瓦萨里说，"从我的字迹，你可以看出我已经到二十四点了……"④

1560年春，瓦萨里前去看他，见他极其虚弱。他很少出门，几乎不睡觉，一切都让人感到他将不久于人世。越是衰老，他变得就越是多愁

① 1550年12月20日给侄儿利奥那多的信。

② 米开朗琪罗：《诗集》卷73，第30。

③ 米开朗琪罗：《诗集》卷81。

④ 1555年6月22日给瓦萨里的信。二十四点意谓终点。

善感，动不动就流泪。

“我去看过我们伟大的米开朗琪罗，”瓦萨里写道，“他没有想到我会去，表现出的那份热情，犹如一个父亲重新找到了丢失的儿子。他搂着我的脖颈，亲个没完，一边快活得直流眼泪。”①

然而他丝毫没有丧失他清晰的思维和活力。在瓦萨里这一次去看他时，他就艺术的多方面问题与他谈了许久，对瓦萨里的创作提了一些建议，并陪他骑马去了圣彼得大教堂。②

1561年8月，他突然病倒。连续三个月，他赤着脚工作，到他突然感到疼痛时，已经痉挛着跌倒在地。他的仆人安东尼奥发现他已不省人事。卡瓦列里、班迪尼和卡尔卡尼赶紧跑来。等他们到来时，米开朗琪罗已经苏醒了。几天之后，他又开始骑马外出，为皮亚门绘制图稿。

性情古怪的老人说什么也不让旁人照顾他。他的朋友们得知他孤苦伶仃地经受又一次病魔的袭击，只有粗心大意、不太认真的仆人和他在一起时，都十分难过。

他的继承人利奥那多从前因伯父健康不佳跑到罗马来，挨过他一顿臭骂，现在也不敢再贸然前来。1563年7月，他托达尼埃尔·德·沃尔泰尔问米开朗琪罗，是否乐意让他来看他；而且，预见到多疑的米开朗琪罗对他的来意会有怎样的猜疑，他还让沃尔泰尔补上一句，说他生意挺好，生活富裕，不再需要什么了。精明的老人让人转告他说，既然如此，他非常高兴，他将把留在手上的少量钱财分给穷人。

一个月后，对答复不太满意的利奥那多，又托人表达了对他的健康及周围仆人的担心。这一次，米开朗琪罗回了他一封怒气冲冲的信，表明这位离死期仅六个月的88岁高龄的老人，还有多么强的生命力：

“从你的来信可以看出，你听信了某些嫉妒成性的浑

① 1560年4月8日瓦萨里给科斯梅·德·梅迪西。

② 此时他已85岁。

蛋的话，他们因为偷不了我，也奈何不了我，所以就给你写信说了一大套谎话。这是一群无赖，你居然会傻到听信他们所说的有关我的情况，似乎我成了个小孩子。让他们哪儿凉快去哪儿吧。他们这种人到哪儿都惹是生非，只知道嫉妒别人，纯粹是些无赖。你信中说担心仆役们让我受罪，我呢，我告诉你，我所得到的服侍，无论从哪方面说，都是不可能更忠诚、更周到的了。你信中流露出担心我被人偷窃，可我要告诉你说，在我家里的那些人个个都让我放心，我也相信他们。因此，你尽可专心干你自己的事，不要为我的事情操心，我不是个小孩子。你多保重吧！”①

关心遗产的并不止利奥那多一个。整个意大利都是米开朗琪罗的继承人——特别是托斯卡纳公爵和教皇，惦记着不让圣洛伦佐和圣彼得教堂的建筑图纸和素描丢失。1563年6月，在瓦萨里的怂恿下，科斯梅公爵责成其大使阿韦拉尔多·塞里斯托里密奏教皇：鉴于米开朗琪罗日渐衰老，需要暗中监视他的起居以及所有出入他家中的人。一旦他突然去世，便应立即把他的财产全部登记造册：素描、图稿、文件、金钱等，并警惕有人在他死后最初的混乱中，趁机拿走什么东西。为此而采取了一些措施。当然。大家十分小心，绝不让米开朗琪罗对此有所觉察。②

这些谨慎的措施并非是无益的，时刻已经到了。

米开朗琪罗的最后一封信是1563年12月28日的信。一年来，他几乎不再亲自写信，而是口授、签名；达尼埃尔·德·沃尔泰尔负责他的通信。

他一直在工作。1564年2月12日，他一整天都站着在搞《哀悼基督》。③14日，他发烧了。蒂贝里奥·卡尔卡尼闻讯，立即赶来，在家里没找着他。虽然下着雨，米开朗琪罗竟到田野里散步去了。当他回来时，卡尔卡尼对他说这样很不应该，天下雨怎么还往外跑？

① 1563年8月21日个利奥纳多的信。

② 瓦萨里记述。

③ 指隆达尼尼府的那座未完成作品。

“您要我怎么办？”米开朗琪罗回答说，“我病了，而我不论在哪儿都得不到休息。”

他说话的语无伦次，他的目光，他的脸色，都让卡尔卡尼十分不安。“结局即便不会马上到来，”卡尔卡尼立即给利奥那多写信说，“可我担心已经不远了。”①

同一天，米开朗琪罗让人去请达尼埃尔·德·沃尔泰尔来待在自己的身旁。达尼埃尔请了医生费德里艾·多纳蒂来；2月15日，他按米开朗琪罗的意思，写信给利奥那多，告诉他可以来看他的伯父，“但一路要多加小心，因为路况很糟。”②

“八点刚过，我从他那儿走开”他补充道，“他神志清醒，情绪稳定，只是为一种顽固的痹症所苦。他是那么不舒服，所以下午三四点钟时，他想骑骑马，就像天好时，他习惯做的那样。天气很冷，而且他又头疼又腿乏力，所以也骑不成马。只得折回，坐在炉边的扶手椅上。他觉得坐在这儿远比卧床惬意。”

在他身旁的是忠实的卡瓦列里。

直到他临死前的大前天，他才同意躺在床上。当着朋友和仆人们，他神志清楚地口授了遗嘱。他把“他的灵魂献给上帝，把自己的躯壳送给大地”。他要求“至少死后回到”他亲爱的佛罗伦萨去。然后，他便“从可怕的暴风雨转入极其甜美的宁静”。③

这是2月的一个星期五，下午五点钟光景。暮色降临……④“他生命的最后一天，也是和平的天国的第一日！……”⑤

他终于安息了。他到达了他所企盼的目标：超越了时间。

“幸福的灵魂，时间在其中不再流逝！”⑥

① 1564年2月14日卡尔卡尼给利奥纳多的信。

② 1564年3月17日达尼埃尔给瓦萨里的信。

③ 米开朗琪罗：《诗集》卷152。

④ 1564年3月18日，星期五。当时在场的有托马索德尔·卡瓦列里、达尼埃尔·德·沃尔台雷、狄奥梅托·莱奥尼、两个医生和仆人安东尼奥·德尔·弗朗切斯。三天以后，利奥那多才到达罗马。

⑤ 米开朗琪：《诗集》卷109，第41。

⑥ 米开朗琪罗：《诗集》卷59。

# 这便是他那神圣痛苦的一生

在这个悲怆的故事结束时，我因一种顾虑而颇觉痛苦。我自问，当我想要给受苦的人们列举以一些受苦的伙伴作为他们的精神支柱时，会不会在这些人的痛苦之上，又加上那些人的痛苦。我是否本该像其他许多人那样，只表现英雄们的英雄主义，而在他们心中的忧伤的深渊上蒙上一层回纱?

——不行！要说真话！我并没有许诺我的朋友们以谎言为代价的幸福，没有许诺不惜一切代价要让他们幸福。我许诺他们的是真情实况，哪怕是以牺牲幸福为代价，铁一般的事实，它所刻下的，是那些永恒的灵魂。它的气息是令人讨厌的，但却是清纯的：让我们软弱的灵魂沐浴其中吧。伟大的心灵俨如高高山峰。风吹袭它，云遮住它，但你在那儿比在别处呼吸更畅更爽。纯净的空气，可洗涤心灵的污垢；一旦云开雾散，便能俯瞰人类世界。

这就是那座高大的山峦，它矗立在文艺复兴的意大利的上方，我们从远处就能望见它险峻的轮廓，隐没在无垠的天空。

我并不是说普通人可以生活在这些山峰上。但是，一年中有一日，他们可以登山朝拜。他们可以在那儿更新肺部的气息和脉管中的血液。在那上面，他们将会感到自己更加接近永恒。待到回到人生的平原，他们将满怀勇气面对日常的搏斗。

罗曼·罗兰

# 托尔斯泰传

# 序 言

这第十一版的印行恰逢托尔斯泰百年诞辰的时节，因此，本书内容稍有修改。其中增加了自1910年起发表的托尔斯泰的通信。作者增加了一整章，述及托尔斯泰和亚洲各国——中国、日本、印度以及伊斯兰国家的思想家们的关系。他同甘地的关系尤为重要。我们又录入托尔斯泰在逝世前一个月所写的一封信的全文，他在信中绘制的”不抵抗主义”的整个计划，为甘地在以后获得一种强有力的作用。

罗曼·罗兰

一九二八年八月

俄罗斯的伟大的心魂，百年前在大地上发着光焰的，对于我的一代曾经是照耀我们青春时代的最精纯的光彩。在即将结束的19世纪阴霾蔽日的黄昏，他像一颗能抚慰人的星星，它的目光足以吸引并慰抚我们青年的心魂。法国有许多人不仅将托尔斯泰看作一位受人爱戴的艺术家、朋友、知己等，还将他视为欧洲艺术中唯一真正的朋友。既然我亦是其中的一员，我愿对于这神圣的回忆，表示我的感激与敬爱。

我永远忘不了我初次听说托尔斯泰的日子。这是1886年，在幽密中胚胎萌蘖了若干年之后，俄罗斯艺术的美妙的花朵突然于法兰西土地上出现了。托尔斯泰与陀思妥耶夫斯基作品的译本来势迅猛地同时在所有的出版社印行。1885—1887年间，在巴黎印行了《战争与和平》、《安娜·卡列尼娜》、《童年》、《少年》、《波利库什卡》、《伊万·伊里奇之死》、高加索短篇小说和通俗短篇小说。在几个月、几个星期之内，我眼前出现了整个伟大人生的作品，反映出一个民族，一个崭新的世界。

我刚刚进入高等师范大学。我和我的同学人人各有一套主张。在我们的小团体中，有现实主义思想者和讽刺家，如哲学家乔治·杜马，有热烈的追怀意大利文艺复兴的诗人，如苏亚雷斯，有古典传统的忠实信徒，有司汤达派与瓦格纳派，有无神论者与神秘主义者，我们争论不休，互不相让；但在几个月之中，爱慕托尔斯泰的情操使我们完全一致了。各人以各不相同的理由爱他：因为各人在其中找到自己；而对所有人来说，那是生命的一种启示，一道通往无垠宇宙的大门。在我们周围，在我们的家庭中，在我们的外省，来自欧洲边陲的这个伟大声音都获得了同样的、有时甚至是意想不到的好感。有一次，在我的故乡尼韦奈，我听见一个素来不注意艺术、几乎从不看书的市民，居然非常感动地谈着《伊万·伊里奇之死》。

我们的著名批评家曾有一种论见，说托尔斯泰思想中的精华都是汲取于我们的浪漫派作家：乔治·桑和维克多·雨果。且不说根本受不了乔治·桑的托尔斯泰是否有可能接受她的影响，也不必否认卢梭与司汤达对于托尔斯泰的实在的影响，倘若不相信托尔斯泰的伟大人格和使我们深受吸引的魅力应归功于他的思想，是不应当的。艺术所赖以活跃的思想圈子是最狭隘的，艺术的力量不在思想本身，而是在于他所给予思想的表情，在于个人的调子，在于艺术家的特征，在于他的生命的气息。

托尔斯泰的思想是否来自别人，这一点有待讨论。反正在欧洲还从没听过他那样的声音。除了这种说法之外，我们又怎么能解释听到这心魂的音乐时所感到的怀疑的激动呢？——而这声音我们已期待得那么长久，我们的需要已那么急切。流行的说法对我们的感受不起作用。我们之中，大半都像我一样，只在读过了托尔斯泰的作品之后才认识特·沃居埃[①]著的《俄国小论》；他的赞美比起我们的钦佩来已经逊色多了。因为特·沃居埃特别以文学家的态度批判。而我们认为单是赞赏作品是不够的；我们生活在作品中间，他的作品已成为我们的作品了。是我们的，因为其中有热烈的生活气息和真诚的青春感受。是我们的，因为那里有带讽刺意味的醒悟、无情的远见和死亡的纠缠。是我们的，因为那里有对博爱和人类和平的梦想，有对文明谎言的猛烈声讨。还因为他的现实主义、神秘主义、自然的气息、对无形力量的感觉，对无限的目眩神迷的感受。

这些作品对我们犹如维特：是我们的力量、弱点、希望与恐怖的明镜。我们不打算调和这些矛盾，尤其不打算把这颗反映着

① 法国作家，曾发表研究俄罗斯小说的专著。

全宇宙的复杂心魂纳入狭隘的宗教的与政治的范畴；我们不愿效法人们，学着布尔热[①]于托尔斯泰逝世之后，以各人的党派观念去批评他。仿佛我们的朋党一日间竟能成为天才的度衡！……托尔斯泰是否和我同一党派，与我又有何干？我会先弄清楚但丁和莎士比亚属于哪一派，才去呼吸他们的气息和接受他们的启迪么？

我们绝对不像今日的批评家般说："有两个托尔斯泰，一是转变以前的，一是转变以后的；一是好的，一是不好的。"对于我们，只有一个托尔斯泰，我们始终敬爱他，因为我们本能地感觉到，在这样的人心里，一切都站得住，一切都前后关联。

① 法国作家、批评家（1852—1935）。

# 第一章

过去我们凭本能可以感觉到的事，现如今，可以用理智来证明。这完全可能，因为托尔斯泰那漫长的生命已走到了尽头，毫无遮掩地展示在大众眼前。变成了思想宇宙的太阳。他的为人自始至终一点儿没变，尽管有人不时在这儿那儿设置障碍，尽管托尔斯泰富于热情，当他爱和信的时候，他总认为自己是第一次爱，第一次信，他认为自己的生命也在那一刻开始。开始——重新开始！他身上发生过多少次同样的改变和同样的斗争啊！我们不能说他的思想是一贯的。他的思想从来没有统一过。我们只能说他的思想中始终有种种不同的因素，时而妥协，时而敌对，但敌对的时候居多。托尔斯泰的思想和心灵中，统一从来是不存在的，统一只存在于他内心的情感冲突里，存在于他艺术和生活的悲剧中。

对他来说，生活和艺术是一体的。作品与生活的关联从没有像在托尔斯泰身上那么紧密。他的作品带有自传的性质。自他25岁起，他的作品便让我们一步步地紧随他冒险生涯的各种不同经历。他20岁之前直到去世一直在写的《日记》①，加上他提供给比鲁科夫

① 托尔斯泰的日记中断过几次，特别是1865年到1878年中断过一段相当长的时间。

的笔记[1]，补充了我们对他的认识，不仅使我们看到他内心逐日的变化，也看到了他的天才植根的世界以及启发他思想的人物。

他的家族历史悠久。堪称世家（托尔斯泰和沃尔孔斯基两姓），是非常高贵和古老的民族，其渊源可以上溯到留里克。他们的祖先里有彼得大帝的重臣，七年战争的将军，拿破仑战役的英雄，十二月党人和政治流亡者。《战争与和平》一书中好几位很有特点的典型人物，就来自对家族的回忆：老公爵博尔康斯基像他的外祖父，叶卡捷琳娜二世时代伏尔泰式专制的末代贵族的代表；尼古拉·格雷戈里维奇·沃尔康斯基公爵像他母亲的堂兄弟，此人在奥斯特利茨一役负伤，被人从拿破仑眼皮底下像救安德烈公爵那样救了回来；他父亲和尼古拉·罗斯托夫有几分相似；而他母亲则宛如那位温柔的玛丽郡主，其貌不扬而眼睛很美，她仁慈的光辉照耀着整部《战争与和平》。

托尔斯泰似乎不太了解父母。因此，《童年》和《少年》里那些畅快的描写不太可信。母亲去世时，他还不到两岁。所以，只有通过哥哥小尼古拉·伊尔捷尼耶夫的含泪讲述，他才依稀记得那张慈祥的面孔：她满脸洋溢着灿烂的微笑，在她周遭洒下无尽的欢乐……

> “啊！如果我在痛苦的时刻看见这种笑容，我便不知道什么是哀愁。”[2]

可是，毫无疑问，她给了托尔斯泰许多东西：毫无保留的坦诚、对舆论的满不在乎和令人惊叹的编故事的才华。

对父亲，他多少还记得一点儿。此人和蔼、诙谐、眼神忧郁，在他的土地上过着淡泊的、与世无争的生活。托尔斯泰9岁时，父亲过世了，他的离去让托尔斯泰“第一次懂得了苦难的现实，跌入

① 为了给托尔斯泰作传，他收集、编辑并注释托尔斯泰的《托尔斯泰的生平与作品》《回忆录》《回想录》《书信集》《日记选》《传记资料汇编》，并由托尔斯泰本人亲自校对。

② 见《童年》第2章。

了绝望的深渊”。[①]小小年纪的他，第一次与恐惧的幽灵相遇。他一生中有时要与这个幽灵搏斗，有时则对他加以改装和颂扬……《童年》里最后几章的一些令人难忘的段落清晰地展现了这一悲痛的痕迹，这部分记忆被用于母亲去世和下葬时的情景。

在亚斯纳亚·波利亚纳[②]的老房子里五个孩子都成了孤儿。1828年8月28日，列夫·尼古拉耶维奇[③]在那儿出生，八十二年之后，他又在那儿去世。五个孩子中最小的一个，名叫玛丽，后来成了修女。托尔斯泰去世前逃出家庭，离开家人，就是躲到她那里去的。四个男孩中，谢尔盖，长得可爱但有点儿自私，“我从未见过如此真诚的人”。德米特里，热情、专一，大学时代他狂热地投身于宗教事业，对舆论满不在乎。不顾一切地节衣缩食，访贫问苦，收容伤残人。后来他突然变得放荡不羁，随后，被悔恨的痛苦所折磨，为一个在妓院认识的青楼女子赎身并与之同居，他29岁那年死于肺结核。[④]长子尼古拉是最受欢迎的兄长，从母亲身上继承了想象力，善讲故事。他诙谐、胆怯而机智。后当了军官，派驻高加索，在那儿染上酗酒的恶习。他充满基督徒的爱心，身居陋室，和穷人们分享他的一切。屠格涅夫曾这样评价他：“他在生活中真正做到了谦逊克己，不像他兄弟列夫只从理论上探讨而已。”

有两位热心肠的女人照顾这五个孤儿：一位是塔季扬娜姑姑[⑤]，托尔斯泰曾这样评价她：“她有两种优秀的品质：镇定和爱。”她的一生只是爱，永远为他人献身。

“她使我懂得了，爱是一种精神上的快乐……”

---

① 见《童年》第27章。

② 莫斯科南部距图拉镇十几公里的一个小村，所在的省份为俄罗斯色彩最浓厚的省份，居民清一色为俄罗斯人。

③ 即托尔斯泰。

④ 《安娜·卡列尼娜》里列文的兄弟便以他为原型。

⑤ 实际上她是一个远亲。她和托尔斯泰的父亲相爱，但她如《战争与和平》中的索尼娅一样，退出了。

另一位是亚历山德拉婶婶。她总是助人为乐，而不愿有求于人，有仆人也不用，最喜欢读圣徒行传，还喜欢和虔诚的朝圣者、天真的人聊天儿。那房子里还住着一些“天真无邪”的男女。其中一位会唱圣诗的女朝圣者是托尔斯泰妹妹的教母，另一位男的叫格里沙，只知哭闹和祈祷……

> “格里沙，杰出的基督徒！你的信仰坚定，常感上帝的临近；你爱心热烈，不需理性指挥，话语自会汩汩流出。你常颂上帝的荣光，倘若难以表达，你便泪流满面，伏地不起！”①

所有这些卑微的灵魂对托尔斯泰成长的影响当然是显而易见的。看来晚年的托尔斯泰早已在他们身上出现和形成了。他们的祈祷与爱心已在孩子的心灵深处播下了信仰的种子，而老来不过是收获罢了。

除了格里沙，托尔斯泰在《童年》里并未提及那些在他心灵成长的道路上曾给过他帮助的谦卑灵魂。然而透过这本书可以感觉到，托尔斯泰那颗童心，“那颗充满爱的纯洁心灵，犹如一束清澈的光线，总是能发现别人身上最优秀的品质”——总是充满柔情！他很幸福，却惦记着他所知道的唯一不幸的人；他流泪，总想为他作些奉献。他亲吻一匹老马，为了曾经使它受苦而求它原谅。他在爱的时候便感到幸福，哪怕别人并不爱他。此时他未来的才华已初露端倪：他有想象力，常为自己想象的故事伤心落泪；他绞尽脑汁，总是努力去思索人们内心之所想；他早熟的记忆力与观察力；他锐利的目光，能在丧礼参加者的脸上看出他们是否真的悲痛。他告诉我们，自己5岁时第一次感到”人生并非一种享乐而是十分沉重的苦役”。②

---

① 见《童年》第十二章。

② 见《儿时记趣》。

幸而他很快就忘记了这种想法。这时，他陶醉在俄罗斯民间故事、带有幻梦色彩的神话传说和圣经故事之中，尤其是高深的《圣约瑟行传》，直到晚年他还称之为叙事艺术的典范，并向人推荐；还有《天方夜谭》，每天晚上，一个盲人坐在外祖母房间的窗台上讲给他听。

# 第二章

托尔斯泰在喀山求学，成绩平平。人们常常这样评价他们三兄弟[①]："谢尔盖想学也能学；德米特里想学但学不好；列夫既不想学也学不好。"

托尔斯泰称自己的少年时代为荒漠时期，一片黄沙，还刮着阵阵炽热的强风。关于这个时期，《少年》，尤其是《青年》中有不少内心的独自。他喜欢独处。头脑总处于狂热状态。他用了整整一年时间来寻觅与研究各种哲学体系。他曾是斯多亚主义者，故意让自己经受肉体的折磨。他还曾是伊壁鸠鲁的信徒，整日放荡纵欲。[②]后来，他信仰灵魂转世说。最终，他沉浸在荒唐的虚无主义里，相信如果迅速转身，便可面对面地看见虚无。他分析自己，分析……

"我只想着一件事；我想着我所思考的事。"

如一部空转的推理机器般永无休止的自我剖析，对他来说是危险的习惯，用他自己的话说，"往往给他的生活带来危害"。但他的艺术却从中汲取了无限的源泉。[③]

这种游戏使他失去了一切信念，至少他认为是这样。从16岁开

① 尼古拉比托尔斯泰大5岁，1844年已修完学业。

② 伊壁鸠鲁（前341—前270），古希腊哲学家，唯物主义的感觉论者，提倡"乐生"哲学，世人常以其代表纵欲享受。

③ 尤其是他的初期作品《塞瓦斯托波耳杂记》。

始，他便不再参加祈祷，也不再去教堂。[①]但信仰并未泯灭，而只是孕育着：

> “可是，我仍然有信仰。信什么？我说不清。我仍然信仰上帝，或者说，我不否认上帝的存在。是什么样的上帝呢？我不知道。我不否认基督和他的学说，但这种学说是什么，我也说不出。”[②]

有时候，他会忽发善念，想把马车卖掉，把钱分给穷人，也想把自己十分之一的财富分给穷人，遣散家里的仆人，“因为他们也是和他一样的人”。[③]在某次病中[④]，他写了一本《生活守则》。天真地给自己规定，“学习并掌握每一门学科：法学、医学、语言、农学、历史、地理和数学；在音乐和美术方面要达到完美的境界”等等。他确信，“人的宿命在于不断地完善自己”。

然而，在少年的欲念、强烈的感官需要和自尊心[⑤]的驱使下，他那自我完善的信念开始偏离轨道，丧失了无私的性质，变得讲求物质与实用。他之所以想完善他的意志、体魄和精神，那完全是为了征服世界，获得别人的爱戴。[⑥]他想要人人都喜欢他。

要取悦别人，这可不容易。他那时长得像猴子一样丑：脸又长，模样粗野，短发长得很低，一双小眼睛看人的时候狠巴巴的，深眼窝；大鼻子，嘴唇厚而突出，一对招风大耳。[⑦]他自知长得丑，

① 这是他对伏尔泰的作品极感兴趣的一段时期。

② 见《忏悔录》第一章。

③ 《青年》第3章。

④ 1847年3—4月。

⑤ 在《少年》里，涅赫柳朵夫说：“人所做的一切都是出于自尊。”1853年，托尔斯泰在《日记》里写道：“骄傲是我的一大缺点。一种被放大了的毫无理智的自尊……我野心勃勃，如果要我在荣誉和我喜爱的德行之间选择，我确信我将选择前者。”

⑥ “我希望所有人都认识我，喜欢我。我希望人们只要听到我的名字，便会对我大加称赞，而且感激我。”

⑦ 据托尔斯泰1848年的一幅画像，那时他20岁。

从小就伤心欲绝。[①]他希望成为“一个体面人”[②]，为了和别的”体面人”一样，他也去赌博，糊里糊涂地欠了一身债，过着放浪形骸的生活。[③]

有一个因素救了他，就是绝对的真诚。

“你知道为什么我爱你胜过爱其他人吗？”涅赫柳朵夫对他的朋友说，“因为你有一种惊人而罕见的品质：坦率。”

“是的，我总是说一些自己都感到脸红的事。”[④]

最放荡时，他也以犀利的目光对自己做出无情的批判。

“我像畜生一样生活，”他在日记里写道，“我完全堕落了。”

接着，按照他酷爱分析的习惯，他仔细写下了他犯错误的原因：

> “1. 优柔寡断，缺乏活力。2. 自欺欺人。3. 操之过急。4. 妄自菲薄。5. 心绪不佳。6. 是非不分。7. 好模仿。8. 浮躁。9. 缺乏深思熟虑。”

这种独立判断的做法，他在念大学时候已经用来批判社会习俗和思想上的迷信。他大肆嘲笑大学里所讲的知识，他不愿做历史研究，因思想大胆而被停学。这一时期，他发现了卢梭，读了《忏悔录》和《爱弥儿》。这简直是当头棒喝。

> “我崇拜他。我把他的肖像如圣像般挂在脖子上。”

他最初写的几篇哲学论文都是评价卢梭的（1846—1847）。

最终，托尔斯泰因厌烦大学和”智者”而回到了亚斯纳亚·波

① “我认为，在这世上，对于一个鼻子这么大，嘴唇这么厚，眼睛这么小的人来说简直是毫无幸福可言。”（《童年》第17章）另外他还悲伤地谈到自己“毫不生气的脸，软弱、怯懦，优柔寡断，缺乏高贵的气质，粗手大脚，十足一个庄稼汉。”（《青年》第1章）

② “我把人分为三类：‘体面人’，只有这种人值得尊敬；‘不体面的人’，应该受到鄙视和憎恨；贱民，现在没有了。”（《青年》第三十一章）

③ 尤其是1847—1848年间在圣彼得堡的那段时光。

④ 《与保罗·布瓦耶先生的谈话》，见1901年8月28日巴黎《时代》杂志。

利亚纳，开始在乡下定居（1847—1851）。与老百姓恢复了接触；他打算帮助他们，为他们做好事，教育他们。这一时期的经历在他的初期作品《一个地主的早晨》（1852）中有所述及，那是一部优秀的小说，其主人公涅赫柳朵夫公爵是托尔斯泰最爱使用的一个化名。[①]

涅赫柳朵夫20岁。他离开大学，为农民谋福利，为他们办了一年好事之后，他来到村里，却遭到嘲笑和冷遇、根深蒂固的不信任，墨守成规、无动于衷、腐化堕落和忘恩负义，等等。他所做的努力都白费了。他绝望地回到家中，想起一年前的梦想、自己的抱负，那时他坚信："爱和善总是与幸福和真理在一起，这是世上唯一的幸福和真理。"他认为自己失败了，心中羞愧，万念俱灰。

> "（他）坐在钢琴前，手指下意识地轻抚琴键。奏出一个和弦，接着第二个、第三个……他弹了起来。和弦并不完全有规律，往往很平淡，甚至很庸俗，丝毫显露不出音乐的才华，但赋予他一种忧郁而难以形容的愉悦。每当和声变化，他便心中一动，期待着下一个和弦。朦胧之中，他的想象力填补了现实音乐中的不足。觉得耳边响起了合唱和交响乐的声音……他那最真切的愉悦来自于强行加入的想象力，虽毫无逻辑，却非常清晰地使他看到了过去和将来变幻莫测的形象和画面……"他又一次见到了刚跟他交谈过的那些邪恶、多疑、爱撒谎、懒惰、顽固的农民，而这次他只看见他们的长处，而不再去看短处了。他凭着爱的直觉进入他们的内心，看到他们的忍耐、乐天知命，逆来顺受；看到他们的亲情，以及他们为何一贯虔诚

① 涅赫柳朵夫这一人物在《少年》《青年》（1854）、《军旅相遇》（1856）、《射手日记》（1856）、《卢塞纳》（1857）和《复活》（1899）等作品里曾多次出现。但必须说明，这个名字代表的人物各不相同，托尔斯泰没有赋予他们相同的外貌特征。涅赫柳朵夫在《射手日记》的结局是自杀了。这个名字是托尔斯泰的各种化身，有时是好人，有时却极坏。

地依恋过去。他想起了那些日子，他们勤勤恳恳、辛苦而有收获的劳动……

他喃喃地说道：“这真美，为什么我不是他们中的一员呢？”[①]

整个托尔斯泰活灵活现地显现在这第一篇小说的主人公身上[②]，他目光敏锐，幻觉不断涌现。他以无可挑剔的现实主义眼光来观察男人和女人，可他一闭上眼睛，梦想和对人类的爱重又在他心中涌现。

① 见《一个绅士的早晨》。

② 这部小说与《童年》同时发表。

# 第三章

1850年，托尔斯泰变得没有涅赫柳朵夫那么有耐心了。亚斯纳亚·波利亚纳的生活令他非常失望。对那里的老百姓和上层人物也感到厌倦。他扮演的角色成了沉重的负担，简直无法再坚持下去，并且还受到债主的围攻。1851年，他逃到高加索地区，去投奔当军官的哥哥尼古拉。

一到天朗气清的山区，他精神为之一振，又恢复了对上帝的信仰。

> “我彻夜难眠。[①]我向上帝祈祷，而祈祷时心中那种惬意简直无法形容，在颂读完祈祷文之后我又长久祷告。我期待着非常伟大、非常美好的东西出现……是什么呢？说不出来。我希望与上帝融为一体。求他宽恕我的过失……不，不必乞求他；我觉得，既然他赐予我这幸福的一刻，就等于原谅我了。我正在祈祷，同时，我又感到我不能，也不敢祈祷。我感谢了他，不是用语言，也不是用思想……这样过了不到一小时，我又听到了罪恶的声音。我睡着了，梦到荣耀和女人：真是毫无办法。没关系，我感谢上帝赐予我快乐的时光，让我看到了自己的渺小与伟大。我想祷告，但不知如何祷告；我想大彻大悟，却又不敢。我还是听从上天的安排吧！”[②]

---

① 1851年6月11日，在高加索的斯塔里·伊乌特军营。

② 见《日记》。

肉体并未被征服（它从未被征服，也永远不会被征服）。斗争继续在内心秘密地进行，在七情六欲与上帝之间进行。托尔斯泰在《日记》里提到吞噬他的三个恶魔：

1. 赌博的欲望。可以克服。
2. 情欲。很难克服。
3. 虚荣。最可怕的欲望。

正当他梦想奉献自我，一心只为他人的时候，情欲和其他无用的念头向他袭来：眼前出现某位哥萨克妇女形象，或者胡思乱想，“如果他左面的胡子翘的比右面的高，那多叫人失望啊！”[①]——“没关系！”上帝在此，绝不离他左右。斗争即使激烈但也孕育繁荣之机，因为一切生机都动员起来了。

> “我想，我轻率地决定到高加索去的想法其实来自上苍。上帝之手指引着我。我对他感激不尽。我感觉好多了。我确信不管发生什么，都是为我好，因为那是上帝的旨意……”[②]

这是大地在春天里的感恩之歌。大地遍布鲜花，一切都十分美好。1852年，托尔斯泰的天才初次开花结果：《童年》《一个绅士的早晨》《袭击》《少年》。他感谢生命之神使他有这样的收获。[③]

---

① 见《日记》。

② 1852年1月致塔季扬娜姑姑的信。

③ 一幅1851年的肖像表明他的思想变化。他仰着头；脸色变得开朗；眼窝不像从前那么深沉；目光凝重；嘴微张，嘴边布满胡须，显得有点儿忧郁。虽然神色还是有点骄傲和轻蔑，但多了几分青年人的蓬勃之气。

# 第四章

1851年秋托尔斯泰在蒂弗利斯着手创作《童年》，1852年7月2日在高加索的皮亚蒂戈尔斯克完稿。奇怪的是，当时托尔斯泰正陶醉在大自然的怀抱，过着全新的生活；而他的周围战火纷飞、惊心动魄；同时他还忙于发现一个不为人知的人物和情感世界，却居然在这第一部作品里追忆生活的往事。在创作《童年》的这段日子里，他正在患病，在军队里的活动突然停了下来。在漫长而悠闲的康复阶段，孤寂而痛苦，于是多愁善感起来。温情的眼睛面前便展现出往日的景象。[①]经历了近几年徒劳无功而又令人筋疲力尽的紧张生活，再重温了“美好、纯真、快乐、充满诗意的童年生活”，并为自己重塑一颗“善良、敏锐、敢爱的赤子之心”，这使他无比惬意。再说，他青春年少，热情似火，心中有无限的打算，但这些都无法构建独立的主题，伟大的小说只是历史长链里的连接点，是托尔斯泰永远无法实现的巨大构想里的片段。[②]托尔斯泰把《童年》的叙述仅仅看作是《四部曲》的前几章，而这《四部曲》讲述了他在高加索的生活经历，可能直到大自然向他显示上帝的存在为止。

---

① 这一时期他写给塔季扬娜姑姑的信饱含泪水，他说自己是“爱哭的列夫”（1852年1月6日）。

② 《俄国地主》（《一个地主的早晨》）是《一个俄国地主》这一写作计划的片段。《哥萨克》是高加索长篇小说的第一部分。在作者眼中，《战争与和平》不过是一部现代史诗的开端，而《十二月党人》才是小说中的中心。

《童年》对他的成名颇有帮助，但他后来对这部作品却又诸多挑剔。

“写得糟透了，“他对比鲁科夫说道，”没有一点儿文学味！……毫无可取之处。”

但持这种看法的只是他一个人。这份匿名的手稿被送到俄国著名的评论杂志《现代人》，很快就被发表（1852年9月6日），并获得巨大的成功，受到欧洲各国读者的一致赞扬。可是，尽管作品颇有诗的魅力，笔触精妙、感情细腻，托尔斯泰后来却很不喜欢。

他不喜欢的理由正是别人欣赏的原因。但我们必须坦率地承认：书中除了某几个乡土人物的描写和一些感情真挚且具有宗教意识的段落之外[①]，托尔斯泰本人的个性并不突出。这本书的情调既温柔又亲切，托尔斯泰对此十分反感，在其他的小说里他完全排斥了这种风格。这种感伤情调我们亦不陌生，其间的幽默和眼泪我们似曾相识，这些眼泪和情感都来自狄更斯，他是托尔斯泰在14—21岁间最钟爱的一位作家。托尔斯泰在《日记》里写道：“狄更斯的《大卫·科波菲尔》，我受其影响颇大。”在高加索时，他把这部小说又看了一遍。

他还曾谈到两个人对他的影响，斯特恩[②]和托普费尔。[③]他说道：“那时我深受他们的启发。”[④]

谁又能想到《日内瓦小说集》竟成为《战争与和平》的作者使用的第一个范本呢？由此不难在《童年》中发现同样的亲切、乐观而略带嘲讽的口吻，只不过搬了家，移植到一个比较有贵族气息的环境里罢了。

因此托尔斯泰从一开始便似乎以一个公众熟悉的面目出现。但他的个性很快得到表现。他的作品《少年》没有《童年》那么纯真

① 朝圣者格里沙或母亲之死。

② （1713—1768），英国小说家，以《项狄传》和《感伤旅行》闻名于世。

③ （1799—1846），瑞士小说家，画家。《日内瓦小说集》的作者。

④ 见给比鲁科夫的信。

完美，展示出一种独特的心理状态，一种对大自然的强烈感受和一颗饱受困扰的心，这些都是狄更斯和托普费尔的作品所没有的。在《一个绅士的早晨》（1852年10月[1]）里，托尔斯泰的个性基本形成，观察大胆而率真，对爱也充满信念。在这个短篇里，他出色地刻画了几个农民形象，他在后来写的《民间故事集》里塑造的最精妙的人物——养蜂老人[2]此时也已初见端倪：老人身材矮小，站在桦树下，伸出双臂，眼睛看着天空，光头在阳光里闪闪发亮，他周围满是金光闪闪的蜜蜂，却从不叮他，形成了一道花环……

但这个时期的代表作确实直接记录他当时感受的作品：即高加索小说。在第一部《袭击》（1852年12月完稿）中，作者描绘的壮丽风景给读者留下了深刻印象：河边的山中日出；阴影与声音都表现得极为卓越的夜景；途中，夜色苍茫，远处的雪峰消失在紫色的薄雾里，透明的空气中响起了士兵们优美的歌声。《战争与和平》里的许多代表人物都在这部作品里出现了：赫洛波夫大尉是真正的英雄，他打仗并非出于个人兴趣，而是尽他的责任：他那张脸是“纯正的俄国人的脸庞，镇静、淳朴，还有一双让人乐于直视的眼睛。”他笨拙、可笑，对周围的事不太理会，打仗时，其他人都有所变化，只有他依然故我：“他像从前一样：举止稳重，声音不高也不低，脸上还是一副朴实、憨厚的表情。”接着是那个中尉，他是莱蒙托夫式[3]的英雄，心地善良，却装作十分凶狠。还有一个可怜的小少尉，他第一次打仗便高兴得不得了，恨不得搂着每个人的脖子亲吻，可爱又可笑，像彼佳·罗斯托夫那样莫名其妙地送了命。画面的正中是托尔斯泰，他只是观察而不介人伙伴们的思想；实际上，他已发出了发对战争的呼声：

> “世界是这样美好，头上是一望无际的星空，难道人类就不能自由自在地活着吗？在这里，他们怎会怀有敌对

① 1855—1856年间完成。见《两个老头》（1855）。

② 见《两个老头》（1885）。

③ （1814—1841），俄国抒情诗人。

和复仇的情绪，以及杀害同伴的欲望呢？大自然是善与美的最直接的表现形式，一经和大自然接触，人类心中所有的恶念都应该烟消云散。”[1]

这个时期所观察到的有关高加索的故事，都是后来完成的。1854—1855年间的《伐林》叙事准确，虽然有点儿冷峻，书中满是对俄国士兵心理活动的精妙描写——将来这些会大有用处。1856年《一个被贬谪的军官》[2]完稿，写一个堕落的上流人士，被降了职的下级军官，他是一个废物、懦夫、酒鬼、骗子，他怎么也想不通自己会如他所轻视的士兵般去送死，其实这些士兵里最差的一个也胜过他一百倍。

凌驾在这些作品之上，成为这第一道山脉最高峰的作品，是托尔斯泰最美的抒情小说之一：青春的赞歌，高加索诗篇《哥萨克》。[3]在明亮的天空下，灿烂的雪山连绵伸展，和谐的乐韵贯穿全书。该书是独一无二的。因为它闪耀着才华的光芒，如托尔斯泰所说，才华犹如“青春的万能之神，一去不复返的狂喜时光”。简直是春天的滔滔急流！爱情的娓娓倾诉！

“我喜欢——非常喜欢！……多勇敢，多美好啊！’他重复道。他无法控制自己的泪水。为什么？谁勇敢？他爱谁？他不知道。”[4]

这种心灵的醉意毫无节制地流淌。和作者一样，主人公奥列宁也到高加索来寻求冒险的生活。他爱上了一位年轻的哥萨克姑娘，陷入乱糟糟、相互矛盾的希望之中。有时他认为“幸福就是为别人活着，自我牺牲”；有时则认为“自我牺牲是愚蠢的行为”；于是他差不多和那个哥萨克老人叶罗卡什一样相信，“一切都是值得的。上帝创造一切，为的是使人类快乐。没有什么是罪恶的。跟漂

① 引自《袭击》。

② 中译本见《托尔斯泰文集》第2卷。

③ 此书虽然1860年才完成（1863年出版），但内容的大部分却是在这个时期写的。

④ 引自《哥萨克》。

亮姑娘取乐不是一件恶事而是灵魂得救。”那还需要思考吗？只要活着就够了。生活就是善，就是幸福；生活是全能的、无所不在的；生活就是上帝。一种狂热的自然崇拜煽动并吞噬着他的心。他在森林里迷失了方向，周围都是“野生植物、飞禽走兽，成群的昆虫，幽暗的树木，温暖芬芳的气息，小沟中的浊水在树叶下汩汩流淌”。奥列宁离敌人的陷阱还有几步远，“他突然产生没来由的幸福感，便顺从于幼时的习惯，画了十字来感谢他人。”他像印度托钵僧那样心满意足地自言自语道，他独自迷失在生命的轮回之中，越陷越深。无数看不见的生物藏了起来，注视着他死去，成千上万的小虫在他四周嗡嗡地彼此招呼：

> “这儿，兄弟们，这儿！有人可叮咬了！”
>
> 他很清楚，在这里，他已经不再是俄国贵族，也不再是莫斯科上流社会里的人，他像小虫、野鸡、雄鹿一样，如在他周围生活并徘徊的那些生物一般。
>
> “和他们一样，我活着，我死去。然后，上面长出草来……”
>
> 于是，他心中充满欢乐。

在青春的这段时光，托尔斯泰生活在对力量与生命的热爱之中。他拥抱大自然并与之融为一体。向大自然倾诉、宣泄他的哀愁、欢乐和爱情。但浪漫的陶醉感觉无法遮蔽他那清晰的洞察力。在这首热烈的诗里，景物描写之有力，人物刻画之真切，是别的作品所无法比拟的。自然与人世的对立是全书的背景，也是托尔斯泰一生中最爱采用的思想主题和信条。这一信条使他找到了《克勒策奏鸣曲》中的冷酷之音，并用以鞭挞世界这个舞台上的人间百态。对于那些他喜欢的人，他的描写也同样真实。他把自然界的生物，美丽的哥萨克姑娘和她的朋友们都置于光天化日之下加以观察，他们的自私、贪婪、诡诈的毛病，他都照写不误。

更重要的是，高加索向托尔斯泰揭示了他本人深厚的宗教意识。这种真理精神的初次宣示说来话长。他自己亦是以保守秘密为条件才告诉他青春时代的心腹，他的年轻的亚历山德拉·安德烈耶芙娜婶婶，在1859年5月3日的一封信中，“表明了他的信仰”。他说：

“小的时候，我并没有思考，只凭热情和感受去信仰。14岁左右，我开始思考人生。而因为宗教和我的理论不能调和，我把毁灭宗教当作一件值得赞美的事……我觉得一切都很清楚、合乎逻辑，一切都安排得很妥当，而宗教，却并没安插他的地位……以后，到了一个时期，生活于我已经没有什么秘密，而且也开始失去其一切意义。那时候——这是在高加索——我是孤独的，苦恼的。我竭尽我所有的精神力量，这样做一辈子只能有一次的啊……这是殉道与幸福的时期。从来（不论在此之前或之后），我没有在思想上达到那样崇高的地位，只有在这两年我才看得那样透彻。当时我发现的一切将永远成为我的信念……在这两年的持久的灵智工作中，我发现了一条简单的，古老的，现在我知道而别人尚不知道的真理：我发现，世界上有一种不朽的东西，有一种爱情，为要永久幸福起见，人应该为了别人而生活。这些发现使我非常惊讶，因为他和基督教很相似。于是，我不再向前探寻，转而到福音书里求索。可惜发现不多。既找不到上帝，也找不到救世主，亦找不到圣体，什么都找不到……但我竭尽我灵魂的力量寻找，我哭泣，我痛苦，我只是欲求真理……这样，我和我的宗教成为孤独了。”①

① 在信的末尾，他又说：“你要明白我啊！……我认为，没有宗教，人既不能善良，也不能幸福；我想掌握宗教的愿望超过想掌握世界上的任何东西。我觉得如果没有宗教，我的心田将会枯萎。……但我并无信仰。是人生使我心里产生了宗教，而不是宗教创造了我的人生……我此时只感到心灵枯竭，必须有一种宗教不可。上帝将帮我实现，这一天必将到来……大自然是我的领路人，会将我引向宗教，每一个人都有其不同的未知道路，只能到自己内心深处去探寻……”。

# 第五章

1853年11月，俄国对土耳其宣战。托尔斯泰应召到罗马尼亚军中服役，后转到克里米亚。1854年11月7日，他到了塞瓦斯托波耳。他爱国热情高涨，作战勇敢，经常置身险境，特别是1855年4月—5月期间，他三天中便有一天到第四号棱堡的炮台执勤。

一连几个月，他生活在激奋、紧张的情绪中。当他直面死亡时，他的宗教神秘主义复活了，多次和上帝对话。1855年4月他在日记里记述了对上帝的祷告，感谢上帝在危险中保护他，并希望上帝继续保佑他，“这样我便可以达到我尚不知晓的光荣且永恒的生活目标。”生活的目标不是艺术，而是宗教。1855年3月5日，他写道：

> “我被引向一个伟大的构想，我觉得，为了实现这一想法，我可以贡献出我的一生。那就是创立新的宗教，基督的宗教，但教条与神秘主义却被清除了……完全按明晰的良知行动，以便用宗教将人类团结起来。”①

这是他晚年的计划。

但是，为了转移自己对周围景象的注意力，他又重新拿起笔来写作。在枪林弹雨中，他怎能集中精力来完成回忆录的第三部分《青年》呢？书的内容杂乱，可归咎于当时的客观环境使他心乱如

① 见托尔斯泰《日记》。

麻。抽象的分析也有些枯燥，动辄大类之下又分小类。[①]但他居然能冷静地参透一个青年人头脑里错综复杂的思虑和梦想，倒也值得欣赏。作品对于自己非常坦率，在对城中春色的生动描绘，在叙述忏悔以及为忘记交代的罪孽赶往修道院的时候，又有多少清新的诗意！充满激情的泛神论造就了书中的抒情美感，其笔调令人不禁想起高加索的札记来。如对春日傍晚的描绘：

> “明亮的新月静静地闪耀着光芒，鱼塘泛着微光，老桦树茂密的枝叶在月光照射下，一面显出银白色，另一面则暗影憧憧，覆盖着灌木丛和大路，池塘那儿传来鹌鹑的叫声。依稀听到两棵古树枝叶摩挲的轻微声响，蚊虫嗡嗡作响，一只苹果坠落在枯叶上，青蛙一直跳上台阶，它们的背在月光里闪着微微的绿光……月儿升起来了，悬挂在万里晴空上，将光芒洒遍人间。月光下的水湾泛起更为柔和的光亮，暗影益发黝黑而光亦更加透明……我这低贱的凡夫俗子早已感染了人类的七情六欲，但尚有一股爱的伟大力量，此时，我感觉到大自然、月亮和我已经完全融合在一起。”[②]

但当前的现实盖过了以往的梦想，迫使人不得不关注。《青年》因此没有完成。在防御工事的庇护下，在隆隆的炮声和同伴们中间，队长托尔斯泰公爵观察着垂死者与生者，并将他们和自己的不幸一并记入了令人难忘的《塞瓦斯托波耳纪事》。

这三本纪事——《1854年12月之塞瓦斯托波耳》、《1855年5月之塞瓦斯托波耳》、《1855年8月之塞瓦斯托波耳》一般总是被人相提并论的。其实，三篇各不相同。特别是第二本，以对艺术的感受

① 在同一时期的《伐林》里也有类似的手法。例如：“爱有三种：1. 美学的爱；2. 忠诚的爱；3. 积极的爱。”等等。（《青年》）”有三种士兵：1. 服从的；2. 跋扈的；3. 伪善的。服从的士兵又可以分为三类：1. 冷静服从的；2. 真诚服从的；3. 服从而又酗酒的；等等。”（《伐林》）。

② 引自《青年》第32章。

而有别于其他两篇。爱国主义是其他两本的主旨，而第二本则翱翔着无情的真理。

据说沙俄皇后在阅读完第一本[①]后潸然泪下，沙皇在赞赏之余，下令将其译成法语，并将作者调离危险地带。这是我们很能理解的，故事中尽是对战争与爱国的赞颂。托尔斯泰初来乍到，情绪高昂，陶醉在英雄主义之中。在塞瓦斯托波耳的保卫者身上，他还未曾发现野心、虚荣以及其他庸俗的情感。对他来说，这是一首崇高的史诗，其中的英雄"堪与古希腊的英雄媲美"。但这些记录看不出作者做过任何想象方面的努力，也没有任何客观再现的尝试。作者在城里散步，看事物头脑很清醒，但叙述的方式却很拘谨："你看见……你进入……你注意……"简直是长篇的报道，只不过加上一些对自然的观感而已。

第二篇的场景便完全不同了：《1855年5月之塞瓦斯托波耳》。开篇，我们便读道：

> "千万种人类的自尊心在此相互碰撞，或者在死亡中趋于沉寂……"

还有：

> "由于人多，虚荣心也多……虚荣，虚荣，虚荣无处不在，甚至出现在坟墓的门前！这是我们这个世纪特有的疾病……为什么荷马和莎士比亚能大谈特谈爱、光辉和苦难，为什么我们世纪的文学只是爱慕虚荣的人和冒充高雅之徒没完没了的故事呢？"

纪事已经不再是简单的记述，而是在读者眼前展现人类与情欲，将隐藏在英雄主义背后的东西揭示出来。托尔斯泰那犀利的目光在他同伴的心灵深处探寻；在他们和自己的心中看到了骄傲、恐惧，看到了死亡近在咫尺时，还在不断上演的人间喜剧。尤其是恐惧已被供认，已被他揭开了面纱，赤裸裸地暴露在眼前。托尔斯泰

① 此文寄给《现代人》杂志，立刻就被发表了。

毫无顾忌、坦率无情地分析了这挥之不去的无穷恐惧[①]与畏死情绪。在塞瓦斯托波耳，他学会了抛开一切多愁善感的心态，他轻蔑地把感情定义为“哭哭啼啼、女性才有的泛泛的同情”。他那善于分析的天才在少年时代已显露出来，有时还带点儿近乎病态的性质。[②]但这天才从未如叙述普拉斯库金之死时一样出神入化，登峰造极。他足足用了两页来描写当炮弹落下，嘶嘶作响而尚未炸开的一刹那，遭此不幸的人脑海里闪过的念头，又用足足一页纸来描写爆炸后，当他因碎片刺穿胸膛而死的一瞬间他的所思所想。

如同剧中休息时的乐队暂停，在战斗的场景中豁然展露出大自然的景色：日光穿透云层，豁然开朗，白昼的乐章奏起并洒落在如此壮观的沙场上，地面上躺着成千上万即将死去的人。于是基督徒托尔斯泰忘记了他第一篇纪事中的爱国主义，诅咒起这邪恶的战争：

> “这些基督徒曾宣扬同一种赞颂爱与牺牲的伟大法则，可当他们认识到自己的所作所为时，竟不在上帝面前跪下忏悔！正是上帝赐予他们生命。同时，在他们每一个人的内心除了放进对死亡的恐惧之外，还有对善和美的爱。他们无法如兄弟般流着喜悦和幸福的泪水，相互拥抱！”

当完成这本纪事时——其口吻比任何作品都更尖刻——托尔斯泰突然产生了怀疑。他是否不应该说这些呢？

> “我产生了怀疑，心像被揪着一样。或许我讲的是令人厌烦的真心话，人们下意识地把它们藏在心底，也不应该说，否则有害无益，就像酒滓一样，不能搅动，否则酒

① 许多年后，托尔斯泰在与他的朋友捷涅罗莫谈话时还提到这种恐惧，说到他在城墙边的掩体里战战兢兢度过一夜的情形。

② 稍后，德鲁吉宁出于友情写信让他注意这种危险：“你在分析方面有过分细微的倾向，这可能会发展成一大弱点。有时你会说看看某人的脚踝就知道他想去印度旅游了……你应该抑制这种倾向，但不必完全杜绝。”（见比鲁科夫收集的1856年的信件）

质就坏了。那什么是应避免说出的坏事？什么是应模仿的好事？谁是恶人，谁是英雄？人人都好，人人都坏……”

但他骄傲地镇定下来：

“这部小说的主人公是我最喜欢的人物，我打算将他的美全部表现出来，使他过去、现在和将来都美，这就是真实。”

《现代人》杂志的主编涅克拉索夫看了这几页[①]之后，写信给托尔斯泰说：

“这就是现今俄国社会所需要的东西：真实、真实。自从果戈理去世之后，俄罗斯文学里真实的东西太少了……您给我们的艺术带来的这种真实性对于我们是全新的东西。我只担心时间与人生的胆怯，我们周围那些装聋作哑的人会像对待我们中大多数人那样对待您，担心他们会扼杀您的锐气。”[②]

这一点不用担心。时间会消磨一般人的锐气，却锻炼了托尔斯泰的意志。然而，当时祖国的磨难，塞瓦斯托波耳失守时，使他那颗虔诚的心感到痛苦，他后悔自己的坦率直言有点儿过分苛刻了。在第三本纪事《1855年8月之塞瓦斯托波耳》中，他正讲述军官们赌钱吵架时，突然中止了叙述，说道：

“这场戏赶紧落幕吧。明天——或许今天——每个人都将慷慨赴死。每个人的心中都埋藏着一星会使他们成为英雄的高尚火花。”

这种考虑并没有损害故事本身现实主义的力量，而人物的选择则清晰地表露出作者的倾向。马拉科夫史诗般的战斗和悲壮的沦陷场景，通过两个感人和高傲的形象表现出来：兄弟俩，哥哥科泽尔

① 这几页被书刊检查处删掉了。

② 此信写于1855年9月2日。

佐夫和托尔斯泰有几分相似。[1]弟弟是旗手沃洛佳，此人腼腆而热情，好做激动的独自，一脑子梦想，因一点儿小事就会掉眼泪，有时是柔情的泪水，有时是委屈的泪水。刚到棱堡是很害怕（可怜的小家伙还怕黑，睡觉时总用军大衣蒙头），孤独和旁人的冷漠令他十分苦闷，但时候一到，他便满怀喜悦地面对危险。他属于那种颇具诗意的少年（如《战争与和平》中的彼佳、《袭击》中的少尉），他内心充满爱，能够笑傲沙场，然后突然莫名其妙地倒下。两兄弟在同一天，也就是保卫战的最后一天中弹身亡。小说在爱国的激愤中结束：

> “军队离开了城。每个士兵眼看不得不放弃塞瓦斯托波耳，心中有说不出的痛苦，一边叹息，一边向敌人挥动拳头。”[2]

① “他的自尊心和他的生命连在一起，他看不到其他选择：要成为第一，否则就自我毁灭……他爱在跟别人的较量中成为拥有自尊的人。

② 1889年，托尔斯泰在为叶尔乔夫的《一个炮兵军官对塞瓦斯托波耳的回忆》写序言时，又想起了当时的面。英勇的往事消逝了。他只记得担惊受怕了七个日夜。害怕有两种：既怕死又怕丢人。真是恐怖的精神折磨。对他来说，围城的所有荣誉可以概括为一句话：他充当了“炮灰”。

# 第六章

他在这个活地狱里待了足足一年，在那里他触摸到情欲、虚荣与人类痛苦的底蕴。逃出来之后，1855年11月，他回到了彼得堡的文人圈里。他既鄙视又厌恶他们。对他来说，他们庸俗、市侩，而且谎话连篇。远看这些人似乎戴着艺术的光环——像屠格涅夫，托尔斯泰崇拜他，而且刚把自己写的《伐林》题赠给他——近看却让他大失所望。1856年的一张照片里，托尔斯泰和这些人在一起：屠格涅夫、冈察洛夫、奥斯特洛夫斯基、格里戈罗维奇和德鲁吉宁。旁人都很自然，唯有他显得特别：他严峻、禁欲的神情，瘦骨嶙峋的头，两腮凹陷、姿态僵硬地交叉着双臂。他身穿军服，笔挺地站在这些作家身后，苏亚雷斯很风趣地写道："他像在看守着这些人，而不是他们中间的一员，似乎随时准备把他们押回到监狱。"①

可是所有人都殷勤地围着这个刚来到他们中间的年轻同道，对他们来说，托尔斯泰拥有作家和塞瓦斯托波耳英雄的双重荣耀。读到塞瓦斯托波尔的场面时曾经含泪大呼乌拉的屠格涅夫，此时他向托尔斯泰伸出了友谊之手。但这两个人合不来。两人以同样清晰的视角观察世界，但内心色彩极不相同：一个讥讽世事、敏感多情、头脑清醒、狂爱美；一个自傲残暴、经常为道德思想所苦恼，心中总蕴藏着一个神明。

托尔斯泰无法原谅这些文学家的是，他们自以为是天之骄子，

① 见1899年苏亚雷斯所著的《托尔斯泰》。

人类大军的排头兵。对他们的反感还出自他那贵族和军官的自傲，看不起这些自由主义的市民阶级文人。他的另一特点——他也承认——就是“本能地反对所有普遍认可的推理”。[①]对人类的不信任，对人类理性的潜在蔑视，使他到处都发现人类自欺欺人，也就是撒谎。

> “他从不相信别人是真诚的。认为任何道德的冲动都是虚伪：对于那些他怀疑不说实话的人，他会用极其锐利的目光注视他们。”[②]
>
> “看他听人说话的样子！看他用深深嵌在眼眶里那双灰色的眼睛观察那些和他说话的人！他闭紧的双唇透出多少讽刺的味道！”[③]
>
> “屠格涅夫常常说，托尔斯泰刺人的目光，再加上三两句恶毒的词句，足以令人暴跳如雷，看到这种目光，他感到从未有过的难受。”[④]

托尔斯泰和屠格涅夫之间，头几次会面，便发生激烈的争吵。[⑤]他们分开之后，便各自冷静下来，努力给对方一个公正的评价。但随着时间的推移，托尔斯泰越来越厌恶自己所处的文人圈子。他不

---

① 致比鲁科夫的信。

② 屠格涅夫语。

③ 格里戈罗维奇语。

④ 见欧仁·加尔辛所著的《回忆屠格涅夫》（1883）和比鲁科夫所著的《托尔斯泰的生平和作品》。

⑤ 最激烈的一次冲突发生在1861年，导致两人终身不和。屠格涅夫表示他有博爱的感情，还大谈他女儿从事的慈善事业。托尔斯泰对上流社会那世俗的慈善活动是最恼火的。“我认为，”他说，“一个穿着华丽的少女，膝上放些肮脏的破衣服，是在演一出毫无真诚的喜戏。”争论愈演愈烈，屠格涅夫气坏了，威胁说要扇托尔斯泰的耳光。托尔斯泰要求以步枪决斗，来挽回自己的声誉。屠格涅夫对发火一事后悔不迭，给他写了一封道歉信。但托尔斯泰绝不原谅。众所周知，差不多二十年以后，在1878年，托尔斯泰表示了歉意，因为那时他已抛弃了过去的生活，克服骄矜，皈依上帝了。

能原谅这些艺术家生活堕落，嘴里却大谈仁义道德。

> “我确信，他们几乎都是邪恶之徒，腐败堕落，品性低下，比我在波希米亚军旅生活里遇见的那些人还差劲。可他们却像身心健全的人那样，非常自信，心满意足。我讨厌他们。”①

他离开了他们。但在一段时间内还保留着和他们一样的艺术上的功利观念。②他的虚荣心从中获得满足。那是一种报酬丰厚的宗教，带给他”女人、钱财和声望”。

> “我是这一宗教的大祭司之一，地位舒适而优越……。”

为了更好地投身其中，他退伍了。

但像他那种气质的人是不会闭上眼睛的。他信仰，狂热地信仰进步。对他来说，似乎“这个词是有含义的”。1857年至月底，他出国游历，到过法国、瑞士和德国，结果推翻了这个信念。③1857年4月6日他在巴黎观看公开处决犯人，这”使他认识到对进步的迷信纯属虚妄……”

> “当我看到犯人身首异处、脑袋滚到筐里的时候，我完全明白没有任何维持现存秩序的理论可以证明这一行为的合理性。即使全世界的人根据某种理论认为这样做有必要，我也认为这是错的，因为决定善或恶的不是人们的言行，而是我的心。”④

---

① 见托尔斯泰《忏悔录》。

② “我们这里和一个专门收容疯子的避难所没有区别。那时我已模模糊糊地猜到这一点，不过和所有疯子一样，我将每个人都看成疯子，除了我。”见《忏悔录》。

③ 参看这一时期他写给婶母亚历山德拉伯爵夫人的信。这些信写得很动人，充满青春气息。

④ 见托尔斯泰《忏悔录》。

7月，托尔斯泰在卢塞恩[①]看到了一个流浪的小歌唱家，而寓居英格兰施韦茨霍夫的有钱人却不愿意掏钱施舍，于是，他在《D·涅赫柳朵夫公爵日记》里写道，他鄙视自由主义者死抱着一切幻想，也鄙视”那些在善恶的海洋上划出假想界线”的人们。

> “对他们来说，文明是善，野蛮是恶；自由是善，奴役是恶。这种假想的认识摧毁了本能的、原始的，也就是最美好的需要。谁来为我定义这些概念——自由、专制、文明和野蛮呢？有什么地方不是善恶共存呢？我们心里只有一个万无一失的领路人，那就是鼓励我们彼此接近的宇宙之神。”

一回到俄罗斯的亚斯纳亚，他重又关注起农民问题。[②]这并非是他对农民已不抱任何幻想。他写道：

> “不管声称民众通情达理的卫道士们怎么说；民众或许是好人的集合体；但他们凑在一起只是因为他们都有兽性和可耻的一面，这一面恰恰表明人性的软弱和冷酷。”

因此，他的教育对象不是民众群体，而是每一个人，每一个孩童的个人良知，因为这才是希望之所在。他创办了几所学校，但还不确切知道要教什么。1860年7月3日到1861年4月23日，为了解决这个问题，他又一次旅居欧洲。[③]

---

① 卢塞恩，瑞士小城。

② 从瑞士直接回到俄罗斯时，他发现，“在俄罗斯的生活是一种永久的痛苦！……”“幸亏在艺术、诗歌和友谊的天地中有个避难处。在那里，没有人来打扰我……风在吼；外面又冷又脏；我一个人，用冻僵的手指弹一曲贝多芬的行板，激动得流下了眼泪；或者看几页《伊利亚特》；或者幻想着一些男人和女人，和他们生活在一起；我在纸上乱画，或者像现在这样，思念我所爱的人……”（1857年8月18日致亚历山德拉伯爵夫人的信）

③ 此行他结识了奥尔巴赫，第一次受到民众教育的启发；在基辛根结识了福禄培尔，在伦敦结识了赫尔岑，在布鲁塞尔结识了蒲鲁东，他们似乎给了他许多启迪。

他研究了多种教育理论。不用说，他都没有采纳。他去过两次马赛，发现真正的民众教育是在校外（他觉得学校很可笑），通过报刊、博物馆、图书馆、街道和真实生活来接受教育，这是“自发的学校”。自发的学校是相对于他认为有害而愚蠢的强制性学校而言。这就是他想回亚斯纳亚·波利亚纳创建和试办的学校。[①]他的宗旨是自由。他无法接受的是，一个特殊阶层即“自由主义特权社会”把自己的错误认识强加给一些“他们所不了解的民众”。他们无权这样做。这种强制性的教育方法在大学里从来培养不出“人类所需要的人，却培养了一些堕落社会所需要的人；官员、官方教授、御用文人，或者毫无目的地离开了原来的环境、虚度了青春、在社会上找不到位置的人，如情绪急躁的小自由主义者。[②]”该让人民说说他们需要什么！倘若他们不看重“知识分子强迫他们学习的阅读和书写艺术”，他们自有原因；他们有其他更紧迫，更合理的精神需求。你就想办法了解这些需要，并帮助他们去满足这些需要吧！

在亚斯纳亚，托尔斯泰尝试把他的这些革命保守派的理论付诸实践，说他教学生，倒不如说他和学生一起学习。[③]同时他还努力将一种更人道的精神引进农业经营之中。1861年他被任命为克拉比夫纳县的土地仲裁人，保护老百姓反对地主和国家滥用职权。

我们别以为这项社会活动能给他带来满足，使他全身心地投入其中。他仍受到一些敌对情感的困扰。尽管他努力接近民众，却一直喜欢社交。他有这方面的需要。有时是因为欲望重新萌发，有时是由于好动。他不惜冒生命危险去猎熊。赌起钱来输赢很大。有时甚至是他所鄙视的圣彼得堡的文人们也仍对他产生影响。从这些误区中走出来，由于厌恶，他深深陷入烦恼。这个时期的作品不免也带有这种艺术和思想上不稳定的痕迹。《两个骠骑兵》（1856）文笔虚饰浮夸，充满世俗势利气息，让托尔斯泰自己看了很不舒服。

① 尤其是1861—1862年间。

② 见《教育与文化》，《托尔斯泰生平与作品》第2卷。

③ 1862年，托尔斯泰在《亚斯纳亚·波利亚纳》杂志上阐明了他的理论。

1857年在第戎写的《阿尔贝特》单薄、古怪，缺乏托尔斯泰惯有的深度和精确度。《记分员日记》（1856）比较引人注目，但写得匆忙，似乎反映出作者对自己有所厌恶。他的化身涅赫柳朵夫公爵在赌场里自杀了。

> “他什么都有：财富、名望、才气、崇高的理想；他没犯过罪，但做得更糟：他扼杀了自己的心灵、自己的青春；他迷失了，并不是因为他有什么强烈的欲望，而是因为他意志薄弱。”

即使大限临头也不能使他改变：

> “同样怪诞的言行不一，同样的犹疑不决，同样轻浮的思想……”

死亡！……这时，死亡开始经常在托尔斯泰的脑际萦回。《三死者》（1858—1859）预示着《伊凡·伊里奇之死》一书中的阴暗分析，弥留者的孤独感，对生者的仇恨，以及绝望的质疑——“为什么？”这部描写三个死者的三部曲（一位贵妇人，一个患肺病的老车夫和被伐倒的白桦树）确有其伟大之处：刻画细腻，形象动人。尽管作品享誉过高，但结构松散，白桦树之死也缺乏使托尔斯泰的风景描写产生美感的精确诗意。从整体上看，我们还不清楚其中占主导地位的，是为艺术而艺术的思想还是道德的意图。

连托尔斯泰本人也不知道。1858年2月4日他在莫斯科俄罗斯文艺爱好者协会举行的招待会上朗读了他的文章，主张为艺术而艺术。[①]该协会的会长霍米亚科夫向他这位“纯艺术的文学代表”致敬之后，与他唱反调，捍卫为社会和道德而艺术。[②]

一年之后，1860年9月19日，托尔斯泰心爱的哥哥尼古拉因肺病

① 演讲题目是《论文学中艺术成分优于一切暂时的文学思潮》。

② 他举托尔斯泰自己的作品《三死者》中的老车夫来驳斥托尔斯泰。

在耶尔去世。[①]，托尔斯泰受此打击，几乎“动摇了他对善和一切事物的信仰”，他甚至放弃了艺术：

> “真相是可怕的……当然，只要存在想知道真相并将其说出来的愿望，人们便会努力去了解并说出真理。这是我道德观念中剩下的唯一东西。这是我唯一能做的事情，但不是以艺术的形式去做。艺术是撒谎，而我再也不能爱美丽的谎言了。”[②]

然而，不到六个月之后，他写了（波利库什卡）[③]，重又回到“美丽的谎言”中。该书除了暗含对金钱及其邪恶力量的抨击之外，也许是他的道德意图最少、纯粹为艺术而写的作品了。这是一部经典之作，唯一的缺憾便是观察过于纷繁，素材过多，足可写一部长篇巨著，结尾也太惨烈。幽默的开头与狂热的高潮间形成过于强烈、有点儿残酷的对照。[④]

---

① 托尔斯泰的另一个兄弟德米特里已在1856年死于肺病。托尔斯泰于1856年、1862年和1871年认为自己亦患疾。他1852年10月28日写道，他“体质虽好但健康不佳”。他患有伤害、嗓子痛：牙痛、眼痛，还有风湿病。1852年他在高加索“一星期至少有两天要卧床”。1855年，疾病使他在从西利斯特里去塞瓦斯托波耳的途中耽搁了好几个月。1856年他患过十分严重的疾病。1862年因惧怕肺病到萨马拉的朋友家疗养。1870年以后他每年都要去一次。以后他谈起疾病就像说好朋友一样：“一个人生病时就像沿着斜坡缓缓向下走，到一定地方便有轻纱薄账拦路。轻纱这边是生命，那边是死亡。在道德价值上，疾病状态要比健康状态强得多！别跟我谈那些从未生过病的人！他们太可怕了，尤其是女人！一个身体健康的女人简直是只地道的猛兽！”（与保尔·布瓦耶的谈话，见《时代》杂志，1901年8月27日。）

② 致费特的信，1860年10月17日。

③ 1861年写于布鲁塞尔。

④ 同一时期托尔斯泰的另一部小说其实是一篇游记——《暴风雪》，是他的个人回忆，其中优美的描写颇具诗意与音乐美感。托尔斯泰在后来的《主与仆》一书里借用了这篇游记的背景。

# 第七章

在这一过渡阶段，天才的托尔斯泰在摸索，对自己产生怀疑，还有点儿自寻烦恼，像《记分员日记》中的涅赫柳朵夫那样，“没有强烈的愿望，没有主宰一切的意志”。但他创作了自己迄今为止从未有过的最富魅力的作品：《家庭幸福》（1859）。这简直是爱情的奇迹。

多年来，托尔斯泰一直与贝尔一家保持着友好的关系。先后爱上过这家的母女四人[①]，最终他倾心于二女儿，但他不敢承认。索菲娅·安德烈耶夫娜·贝尔还是个孩子，只有17岁，而他已经30多岁了。他认为自己老了，无权将自己残旧、污秽的生命与一个天真烂漫的少女结合在一起。他坚持了三年。[②]后来在《安娜·卡列尼娜》里，他讲述了如何对索菲娅表白，而少女又如何回应他的情形：他们用手指在桌上写出两人不敢言明的词语的第一个字母。像《安娜·卡列尼娜》中的列文一样，他诚实地将自己的私人日记交给未婚妻，好让她知道他过去的越轨行为。而索菲娅也和《安娜》中的基蒂一样，内心十分痛苦。1862年9月23日他们结婚了。

① 托尔斯泰幼时，有一次出于嫉妒，将一个和他一起玩的、年仅9岁的小女孩——后来的贝尔夫人，从阳台上推了下去，使她瘸了好多年。

② 见《家庭幸福》中谢尔盖的表白：“假设有一位老人A先生和一位年轻快乐的B小姐，她年轻、快活、既没有和男人打过交道，也没有生活阅历。由于种种家庭的原因，他爱她，就像爱自己的女儿，从未考虑过有其他非分之想……”

三年前创作《家庭幸福》时，这场婚礼已在艺术家的脑海里举行了。[①]三年以来，在这爱情刚刚萌发，尚未被察觉时，他已体验到欣喜若狂、难以形容的爱情生活：卿卿我我的温馨时刻，为了“一去不复返的幸福”而流泪，还有新婚燕尔时的得意忘形，接着爱人间出现了私心，“没完没了的无缘无故的快乐”，接着是厌倦，模模糊糊的不快，单调生活的烦闷，两颗灵魂慢慢地分开，他们彼此间越离越远。交际场上包含着对少妇危险的陶醉——调情、嫉妒、致命的误解。于是爱情被遮蔽，消逝了，最终，悲伤而充满柔情的心之秋到了。再度露面的爱情已经苍老褪色，带着泪水、皱纹、苦难的记忆，怀着对相互伤害和虚度年华的遗憾，而显得更加凄婉动人。再后是明净清澈的夜，从庄严的爱情过渡到友情，从浪漫的激情过渡到母爱……这一切该发生的事，托尔斯泰早已想象过，也体会过了。为了更为真切地体验到这一切，他在所爱的人身上付诸实践。第一次——也许是托尔斯泰作品中的第一次——故事在女性的心中展开，由她讲述。讲得太妙了！美丽的心灵蒙着羞答答的轻纱。托尔斯泰分析时不用强光，也没有固执地展现赤裸裸的真实。不是直接说出内心生活的秘密，而是让人们去猜测。托尔斯泰的心灵和艺术变得温柔了，思想与形式达到了和谐的平衡。《家庭幸福》具有拉辛作品里那种完美的境界。

托尔斯泰清醒地预感到婚姻会给他带来甜蜜，也会给他带来痛苦，但毕竟是一个喘息的机会。他身心疲惫、病魔缠身、对自己和自己所做的努力感到厌烦。继第一批作品获得巨大成功之后，随之而来的是批评家的沉默和公众的漠不关心。[②]他骄傲地装作对此颇为得意。

“我的名声已大大失去了群众基础，对此我很担忧。但现在我很满足，我知道我有话要说，也有力量大声说出

① 也许他在作品里加入了一段回忆：1856年他在亚斯纳亚和一个少女相爱，那个姑娘和他不同，既轻浮又善于交际，他们相互爱恋，但最终还是分手了。

② 1857—1861年，批评界对他很少评论。

来。至于民众，他们愿怎么想，随他们的便好了！”[①]

但他在自夸，他对自己的艺术没有信心。诚然，文学这个工具他用得很娴熟，但不知用它来干什么，就像他谈到《波利库什卡》时说：“这是一个会舞文弄墨的人，就随便碰到的一个主题乱说一通罢了。”[②]他的社会事业流产了。1862年他辞去了土地仲裁员的职务。同年，警察在亚斯纳亚’波利亚纳大肆搜查，学校也查封了。当时托尔斯泰不在家，因疲劳过度，他担心染上肺结核。

> “仲裁纠纷对我说来是太困难了，学校工作也茫无头绪，要教育别人，又不能让别人知道自己对所要教的内容一无所知，这一切使我怀疑，使我心灰意懒，我的病就是这样来的。倘若不是生活里我尚不知的一面即家庭生活救了我，我早就像十五年后那样陷于绝望了。”[③]

① 托尔斯泰：《日记》（1857年10月）。

② 托尔斯泰：致费特的信（1863），见《托尔斯泰生平及作品》。

③ 见《忏悔录》。

# 第八章

他对一切都很用情，因此起初他尽情享受家庭生活。[①]托尔斯泰伯爵夫人对他的艺术创作产生重要影响。她在文学方面很有天赋[②]，正如她所说，她是“一个地道的作家妻子”。因为她总把丈夫的事业放在心上。她和丈夫一起工作，帮他抄写潦草的手稿[③]；保佑他不被宗教这个魔鬼的骚扰，因为可怕的恶魔常常在他耳边低语，让他放弃对艺术的追求；她还努力使他向社会乌托邦关上大门[④]，重新激起丈夫的创作热情，还进一步用她女性的心灵给这位天才带来新的、丰富的创作源泉。除《童年》和《少年》里几个迷人的侧影外，托尔斯泰的早期作品里几乎没有女性的地位，即使有，也是次要角色。托尔斯泰深爱着索菲娅·安德烈耶夫娜·贝尔，在这种爱的影响下，女性在《家庭生活》中出现了。在后来的作品中，少女和妇女的形象大量涌现。而且其生活内容之丰富超过了男性。我们自然而然会想到，托尔斯泰伯

① “我整个身心都陶醉在家庭幸福之中。”（1863年1月5日）“我多么幸福了！多么幸福了！我多么爱她！”（1863年2月8日）。见《托尔斯泰的生平与作品》。

② 她写过几篇短篇小说。

③ 据说她将《战争与和平》抄写了七遍。

④ 婚后，托尔斯泰停止了教学工作，关闭了学校，杂志也停办了。

爵夫人是她丈夫的模特，在描写《战争与和平》中的娜塔莎时如此；[①]在刻画《安娜·卡列尼娜》中基蒂时也如此。她凭着自信与独特的视角，成为她丈夫宝贵而慎重的合作者。我认为《安娜·卡列尼娜》的部分章节出自女性之手笔。[②]

婚姻美满，使托尔斯泰在十到十五年19尝到了多年没有的和平与安宁。[③]爱的庇护让他有充足的空闲在脑海中构思和完成伟大的作品，执19世纪小说之牛耳的鸿篇巨制《战争与和平》（1864—1869）与《安娜·卡列尼娜》（1873—1877）。

《战争与和平》是我们这个时代最伟大的史诗作品，是现代的《伊利亚特》，汇聚了无数的人物和感情。惊涛骇浪里孕育着崇高的灵魂，他从容地掀起又平息阵阵暴风雨。不止一次，当我看着这部作品时，自然而然地想到荷马和歌德，尽管时代和思想有很大的不同。那时我就发现，在创作它之前，托尔斯泰从荷马和歌德的作

---

① 伯爵夫人的妹妹塔季扬娜，既聪明又有艺术天赋，托尔斯泰非常欣赏她，她也是托尔斯泰在本书中女性人物的模型。托尔斯泰常说："塔尼娅（塔季扬娜）和索尼娅（索菲娅·安德烈耶夫娜·贝尔）合在一起，便成了娜塔莎。"（比鲁科夫记述）。

② 如多莉搬到乡下的破房子里，对多莉和她的孩子们的穿着细节描写，还有一些如果女人不说，一个男人无论有多高的天分也猜不透的女人内心的某些秘密。

③ 创造精神对托尔斯泰产生影响的典型标志是：当他专心创作《战争与和平》时，他的《日记》自1865年11月1日起中断了十三年。艺术的专属性使心灵的独自暂时停止了。在创作的同时，托尔斯泰还从事体力活动。他疯狂般爱上了打猎。"打猎时，我忘记了一切……"（1864年的信）1864年9月，在一次出猎中，他摔断了胳膊，在休养期间，他完成《战争与和平》的第一部分。"我从昏迷中醒来，对自己说：'我是个艺术家。'我的确是个艺术家，但却是一个孤独的艺术家。"（致费特的信，1865年1月29日）这一时期在他写给费特的信里洋溢着创作的兴奋。他说："到目前为止我所发表的一切，都只不过是试笔而已。"（致费特的信，1865年1月29日）。

品中汲取营养[1]而且更进一步，他在1865年的笔记中，在将不同文学形式分类的时候，托尔斯泰把《奥德赛》《伊利亚特》《一八零五年》[2]归于一类。他迫使自己将视线从刻画个人命运的浪漫故事转到描绘军队和人民生活以及关注民众利益的传奇故事。塞瓦斯托波耳之围的悲惨经历使他了解俄罗斯民族之魂及其古老的生活。他创作巨著《战争与和平》仅仅是为了呈现从彼得大帝到十二月党人这组俄罗斯史诗壁画里的中心画面罢了。[3]

为了切身感受到这部作品的强大力量，就必须了解隐藏其中的整体性。读者们大都看不到这一点，看见成百上千的细节，这些细节令他们

① 托尔斯泰认为在他20—35岁期间对他有影响的作品有："歌德：《赫尔曼和多罗泰》——重大影响。""荷马：《伊利亚特》和《奥德塞》（俄文版）——重大影响。"1863年，他在《日记》里写道："我读歌德的作品，心中产生了好几个想法。"1863年春，托尔斯泰重读了歌德的作品，认为《浮士德》是"有思想的诗，其他任何艺术都不能表现的诗。"后来因上帝之故，他放弃了歌德和莎士比亚。但对荷马依然赞赏如故。1857年8月他怀着同样的热情阅读《伊利亚特》和《圣经》。他在1903年写的一本攻击莎士比亚的小册子里，将荷马和莎士比亚对立起来，说荷马才是真诚、平衡和真实艺术的典范。

② 1865—1866年间出版了《战争与和平》的前两部分，标题为《一八零五年》。

③ 托尔斯泰1863年开始写《战争与和平》，先从《十二月党人》开始，写了三个片段。此时他发现这部作品的基础不够牢固，便写了有关拿破仑战争的《战争与和平》。1865年1月开始在《俄罗斯导报》杂志发表。1869年秋完稿。此时托尔斯泰又溯历史，想写一部有关彼得大帝的史诗性长篇小说，接着再写一部有关18世纪各代俄国女皇临朝及其幸臣们的小说《米罗维奇》。1870—1873年间，他投入了此项工作，收集了许多资料，设置了不少场面，但现实的顾虑迫使他最终放弃了，他知道要如实地再现这遥远年代的风貌是永远不可能的。1876年1月，他又打算写一部有关尼古拉一世的小说。接着，他又热切地继续到《十二月党人》的创作，搜集仍然活着的当事人的证词，走访故事的发生地。1878年，他在给姑母的信中写道："这部作品对我来说太重要了，您无法想象，它对我就像您的信仰之于您那么重要。甚至有过之而无不及。"但随着对主题的深入挖掘，他发现他的热情已不在此了。1879年4月，他写信给费特说："《十二月党人》在他生命中的那一阶段，他面临信仰危机，他即将把他从前的偶像全部销毁了。"

吃惊，只觉眼花缭乱，无所适从，使他们迷失在生活的丛林里。读者应站在远处，站在高处，以便以一览无余的视野，环顾周遭的树林和田野，他将会发现这部作品的荷马式精神、永恒律法的宁静状态、命运威严的呼吸节奏、所有细节组成的整体感以及涵盖整部作品的艺术家的天赋，像《创世记》里的上帝般君临于汪洋大海之上。

开始是一片波平如镜的海洋。战争前夕，俄国人的生活安宁祥和。头一百页的客观、准确和高超的讽刺手法，描绘了世俗灵魂的空虚。在第一百页左右，那些虽死犹生的人当中最坏的一个——巴西尔公爵在大声呼喊：

> “我们作孽，我们骗人，我们为什么会做这些事呢？我的朋友，我已年逾六旬……一切都已死亡结束……死亡，可怕的死亡啊！”

在这些游手好闲、空虚无聊、喜好撒谎，敢于作奸犯科的人中间，也有几个天性比较纯良的人，如坦诚直率的皮埃尔·别祖霍夫，独立不羁、具有古俄罗斯情操的玛丽·德米特里耶夫娜，朝气蓬勃的小罗斯托夫兄弟，善良忍让的玛丽郡主，还有并非善良，但却自尊，深为这种不健康的生活而苦恼的安德烈公爵。

大海泛起了波涛。俄军入侵奥地利。一切都是天数，没有任何场合能比在两军交战时更能显现它的主宰力量。真正的领袖并不刻意指挥，而是像库图佐夫和巴格拉季昂[①]那样，“试图让人相信，他们的个人意图与当时的情势、部下的意志和命运的摆布是完全协调一致的。”屈从于命运之手吧！纯粹的行动所带的幸福，是正常合理的……困惑的灵魂又获得了宁静。安德烈公爵松了一口气，又活了下来……而在另一边，在那神圣暴风雨的生命气息吹不到的地方，两个最优秀的人皮埃尔和玛丽郡主正面临着时下浊流的威胁和爱情的欺骗。安德烈公爵在奥斯特里茨一役负伤，战斗正酣之时行动突然中止，他获得了上天的神示。他仰面躺着，“只见头上的天

① 库图佐夫和巴格拉季昂均为俄罗斯名将，1812年拿破仑进军莫斯科时，两人率军抗击，击败法军，巴格拉季昂阵亡。

空深邃无垠，灰色的云彩无力地飘浮着”。他自言自语道：

> “多么安宁，多么平静！和我发疯般的驰骋多么不同……这无垠的天空，我怎么早没看到呢？现在终于看到了，我实在是太幸福了！是的，一切皆空，一切都是欺骗，除了他……除了他，什么都没有……为了这片宁静，让我们歌颂上帝吧……”

然而，波涛回落，生活恢复原状。在城市的污浊气氛中，在黑暗中，不安沮丧的灵魂在徘徊。有时，尘世污浊的气息中，会融入大自然醉人的、使人心荡神驰的熏风，那是大自然、爱情和春天的气息，盲目的力量让安德烈公爵和迷人的娜塔莎走到了一起，不久之后，又将她投入第一个追求她的男人的怀抱。肮脏的尘世玷污了多少诗意、多少柔情、多少纯洁的心灵！“高高的天空依然俯瞰着充满罪孽的人间”。但没有人注意到这一点。连安德烈公爵也忘却了奥斯特里茨的光明。对他来说，天空只是“一个灰暗沉重的苍穹”，罩住了虚无的世界。

是时候了，该让战争的飓风再次把这些贫血的心灵唤醒。俄国遭到别国入侵。鲍罗金诺[①]，神圣而庄严的日子。人们之间的敌意消失了。道洛霍夫拥抱他的敌人皮埃尔。负伤的安德烈，同情和惋惜他所极为仇恨的人，并为之痛哭，那人就是遭遇不幸，躺在隔壁救护车里的阿纳托里·库拉金。为祖国甘愿牺牲的精神和听从上帝安排的意愿，将所有人的心联结在一起。

> “严肃认真地接受无法规避的战争……战争是最痛苦的考验，将人类的自由交给上天来安排。心灵是否淳朴要看它是否服从上天的旨意。”

库图佐夫元帅代表俄罗斯的民族精神和他们服从命运安排的决心。

> “谈到激情，这个老人只有激情的产物——经验。对他

---

① 鲍罗金诺，莫斯科和斯摩棱斯克之间的小村，1812年9月7日，俄军与入侵的法军在此展开殊死搏斗，拉开了莫斯科战役的序幕。

来说，收集事实并从中得出结论的智慧已被对事件的哲学思考所取代。他并无创造发明，绝不轻举妄动，而是善于倾听，考虑一切因素，在适当的时候加以利用。对有益的事，他绝不阻拦；对有害的事，他也绝不允许。他从将士的脸上搜寻难以捉摸的力量，亦即决战决胜的意志。他承认，有一些比他的意愿更强大的东西，那就是眼前不可避免的发展态势。他观察、跟随事态的发展，他懂得将他个人的因素排除在外。”

总之，他有一颗俄国人的心。俄罗斯民族冷静悲壮的宿命意识，也体现在可怜的庄稼汉普拉东·卡拉塔耶夫身上。他淳朴、虔诚、安分，面对苦难和死亡，也含着善良的微笑。书中的两个主人公皮埃尔和安德烈在历经种种苦难，家园残破、垂死时的痛苦之后，凭着爱情和信仰，看到了活生生的上帝，终于到达了精神解脱和神秘的欢乐境界。

托尔斯泰并没有到此停步。故事的结尾发生在1820年，是从拿破仑时代到十二月党人时代的过渡时期。给人的感觉是生活在继续，又重新开始了。托尔斯泰并没有在危机中开始和结束自己的故事，像开头一样，结尾在安排在一波正平、一波继起的时刻。读者已经看到未来的英雄，看到了他们之间将要发生的冲突，还看到了死者在生者身上复活的情景。①

① 皮埃尔·别祖霍夫娶了娜塔莎，后来成为十二月党人。他组织了一个秘密团体维护公众利益。娜塔莎积极参与。戴尼索夫对和平革命一窍不通，只准备武装起义。尼古拉·罗斯托夫仍保持士兵的忠诚，在奥斯特里茨战役打响之前，他说：“咱们只有一件事可做，就是履行咱们的义务去作战。”他朝皮埃尔大发脾气，叫道：“我是发过誓的！如果有人命令我攻击你，我会做的！”妻子玛丽郡主赞同他的观点。安德烈公爵的儿子小尼古拉·博尔康斯基年仅15岁，有点儿病态、大眼睛、金发，全神贯注地听着他们争论。他只爱皮埃尔和娜塔莎，却一点儿也不喜欢尼古拉和玛丽。他崇拜父亲，但父亲长得什么样却几乎想不起来，他梦想长大后跟父亲一样，做一番事业，尽管他不知道那是怎样的事业。不管他们怎么说，我都要那么做。……作品最后以孩子的梦想结束，如果《十二月党人》继续写下去，毫无疑问，小博尔康斯基一定会成为英雄。

我试图梳理这部作品的大致线索，因为难得有人肯去费这番工夫。但说些什么好呢？几百位主人公都有强大的生命力，他们各有个性，刻画的手法实在令人难忘，其中有士兵、农民、贵族、俄国人、奥地利人、法国人！一切都不是随意编造的。这个画廊里的人物肖像，在欧洲文学中还找不到一个类似的。托尔斯泰勾勒出不计其数的素描。正如他所说的“还制订了千百万个计划”，他到图书馆查找资料，端出自己的家族档案、以前的笔记、个人的回忆。精心的准备确保了这部作品的坚实性，同时亦无损作品的浑然天成。托尔斯泰写作时的热情和欢乐感染着读者。特别是《战争与和平》，最大的魅力在于作者有一颗年轻的心。托尔斯泰在其他作品中都没有描写过如此众多孩子和少年的心灵，他们每一颗心都是一段音乐，如泉水般纯净，又如莫扎特的旋律般优美动人，例如年轻的尼古拉·罗斯托夫、索尼娅、可怜的小彼佳。

最迷人要算娜塔莎。这个娇憨的小姑娘，任性、乐观、有爱心，我们看着她在我们身边长大，伴着她进入生活，像带着纯洁温柔的感情去爱小妹妹那样爱她。在读过她的故事之后，谁会说自己与她未曾相识呢？……美好的春夜，娜塔莎在月光中靠在窗前，浮想联翩，热情地诉说，而窗外的安德烈正在倾听……第一场舞会的感情，爱的期待，欲望的萌生和杂乱无章的梦境。雪橇在冰天雪地、鬼火粼粼的森林里飞驰。朦胧中大自然温柔地拥抱你。歌剧院的夜晚，不为人所熟知的艺术世界，理智为之沉醉，心灵为之疯狂，渴望爱情的愚蠢肉体；冲刷灵魂的痛苦，守护着心爱的垂死者的神圣怜悯……我们提及这些可怜的回忆时便心情激动，就像谈到最心爱的女友时那样。这衬托出几乎所有现代戏剧与小说中女性形象的弱点。生活被捕获了，而且那么富有弹性、那么流畅、纤毫毕现，我们似乎可以看到它在跳动，不断变化。玛丽郡主十分丑陋，但她的美德令她美丽，她是个完美的形象。这个胆怯笨拙的小姑娘，眼见深藏内心的秘密被揭露出来，和其他与她类似的女子一样，脸倏地红了。

总的来说，正如我以前指出过一样，女性形象比男性形象要好很多，大大超过了托尔斯泰注入自身思想的那两个男主人公：软弱顺从的皮埃尔·别祖霍夫和固执热情的安德烈·博尔康斯基公爵。他们都是没有主见的人，总是踯躅不前，从一个极端走到另一个极端，却从不向前。当然，人们或许会说，这正是地道的俄罗斯人。但我发现，俄国人也对此提过类似的批评。屠格涅夫责怪托尔斯泰这种静止不动的心理“他从不向前。总是犹豫，给人一种摇摆不定的感觉”。[①]托尔斯泰也承认，有时是牺牲个人的性格[②]，去迁就整体的历史。

的确，《战争与和平》的光荣成就，在于再现了历史上整整一个时代、民族的迁徙、各国的战争。真正的英雄是人民，在他们背后，如在荷马的英雄背后一样，是指引着他们的众神；看不见的力量，是“指挥大众的无穷小”，是无穷的气息。在这些波澜壮阔的战争之中，潜在的命运之手使各国盲目地厮杀，而战争本身却具有一种神秘的伟大。我们的思绪越过《伊利亚特》，想到了印度史诗。[③]

① 1868年2月2日的书信，比鲁科夫转述。

② 他说，特别是第一部分安德雷公爵的性格。

③ 令人惋惜的是，哲学空谈损害了作品的诗意美了，尤其在最后几部分。托尔斯泰本想发表他的历史宿命论，可惜他翻来覆去，始终在重复一些观点。福楼拜在看头两卷时对作品“啧啧称奇”，认为“美极了”，而且“具有莎士比亚的风格”，但看到第三卷便扔在一旁，说：“他已经江河日下，重复又重复，净谈哲学了。以前，我们见到的是‘自然和人类’，可现在，我们却只能看到这个人，本书的作者，那个俄罗斯人，仅此而已。”（1880年1月福楼拜致屠格涅夫的信）

# 第九章

《安娜·卡列尼娜》和《战争与和平》标志着这一成熟时期的顶峰。《安娜·卡列尼娜》是一部更完美的作品，说明作者对其艺术已经更加得心应手，经验也更丰富，对他来说，内心世界对他已没有任何秘密。但这部作品缺少《战争与和平》中如火的青春与饱满的激情。托尔斯泰已经不能创造出同样的欢乐。婚姻初期的短暂安宁慢慢流逝。精神的忧虑不安又开始溜进托尔斯泰伯爵夫人在他周围营造的爱情和艺术的迷人氛围。

在《战争与和平》的前几章里，婚后一年，安德烈公爵对皮埃尔诉说有关婚姻问题的心里活，已经暴露了一个人的幻灭情绪，他把心爱的女人视为陌生人、一个无心的敌人，无意中已成为自己思想发展的障碍。1865年的一些书信可以看到宗教困惑的回潮。但那只是短暂的威胁，生活的乐趣可以将其抚平。1869年，在托尔斯泰即将完成《战争与和平》的几个月里，却发生了一次比较严重的震撼：

他离家数日，去视察一处领地。一天晚上，他已经躺下，时钟刚敲过深夜两点：

> “我累极了，很困，倒没觉得身体不舒服。忽然间我感到非常痛苦，这是我一生中从未有过的恐惧。详细情况，我以后再告诉你[①]；那实在太可怕了。我立即跳下床，吩咐套马。仆人套马时，但我又睡着了。等他们把我喊醒

① 比鲁科夫在《托尔斯泰的生平与作品》中引述的托尔斯泰给他妻子的信。

时，我已完全恢复。昨天，同样的情况再次出现，不过远没有那么可怕。”①

托尔斯泰伯爵夫人用爱情苦心建造的幻想之宫出现了裂缝。在完成《战争与和平》后，他有了些空闲，哲学和教育的思考又乘虚而入②，他希望为民众写一部启蒙读本③，并为此埋头工作了四年。比起《战争与和平》，这本书更令他满意，第一部（1872）成书后，他又写了第二部（1875）。接着，他迷恋起希腊文来，从早到晚地研读，把其他事都抛在一边。他发现“快乐的色诺芬”和荷马，那个荷马不是翻译者笔下的荷马，而是真正的荷马④，“不是那些茹科夫斯基与沃斯⑤之辈那种如泣如诉、甜腻腻软绵绵的腔调，而是另一个声音高亢、旁若无人的妖魔之音。”

“不懂希腊文就谈不上有学问！我确信，到现在我还不太了解人类文学里最美好、最朴素的语言。”⑥

这简直是荒唐，他自己也承认。他热情地投身于学校事务，由于过分投入而病倒，1871年被迫到萨马拉的巴什基尔家接受奶酒治疗。除了希腊语，他对什么都不满意。1872年他打了一场官司，随后他严肃地说道，将把俄罗斯的一切都卖掉，去英国定居。托尔斯泰伯爵夫人对此深感忧虑。

---

① 这可怕的一夜的回忆载于1883年出版的《狂人日记》中。（《遗著》）

② 1869年8夏，他的《战争与和平》将要大功告成之际，他发现了叔本华，并倾心于他的学说：“叔本华是人类中最有天才的人。”（致费特的信，1869年8月30日）

③ 这部长达700-900页的《启蒙课本》共分四册，除各种教学法外，还有许多短篇读物，这些读物后编为四部《阅读课本》。

④ 1870年12月他说在荷马和他的翻译者之间的区别，好比“沸水和泉水，后者虽会引起牙痛，有时带着沙子，但晶莹而洒满阳光，它更纯净，更清冽。”

⑤ 茹科夫斯基（1783—1852），俄国诗人；沃斯（1731—1826），德国批评家兼翻译家。

⑥ 见《未发表的信》。

> “倘若你一直对希腊语着迷，你的病便好不了。他们给你带来了烦恼，使你对现世生活不感兴趣。我们把希腊语叫作死亡的语言实在是没错，它能使人心如死水。”①

多次放弃已拟定的计划之后。令伯爵夫人高兴的是，1873年3月19日。托尔斯泰开始创作《安娜·卡列尼娜》②。当他投入工作时，家里出了一连串丧事③；生活又蒙上了愁云，他的妻子也病倒了。“这个家真没有福运可言……”④

作品里约略可以看见这些凄惨的经历和激情幻灭的痕迹⑤，但除了描写列文订婚的精彩片段外，爱情已经没有能与《战争与和平》某些篇章媲美的青春诗意，那些章节是所有时代最优美的抒情诗。相反，爱情在这里具有刺激、肉欲和专横的性质。弥漫于整部小说的宿命色彩不再像《战争与和平》那样，不再是一位残忍而庄严的神明，不再是帝国的命运之神，而是疯狂的爱，“整个一维纳斯……⑥”。正是她，在那激动人心的豪华舞会上，安娜和弗龙斯基不知不觉间暗生情愫，赋予身穿黑丝绒衣衫的美丽无邪而又富有思想的安娜“一股无法抗拒的魅力”。当弗龙斯基表达爱意时，也正是维纳斯让安娜容光焕发，但“那不是快乐的光芒，而是黑夜中骤然燃起的熊熊大火”。维纳斯还将难以抵挡的肉欲注入这位忠诚理性的女性、年少温柔的母亲的血脉，并驻守在她心里，直至毁灭她为止。人们一接近安娜，就会感到隐藏在她心中的既诱人又可怕的魔鬼。首先是基蒂惊慌地发现了它。弗龙斯基去看望安娜时，心

---

① 见托尔斯泰伯爵夫人的档案（《托尔斯泰的生平与作品》）。

② 《安娜·卡列尼娜》1877年才完成。

③ 三个孩子不幸夭折（1873年11月18日、1875年2月、1875年11月）；养母塔季扬娜姑姑（1874年6月）和佩拉吉姑姑（1875年12月）相继去世。

④ 见1876年12月22日致费特的信。

⑤ “女人是男人事业的绊脚石。既要爱一个女人又要做好事业是十分困难的。如果不想受到爱情的困扰和妨碍，唯一的办法就是结婚。”（《安娜·卡列尼娜》）

⑥ 维纳斯，罗马神话中的美神。

中既高兴，同时又有一种神秘的恐惧感。列文和她在一起时，丧失了他的全部意志。连安娜也知道再也无法控制自己。随着故事情节的发展，无法驾驭的情欲慢慢破坏了这位矜持女性的道德体系。她身上最好的东西，她勇敢而真诚的灵魂也破裂瓦解。她没有勇气放弃庸俗的虚荣心，她的生命仅仅是为了取悦情人，她提心吊胆、羞愧难当地不让自己怀上孩子。妒火折磨着她，肉欲控制着她，强迫她无论在行动、声音或者眼神中弄虚作假，她堕落成一个一心想要吸引男人注意的女人。她注射了吗啡，直到有一天，难以忍受的折磨摧毁了她，使她道德败坏，终于含恨投身到车轮之下。“那个胡子拉碴的小乡巴佬”——她和弗龙斯基梦里常常看见的可怕的幻象——“正站在车厢的足踏板上，俯视铁轨”。据带有语言性质的梦境所云，“他弯腰俯向一个口袋，将一些零碎往口袋里塞，这就是她往日的生活，连同她的痛苦、背叛和烦恼。”

“我保留报复的权利。”上帝说。[①]

这是一个为爱情耗尽精力，被上帝的戒律所压垮的人的悲剧。托尔斯泰一气呵成，写得极其深刻。围绕这个悲剧，像《战争与和平》那样，托尔斯泰编造了另外几个人的故事。可惜在这里，各个故事此起彼伏，交替生硬而造作，不像《战争与和平》的交响曲那样有机统一。人们也会觉得其中某些真实的画面，如圣彼得堡的贵族圈子和他们无聊的讲演，有时完全不必要。总之，比起《战争与和平》，托尔斯泰在这部作品中更鲜明地将自己的道德观点与哲学思想和生活的场景交织在一起。但作品依然非常丰满。和《战争与和平》一样有各式各样的典型人物，而且每一个都刻画得极其准确。我觉得男性形象更好一些，托尔斯泰喜欢将斯捷潘·阿尔卡季奇描写成自私而可爱的人，谁见了他都会对他那亲切的微笑做出回应。还有卡列宁，他是高官的典型，他地位尊贵，但见识平庸，惯于以嘲讽隐藏自己的真情实感，此人既高尚又懦弱，既假仁假义又有基督徒的情感，是一个虚伪世界奇特的产物。尽管他聪慧、慷

① 卷首箴言。

慨，但始终难以摆脱这个虚伪的世界。他有理由不信任自己的心，因为，只要他处于放松状态，最终将会坠入无意识的神秘之中。

作者讲述了安娜的悲剧，并描绘了1860年俄国社会的不同画面，如沙龙、军官俱乐部、舞会、剧场、赛马等，但其主要特点却是自传性质的。康斯坦丁·列文比托尔斯泰笔下的任何人物都更像是托尔斯泰的化身。托尔斯泰不仅在列文身上赋予了他自己的保守与民主的思想，以及乡村贵族老爷蔑视知识分子的反自由主义观点，而且将整个生命都给了他。列文和基蒂的爱情，他们婚后头几年的生活，都来自托尔斯泰对于家庭生活的追忆。列文的兄弟之死也是托尔斯泰的兄弟德米特里之死的痛苦再现。结尾部分是多余的，只能使我们看到作者当时心中的困惑。如果说《战争与和平》的结尾是向下一部作品的艺术过渡，那么《安娜·卡列尼娜》的结尾则是两年后《忏悔录》中思想变革的自传性过渡。在《安娜·卡列尼娜》里，他一次次猛烈地讽刺和抨击当时的社会，在后来的作品中，这种攻击一直在继续。他攻击谎言，攻击一切谎言，无论是出于道德还是出于罪恶的目的。他指责自由主义的空谈、假惺惺的施舍、沙龙里的宗教和假惺惺的博爱！他对世界宣战，因为它扭曲了一切真实的情感，扼杀了灵魂的冲动！死亡突然将一线光明投射到社会习俗之上。在垂危的安娜面前，骄矜的卡列宁动了恻隐之心。一束充满慈爱与基督宽恕之情终于进入了这个毫无生气、矫揉造作的心灵。丈夫、妻子、情人这三者顿时发生了变化，一切都变得单纯和坦然。当安娜逐渐康复时，三人却都意识到，“面对在内心指引着他们的近乎神圣的道德力量，还有一股残酷而强大的力量操纵着他们的生活，让他们不得安宁。”他们已预见到，在这场斗争中他们是软弱无力的，“他们不得不去做一些人们认为是必须做的恶事。”

倘若列文如同他所表现的托尔斯泰一样，在书的结尾也自我净化的话，那是因为他亦被死亡感动了。直到那时为止，“他一直无法信仰，也无法彻底怀疑。”自从眼见自己的弟弟死去，他便对自己的无知感到莫名的恐惧。结婚曾经一度遏制住他的焦虑，但当第一个孩子出生之际，焦虑又出现了。他在信仰与不信仰之间徘徊。对他来说，看哲学著作也无济于事。精神错乱之时，他担心自己抵挡不住自杀的引诱。体力劳动使之有所缓解：在劳动里毫无怀疑，一切都很清楚。列文和农民们交谈，其中一个谈到，有些人”并非为自己而是为上帝而活着”。这对他来说不啻为一种启示。他看到了理性和心灵间的敌对。理性教人为了生活而去参与残酷的斗争，爱你周围的人是全然不合理的：

> “理性什么也没有教我；我所知的一切都是心灵之所赐，是心灵的启示。”

从那时起，他又恢复了平静。以心灵为唯一向导的卑微农民的那句话，把他又领回到上帝面前……是什么上帝呢？他不想知道，此时的列文如托尔斯泰般，很长一段时期对教会毕恭毕敬，对教义丝毫不反感。

> “即使在苍穹的幻象和星球的表面运动中，也存在真理。”①

① 见《安娜·卡列尼娜》第二卷。

# 第十章

列文的这些内心痛苦和他向基蒂隐瞒的自杀渴望，亦即托尔斯泰在同一时期向妻子隐瞒的。但他无法达到主人公的宁静心境。而且，这种镇静没有什么感染力。人们认为那只是一种期望，而无法真正实现。所以列文不久又将陷入怀疑。但托尔斯泰很清楚这一点，他费尽千辛万苦才完成《安娜·卡列尼娜》。在完成以前，《安娜·卡列尼娜》让他烦透了[①]，无法继续工作。他心智迟钝、毫无斗志、对自己感到又厌恶又害怕。他过着空虚的生活，从深渊里吹来阵阵强风，他感到了死亡的眩晕。后来，在逃离深渊之后，托尔斯泰叙述了这几年可怕的岁月。[②]

> 他说道："我还不到五十，我关心民众，民众也爱我。我有听话的孩子，一大片领地、名望、健康，以及充足的精力和体力，能像农民一样割草，经常在田地里不知疲倦地劳动十个小时。忽然间，我的生活停顿了。我只知道呼吸、吃喝和睡觉。那不是生活。我再也没有欲望。我知道我什么也不想要，甚至也不想了解真理。所谓真理就是，人生不过是胡闹。我到了深渊的边缘，清楚地看到，

① "现在，我又被庸俗的《安娜。卡列尼娜》羁绊住了，我唯一的希望就是尽快摆脱……"（致费特的信，1875年8月26日）"我必须尽快完成这部烦人的小说。"（致费特的信，1876年3月1日）

② 见《忏悔录》（1879）。

清楚地看见，眼前除了死亡，一无所有。我是一个富有而健康的人，却感到再也活不下去，一种难以抗拒的力量迫使我结束自己的生命……我不会说我想自杀。但我无法抵挡要将我推出生命之外的那股力量。那是一种渴望，像我以前对生的渴望一样，只不过相反罢了。我不得不欺骗自己，以便不过快地让步。我是一个幸福的人，但每天晚上在我脱了衣服，一个人待在房子里时，要将绳子藏起来不让自己找到，担心自己会在几个衣柜之间自缢。我从不射击，担心自己会经不起诱惑。[①]对我来说生活似乎是一幕正在上演的枯燥乏味的闹剧。四十年工作，有苦难，也有进步，可到头来看到的却是一无所有。什么也没有！我身上只有腐物和毒虫……一个人只有醉心于生活，才能生活；但一旦清醒了，他就会发现一切都是虚假的，一切都是笨拙的欺骗……家庭和艺术已经不再能使我满足。一些跟我一样不幸的人组成了这个家庭。艺术是人生的一面镜子。倘若生活变得毫无意义，那就没必要使用这面镜子了。最糟糕的是，我不甘心——我像一个在森林里迷失方向的人，因为迷路而惊恐万分，尽管知道自己每走一步，就会堕落得更深，虽然明知越跑越找不着路，却仍然不停地四处乱闯……”

民众挽救了他。

托尔斯泰对人民一直怀有“异样的亲情”，尽管他对社会的幻想屡遭破灭，但这一点却从未动摇过。到了晚年，他和列文一样更

① 见《安娜·卡列尼娜》。“列文有人爱、很幸福，又做了父亲。他将武器藏匿，仿佛害怕经不起诱惑，会结束自己的痛苦。”这种状态并非托尔斯泰和他书中的人物所独有。托尔斯泰吃惊地看到在整个欧洲，尤其是俄罗斯的富裕阶层中，自杀的人越来越多。他这一时期的作品中经常暗示这一点。1880年，一场巨大的忧郁症浪潮席卷整个欧洲，卷走了数以千计人的生命。那个时代的年轻人记得这一切，对于他们来说，托尔斯泰对这场人类危机的描写是有历史价值的，他写出了整整一代人的悲剧。

接近人民了。[①]他开始关心他那个狭小圈子之外的百万民众。这小圈子里的学者、富豪和有闲者，或自杀，或自我麻醉，或者像他一样，绝望却苟且偷生。他自问，为什么圈外的民众可以摆脱沮丧情绪的困扰，为什么他们不自杀。他后来发现他们不靠理性生活，且索性根本就不考虑理性，他们靠信仰生活。这不知理性为何的信仰究竟是什么呢?

> “信仰是生命的力量。一个人在生活中不能没有信仰。早在远古时代，宗教的概念就在人的头脑里产生了。信仰对于生命之谜的回答包含了人类最深刻的智慧。”

那么，知道宗教的经书里所记录的智慧箴言是否就够了呢?不，信仰不是一门学问，而是一种行动，只有付诸实践才有意义。对于那些富人和思想正统者来说，信仰只是“生活中一种令人惬意的慰藉”，托尔斯泰对此十分厌恶，使他决心投身于普通人中，只有他们的生活才和其信仰一致。

> “于是他明白了，劳动人民的人生就是生活本身，那种生活的意义才是真理。”

可是，怎样才能成为人民中的一员，并分享其信仰呢?只知道别人有理，那还远远不够；要像他们一样，并不取决于我们自己。我们向上帝祈祷，徒然把祈求的双臂伸向上空。上帝避开了。到哪里才能找到他呢?

终有一天，恩宠降临：

> “早春的一天，我独自在森林里，谛听着各种声音……我想到自己在过去的三年里历经磨难，对上帝的追寻，想到自己总是从快乐突变成绝望……忽然间我发现，

① 这一时期他的肖像总有平民特点。在克拉姆斯可依给他画的那幅画（1873）里，他身穿农民服装，如德国的基督徒般低着头。在1881年的一幅画里，他像穿着节日服装的工头：头发剪短了，胡子拉碴，鬓角凌乱；皱着眉头，两眼无神；犬鼻；还长着两只大耳朵。

自己只在信仰上帝时才活着。一想到上帝，快乐的生命之波就在我心中泛起涟漪。周围的一切都生动起来，一切都有了意义。可当我不再信仰上帝时，生命便会戛然而止。”

“那么，我还找什么？我的心灵在呼喊。没有上帝，人类就无法生活！认识上帝和生活本来就是一码事！上帝就是生活……”

“从那时起，这种光明的启示便再也没离开过我。”[①]

他得救了。上帝已经向他显灵。[②]

然而，他不是满足于出神入定的印度修行者。在他的亚洲梦境中，他渴求得到理性和西方的行为准则，他必须将他获得的启示化为切实奉行的信仰，从神明的生活里总结出日常生活的规范。他毫无成见，真诚地愿意相信家人的信仰，开始研究他所信奉的罗马东正教的教义[③]。为了更好地体察教义，三年内他几乎参加了所有的宗教仪式，包括忏悔、领圣体；遇上看不惯的事绝不妄加评断；遇

① 见《忏悔录》。

② 事实上，这已不是第一次了。高加索的志愿兵、塞瓦斯托波耳的军官、《高加索》里的赛列宁、《战争与和平》里的安德烈公爵和别祖霍夫，都曾有过同样的幻觉。但托尔斯泰非常狂热，他每次见到上帝，都认为是第一次见；以往的一切都不过是黑暗与虚无。回忆过去，他只看见阴影和羞耻。阅读他的《日记》，我们了解他的心灵故事比他自己还清楚。我们知道，即使迷失方向时，他的心也是笃信宗教的。他在《教义神学批判》的前言中忏悔道：“上帝！上帝！我错了；我到不该去的地方寻找真理；我知道我错了。我明知我的欲念是坏的，我却使之无限膨胀；但我永远不会忘记您。即使我在彷徨，我仍意识到您的存在。”1878—1879年间的危机比其他任何时候都要严重，这也许是屡见人口亡故和年事渐高的影响，唯一不同的是，在迷失过后，上帝的形象非但没有消逝远去，反而永驻他心里，托尔斯泰从信仰中总结出一套人生哲理“趁有光时，快步前行”。以前他并非没有尝试过这样做。（记得他还是个学生时就写过《生活守则》），可到了50岁，被欲念引入歧途的机会就少了。

③ 《忏悔录》的副标题是《教义神学批判及基督教教义研究入门》。

到晦涩难懂、难以理解的事便找些理由给自己解释；对自己所爱的人，无论是活着的还是已经去世的，他都认同他们的信仰，真心希望在某个时候“爱可以为他打开真理的大门”。但这一切毫无用处：理性与心灵相互斗争。洗礼和领圣体之类，让他觉得无聊透顶。当他被迫一再重复圣体就是耶稣基督的血和肉时，“他心里像挨了一刀”。宗教教义并没有在教会和他之间筑起难以逾越的高墙，真正的罪魁祸首是现实的问题，特别是其中两个问题：一是各教会之间的仇恨和水火不容[①]；二是赞同杀人，无论是正式批准还是默许，都等于赞成战争和死刑。

于是，托尔斯泰不干了。三年之中，他的思想洪流一直受到压抑，一旦决裂，便更加澎湃。他再也不留情面，怒气冲冲地将昨天还坚持信奉的宗教踩在脚下。在《教义神学批判》（1879—1881）里，他把神学定义为：“一派胡言，而且是有意识、有目的的谎言[②]。”在《四福音书一致论》（1881—1883）中，他还把神学与《福音书》对立起来。总之，他的信仰是建筑在《福音书》的基础上。[③]

这一信仰可以归纳为下面这两句话：

> “我信奉基督教教义，我相信只有当所有的人都获得了幸福，这个世上才有幸福。”

信仰的基石是基督的训诫，托尔斯泰把主要的教导归纳为五诫：

1. 勿生气。
2. 勿通奸。
3. 勿起誓。
4. 勿以怨报怨。

① “我总想把真理放在爱的范畴，令我吃惊的是，宗教将它想创造的东西亲手毁掉。”（《忏悔录》）

② “我坚信，在理论上教会的教导是狡猾和有害的谎言，在实践中则是粗俗的迷信与妖言惑众的大杂烩，在这种情形下，基督教教义的精神已荡然无存。”（《致东正教最高会议的答复》，1901年4月4—17日）

③ 见《我的信仰是什么》，（1883）。

5. 勿与人为敌。

这是基督学说的消极部分，而积极部分则只有一条：

爱上帝和你的邻人像爱你自己一样。

“基督说过，谁违反这些戒律中哪怕最轻的一条，他在天国中的地位就最低。”

托尔斯泰又天真地加了一句：

“说来奇怪，我在十八个世纪之后才像发现新鲜事物那样发现了这些戒律。”

那么托尔斯泰相信基督是神吗？才不哩！他把基督当什么来供奉呢？当作圣贤中最伟大的一位——婆罗门、释迦牟尼、老子、孔子、琐罗亚斯德[①]、以赛亚[②]——他们都给人类指出了他们所向往的真福和该走的道路。[③]托尔斯泰是这些伟大的宗教创立者、这些印度、中国和希伯来的半人半神人物及先知们的信徒。他维护他们，且懂得以进攻的手法去维护，他攻击他所谓的“法利赛人”和“律法家”；攻击已建立的各个教派，攻击傲慢的科学或伪“科学的哲学”[④]的代表。他并不求助于神的启示来对抗理性。自从摆脱《忏悔

① （约前628—约前551），伊朗先知，宗教改革家，琐罗亚斯德教创始人。

② 古代以色列先知，《圣经·旧约》中的《以赛亚书》据说是他的著述。

③ 随着年龄的增长，他越来越相信宗教的真理是统一的，这点感知他是通过人类的历史、基督与其他贤人——从释迦牟尼一直到康德和艾默生的一脉相承而获得的。他在1909年7月27日写给画家扬·斯蒂卡的信中说：“耶稣的学说对我来说，不过是我们从古代埃及、犹太、印度、中国、希腊继承下来的宗教学说之一。耶稣的两大原则：爱上帝，就是爱绝对的完美，爱邻人，就是一视同仁地爱所有人。这两种爱原则上为所有圣贤所提倡的，如：克里希纳（印度圣者）、释迦牟尼、老子、孔子、苏格拉底、柏拉图、爱比克泰德以及现代的卢梭、帕斯卡尔、康德、艾默生、钱宁（1780—1842，美国伦理学家）等人。

④ 托尔斯泰声明，他并不攻击真正的科学，因为真正的科学是谦逊而有节制的。（见《生命论》第4章）

录》中述及的困惑时期以后，他便基本上成了理性的信徒，也可说是理性的一位法师了。他重复圣约翰的说法：

> “初始是圣言，圣言即逻各斯，即理性。”①

他在《生命论》（1887）一书的结尾引用帕斯卡的名言②：

> “人不过是大自然中一根最脆弱的芦苇，但人是根会思考的芦苇……我们的尊严在于我们能够思考……让我们尽情地去思考吧：那是道德的本原。”

全书不过是一首对理性的颂歌。

事实上，托尔斯泰的理性不是科学的理性，不是有限的理性，不是“将部分变作整体，将动物性当作生活整体”的理性，而是统治人的生命的崇高律法，是“有理性的生灵，也就是人类在生活中必须遵守的法则”。

> “这一律法类似于那些掌控动物的发育和繁衍、花草树木的生长和开花以及地球和行星运动的律法。只有奉行这一法则，让本能服从它，我们才能获得善，我们的生命才会存在……很难给理性下定义，也不必加以定义，因为我们都知道且只知道它……人类知道的一切都是靠理性而不是考信仰知道的……③真正的生活只是在理性出现时才开始的，唯一真正的生活是理性的生活。”

但我们所见的生命，我们个体的生命是什么呢？托尔斯泰说道：“那不是我们的生命，因为那不依赖于我们而存在。”

---

① 逻各斯，希腊语中的“理性”、“理智”。

② 写《忏悔录》之前，托尔斯泰十分苦闷，常读帕斯卡的《思想录》。

③ 在1894年11月26日致×男爵夫人的一封谈论理性的信中（1906年发表于《革命者》），托尔斯泰写道：“人类从上帝那里只获得了一种工具，通过这种工具，人们可以认识自己以及自己与世界间的关系。仅此一种，别无其他。这就是理性。理性来自上帝。它不仅是人类最崇高的品质，而且是认识真理的唯一工具。”

“动物人的活动是外在于我们进行的……人类不再把这种生命定义为个人的存在。对于我们这个时代一切有理性的人来说，个人善行之不可能，已成为颠扑不破的真理。”[①]

这里面有一大串公设，不必在此一一讨论，但这表明托尔斯泰已对理性着迷到何种程度。事实上，理性是一种激情，和前半生主宰他的那些激情同样盲目而嫉妒。一堆火灭了，另一堆又烧了起来。同样都是火，只不过换了燃料而已。

“个人的”情感与“理性的”激情更加相似的一点是，二者都不满足于爱，它们要行动，要成为现实。

“基督说过，不应空谈，而应行动。”

那理性的行动是什么呢？——爱。

“爱是人类唯一的理性行动，爱是最合理、最光辉的灵魂闪光。人类所需要的，是没有任何东西可以遮蔽理性的光芒，只有理性的阳光能使爱成长……爱是真正的美德，能解决生活中的一切矛盾，它不但能消除人们对死亡的恐惧，而且能引导人们为他人做出牺牲。因为除了为所爱的人献出生命之外，无所谓爱，只有牺牲自己，爱才配称为爱。只有当人类懂得无法获得个人幸福时，真爱才会实现。这时，生命的一切精髓滋养着代表真爱的高贵枝芽，而为了生长，这株幼芽会从动物人这颗粗犷的树干上吸取活力……”

因此，托尔斯泰绝不会如一条快要干涸的河流最终消失在沙漠里一样逃到信仰的避难所里。他带到信仰里去的是强有力的生命中积聚起来的一股汹涌的激流。不久我们将看到。这种热烈的信仰，将理性和爱紧紧地结合在一起。在他给将他逐出教门的东正教最高

① 托尔斯泰：《生命论》第十章、第十四到第二十一章。

会议的著名回信中，可以看到其完满的表白：[①]

> “我信仰上帝，对我来说，上帝是爱，是灵性，是一切事物的本源。我坚信，上帝在我心中，如同我在上帝心中一样。我相信。上帝的意志从来没像在基督作为人时所提出的学说中表达得那么清楚。但倘若我们把基督当作上帝，并向他祈祷的话，那就犯了最大的亵渎罪。我相信，人类真正的幸福在与执行上帝的意愿。我相信上帝的意愿就是每个人都爱自己的伙伴，其行动也永远是我为人人，人人为我。《圣经》说这包含了一切律法和一切预言。我认为，对于每个人来说，生命的意义只在于增加爱心，强大的爱意能让我们日渐幸福，到了另一个世界，则能获得更完美的幸福。爱的增长比任何其他力量更有助于建立世间的神国，也就是，以一种和谐、诚实和博爱的新秩序，取代那种分裂、欺骗和残暴大行其道的生活组织。我坚信，只有一种方式可以使爱的内容更加丰富——祈祷。并不是基督所反对的在寺庙里做的公众祈祷[②]，而是那种他给我们做出过榜样的祈祷：独自一人的祈祷，这种祈祷可以使我们更坚信生命的意义，以及我们只听命于上帝意志的感情……我信仰永生；我坚信，人们无论身在何处，身处何时，终将善有善报，恶有恶报。我对这一切坚信不疑，因此在我这行将就木的年纪，我经常做出努力以阻止自己渴望肉体的消亡，也就是说，我的新生……”[③]

① 在托尔斯泰全集出版时，这一宗教思想包含多重含义，尤其是关于未来的生活观时，已有所发展。

② 《马太福音》，第六章第5—13节。

③ 见巴黎《时代》杂志，1901年5月1日。

# 第十一章

他以为已经到达港口，来到他不安的心能够稍事休息的避难所。事实上，这只是全新的开始。

他在莫斯科过了一冬（家庭责任感迫使他不得不随家人迁到那里）[①]，1882年参加了人口普查工作，这使他有机会得到有关大城市贫困状况的第一手资料。所得的印象实在触目惊心，他第一次感受到城市文明中隐藏着的疮痍。当天晚上，他把白天所见告诉一位朋友，“大声呼喊，泪流满面，挥舞拳头。”

“这样生活怎么行！”他呜咽着说，“不能这样！不能这样！”[②]一连数月，他都处于可怕的绝望之中。1882年3月3日托尔斯泰伯爵夫人写信给他：

> “你常说，‘因为没有信仰，我曾想上吊。’现在你已有信仰，为何还不快乐呢？”

因为他没有伪善者的信仰，那种自得自满的信仰；没有神秘主

① “直到那时，我一直在城外生活。”（《我们应当做什么？》）

② “直到那时，我一直在城外生活。”（《我们应当做什么？》）

义者的私心，只顾自己灵魂得救而不管他人[1]；因为他懂得爱，无法忘怀他所见到的不幸者，在他热情善良的心里，总觉得自己对他们的苦难和不幸负有责任：这些人是文明的受害者，文明仿佛是个魔鬼般的偶像，牺牲了千万人以造就一个特殊等级，托尔斯泰便属于这个阶层，接受这些以罪恶换取的好处，无疑也参与了犯罪。若不揭发这些罪恶，他的良心便再也得不到安宁。

《我们应当做什么？》（1884—1886）就是这第二次精神动荡的表白。第二次危机要比第一次危机更悲惨，后果也严重得多。比起这人类的苦海，那并非无聊的人臆造的苦海，托尔斯泰个人的宗教苦闷又算得了什么呢？他不可能对苦难视而不见，不想办法付出任何代价去消除它也是不可能的。啊，这能办得到吗？

一张惟妙惟肖、不能不令我感动的照片[2]说明当时托尔斯泰心里很痛苦。他正面而坐，双臂交叉，穿着农民的服装，神情沮丧，头发还黑，唇髭却已花白。胡子和双鬓则全白了。两条皱纹在宽宽的脑门上儿划出和谐的线条。这巨大的犬鼻，这坦率、清澈、哀伤的眼神充满善意与柔情！这双眼睛能看透你的心！它们仿佛在怜悯你，恳求你。他眼眶下有宽宽的皱褶，两颊凹陷，承载着苦难的记忆。他曾哭过，但他很坚强，时刻准备出战。

他有英雄般的逻辑：

> “我常常听见下面这几句话，总觉得很奇怪：‘是的，这在理论上成立，但实际又会怎样呢？’好像理论是谈话时必须说的华丽辞藻，而实践并不需与之统一！

---

① 托尔斯泰反感那些“只为自己，不管别人的禁欲者。”他将他们与那些无知、骄傲、“宣称为他人做好事，其实连自己需要什么也不知道”的革命党相提并论。“我对这两种人都爱，但对于他们的学说，我同样憎。天下只有一种学说，即主张经常开展活动，使生活符合心灵的需要，努力让他人幸福。这是基督的学说。这既不是宗教的清静无为，也不是企图改造世界，无谓唱高调却不知幸福为何物的自负。”（致一个朋友的信，见《残忍的享乐》，1895）

② 即1885年的照片，法文版《我们应当做什么？》中插图。

当我考虑并弄明白一件事后，我就只能按我明白了的道理去做。”[①]

他开始以照相般精确的方式，将他参观贫民窟或夜间收容所时亲眼所见的莫斯科贫困景象一一描绘出来。[②]他确信已不再能像他最初设想的那样，用钱去救助那些多少被城市腐败所害的苦人儿。他勇敢地探寻罪恶的根源，沿着一环又一环的可怕链条去追寻该对此负责的人。首先是富人，他们该死的穷奢极欲，像传染病一样吸引人，令人眩晕，腐蚀人的灵魂。[③]接着是不劳而获的生活的诱惑。接着是国家这个强人为一己私利去剥削、奴役他人而建立的残暴实体。教会是共犯；科学和艺术也是共犯。这为非作歹的各路大军该如何对付呢？首先，拒绝加入。不参与任何剥削人的行动。放弃钱财和田产，[④]不为国家服务。这还远远不够。人们“必须不说谎话”，不惧怕真理。应该“幡然悔悟”，将由教育带来的骄傲连根拔除。最后人们必须用双手去劳动。“你要靠额上的汗水去挣你的口粮”是首要的原则，也是最重要的原则[⑤]。托尔斯泰提前回答精英

① 见《我们应当做什么？》，第213页。

② 这头一部分有许多典型例证，被俄罗斯的书刊检查机构删去了。

③ “贫穷的主因是财富集中在不事生产的人手里，且都在城市里。富人聚居在城市享乐和自卫。穷人们只能吃富人们的残羹剩饭。奇怪的是许多人依然当工人而不去干些容易糊口的事，如经商、乞讨、欺诈，甚至抢劫。”

④ “罪恶的根源是所有权。所有权不过是享受他人劳动成果的手段。”托尔斯泰又说，“所有权不属于我们，而是他人的东西。男人把妻子、孩子、奴隶、货物看作自己的所有，其实他错了。他应该放弃这一切，否则苦了自己，也害了他人。”托尔斯泰已经预感到俄国革命：“三四年来，有人在大街上骂我们是懒虫。而被压榨的民众心里的憎恨却与日俱增。”（《我们应当做什么？》）

⑤ 农民革命者邦达列夫很希望这条法则当作全世界的律令。托尔斯泰深受他和另一个农民革命家苏塔耶夫的影响。他说：“在我一生中，我受两位俄国思想家的巨大影响，他们充实了我的思想，为我解释了我自己的世界观。他们是苏塔耶夫和邦达列夫。”（《我们应当做什么？》）在这本书里托尔斯泰描写了苏塔耶夫的相貌，还写有与他谈话的内容。

分子的嘲笑：体力劳动并不妨碍智力，反而能增进智力，这是符合自然的正常要求。这有助于健康，艺术就更不在话下了。但更重要的是，体力劳动还能使人类重新团结起来。

在后来的作品中，托尔斯泰又对这些保持精神健康的训诫加以补充。他殚精竭虑于治疗心灵，使之恢复活力，同时排除罪恶的寻欢作乐，因为它能麻醉人的良知[①]和泯灭良知。他身体力行。1884年他牺牲了自己最根深蒂固的嗜好：打猎[②]。他节制欲望以锻炼意志。像一个竞技者般给自己订下严格的规则，以便战而能胜。

《我们应当做什么？》标志着托尔斯泰离开宗教冥想的相对宁静，准备奔赴社会风暴的漩涡。从此便开始了二十年的战斗。这位亚斯纳亚·波利亚纳的老人，以《福音书》的名义，置身于一切政党之外，并谴责这些政党，孤军奋战，和文明的罪恶及谎言抗争。

---

① 见《为什么人会自我陶醉》。

② 托尔斯泰终于戒掉了这种嗜好，因为这种爱好是由父亲遗传给他的。他并不是感伤之人，对动物也毫无怜悯之情。他把世上的一切分为三类：”1. 理性生物；2. 动物和植物；3. 无生命的东西。”其实，他有残酷的一面。他讲过曾经用棍子猛击一只狼，使其慢慢死去，当时他心里有一种快感。他很晚才对自己的行为感到后悔。

# 第十二章

托尔斯泰的精神革命并未博得周围人的同情，而且还伤了家人的心。

长期以来，托尔斯泰伯爵夫人忧心忡忡地观察到他这种病态越来越严重而无法阻止。早在1874年，她就因丈夫在学校事务上花费太多的时间和精力而大为恼火。

> “启蒙读本、算术书、语法书——我一点儿也看不上眼，没法假装对其感兴趣。”

教育之后轮到宗教时，情况便不同了。伯爵夫人觉得皈依宗教的托尔斯泰所说的那一套十分可恶，以至于他在信中提到上帝时，不得不加以解释：

> “当我提到上帝时，请你别生气，你老生气。我不能避之不谈，因为上帝是我思想体系的根基。”①

伯爵夫人大概被感动了。她试图掩饰自己的烦躁，但她不了解。她只是焦虑不安地望着丈夫。

> “他眼神古怪，一动也不动。他几乎不说话，仿佛不是这个世界的人似的。”②

① 1878年夏天。见《生平与作品》。

② 1878年11月18日。见《生平与作品》。

她想托尔斯泰一定是病了。

“列夫告诉我，他一直在工作。唉！他在写一些宗教方面的论辩文章。又是看书，又是思考，直到头疼为止，而这一切都是为了证明教会与《福音书》的教义并不一致。在俄罗斯最多十余人对此事感兴趣。但毫无办法。我只希望一件事，就是这一切尽快结束，像一场病那样过去算了。”

病没有过去。夫妻之间越来越不好相处了。他们感情很好，彼此非常尊重，但无法相互理解。他们努力想相互做些让步，却通常成了相互折磨。托尔斯泰勉强跟随家人到了莫斯科。他在《日记》里写道：

“这是我一生中最难熬的一个月。移居莫斯科，一切都安顿好了。可他们何时开始生活呢？这一切并非为了生活，而是因为别人都是这么做的。可怜的人啊！”①

同一时间，伯爵夫人写道：

“莫斯科。到了明天，我们来此就足足一个月了。开始的两个礼拜，我每天都要哭，因为列夫不仅闷闷不乐，而且非常沮丧。他不睡觉，不吃饭，有时甚至哭泣；我想，我真要疯了。”②

他们只好彼此离开一个时期。两人都因给对方带来痛苦，而乞求对方的谅解。他们的感情总是那么好。他在给妻子的信中写道：

“你说，‘我爱你，而你却不需要。’但这是我唯一的需要……你的爱比世上的一切更让我快乐。”③

可是，两人只要在一起，龃龉就愈演愈烈。伯爵夫人不愿沉迷于宗教的狂热之中，而正是这一狂热让托尔斯泰跟随一个犹太教徒

① 1881年10月5日，见《生平与作品》。

② 1881年11月14日，见《生平与作品》。

③ 1882年3月，见《生平与作品》。

学习希伯来文。

> “他对别的都不感兴趣。却将精力耗费在这些蠢事上。我无法掩饰自己的焦虑不安。”①

伯爵夫人给他写信道：

> “将这样的智力耗费在劈柴、侍弄茶炊和缝靴子上，我只感到可悲。”

她如一个看着自己的孩子玩疯了的母亲般，满怀柔情且略带嘲讽地笑着说道：

> “算了，想起这句俄罗斯成语，我也就平静了：‘只要孩子不哭，就让他尽情地玩。’”②

信还未发出，她想象丈夫读信时，讥讽的语调会深深地伤害他那善良坦诚的目光。于是她又将信打开，感情冲动地写道：

> “忽然间，你的身影又清楚地出现在我的眼前，我感到自己是多么的爱你！你足智多谋、天真纯洁、意志坚定，还有那一直看到人心里的目光……这些都是你所独有的。”

就这样，两个人既相爱又相互折磨，接着又为自己情不自禁造成的伤害而苦恼。他们无法逃避，这无法改变的局面延续了近三十年。最终在一片混乱之中，垂死的老李尔王在昏乱中走出茫茫大草原，一切才算结束。

评论家们应当注意到在《我们应当做什么？》的结尾，作者对女性发出的感人呼唤。托尔斯泰对现代的女权主义并无好感。而他虔诚地崇拜那些他所谓的“为人母者”，对懂得生命真谛的女性。他极力歌颂她们的痛苦和快乐、赞颂她们孕育生命、养育子女、终年不息、受尽煎熬、默默无闻地工作、劳累而不计报酬，最终完成使命、脱离苦海、获得灵魂的愉悦。他刻画妻子勇敢的形象，她是

---

① 1882年，见《生平与作品》。

② 1884年10月23日，见《生平与作品》。

丈夫的帮手，而非绊脚石。她明白”只有不计报酬，为他人的生命默默做出牺牲才是人类的使命”。

> “这样的女人不仅不会鼓励她的丈夫去做一些欺世盗名的勾当，不会让他享有别人的劳动成果，而且对这种会把她的孩子引入歧途的行为深恶痛绝。她会要求她的丈夫自食其力且不畏危险地工作……她知道。孩子们，也就是未来的一代，将使人类看到最圣洁的图景，而她生命的目的就是全身心地去完成这一神圣的使命。她在孩子和丈夫身上开发他们的牺牲精神……正是这样的女人统领着男人，是指引他们的启明星……啊，作为母亲的女人！世界的命运就掌握在你的手里！”①

这是一个正在祈求和仍然满怀希望的人发出的呼吁——难道无人听见吗?

几年之后，最后的一丝希望破灭了。

> “也许你不相信。你想象不出我是多么孤立，真正的我被周围所有人蔑视嘲笑到何种程度。”②

既然他的至爱亲朋这样不理解他思想的伟大转变，那就别指望其他人对他有何理解与尊重了。托尔斯泰坚持同屠格涅夫和解，那是出于基督徒忍辱负重的精神，而不是因为他对屠格涅夫的态度有所转变。但后者仍然嘲讽他说：“我很同情他，但毕竟诚如法国人所说，每人都有一套自己捉虱子的办法。”③

几年之后，屠格涅夫垂死的时候，给托尔斯泰写了那封有名的信。他在信中恳求道：“他的朋友，俄罗斯土地上的伟大作家”，“回归文学吧”。④

欧洲所有的艺术家都对屠格涅夫临终时所怀的忧虑、所提出的恳

① 这是《我们应当做什么？》的最后几行，写于1886年2月14日。

② 致一个朋友的信，标题是《信仰的职业》，见《残酷的取乐》，1895年。

③ 致波隆斯基的信（引自比鲁科夫）。

④ 致布吉瓦尔的信，1883年6月28日。

求抱有同感。1886年。德·沃居埃完成对托尔斯泰的研究时，凭着托尔斯泰穿着农民的装束正在锥鞋的一幅肖像，雄辩地提醒他道：

> “创造杰作的巨匠，您的工具不是这个！……我们的工具是笔；我们的土地是人类的灵魂，灵魂也是需要庇护与抚育的。请允许我来提醒您，一个俄罗斯农民，即莫斯科的首位印刷工人，当他被迫去犁地的时候，他曾经这样高喊：‘我的工作不是播种小麦，而是在全世界散播精神的种子。’”

仿佛托尔斯泰不愿当精神食粮的播种人似的！在《我的信仰是什么？》的前言里，他写道：

> “我相信，我的生命、我的良知、我的智慧，都是上天所赐，完全是为了开导世人。我相信，认识真理是上天为此目的而赐予我的才能，这种才能是火，但只有燃烧起来时才是火。我相信，我生命的唯一意义在于生活在我内心的明灯之中，并在人类面前将之高高举起，好使人人都能看见。”①

但这盏明灯，这把“在其燃烧时才是火”的火，使大多数的艺术家深感不安。即使最聪明的人也心存疑虑，担心自己的艺术将会首先被火焚毁。他们假装相信整个艺术都受到了威胁，认为那个俄国人会像普罗斯彼罗②那样永远毁掉那枚具有创造力幻想的魔戒。

事实并非如此。我一定要证明，托尔斯泰并没有毁灭艺术，而是唤醒艺术中一向静止的力量，他的宗教信仰不仅没有扼杀他的艺术天赋，反而使之获得了更新。

---

① 我们发现德·沃居埃先生在责备托尔斯泰时，不知不觉采用了托尔斯泰的话。他说：“不管对与错，也许为了惩罚我们，上天赋予我们这一既必须又美妙的缺点：思想……扔掉这个十字架是反叛。”（《俄罗斯小说》，1886）1883年托尔斯泰在给姑姑的信中写道：“每个人都应该背起自己的十字架……我的十字架是思想工作，这不好，这工作骄傲且充满诱惑。”

② 莎士比亚《暴风雨》中的人物。

# 第十三章

奇怪的是人们提到托尔斯泰的科学与艺术观点时，一般总忽略了表达这些思想最充分的那本书：《我们应当做什么？》（1884—1886）。托尔斯泰在书中详细阐明了自己的观点，首次向艺术和科学发起攻击，其后的冲突在激烈程度上无一能与之相比。我奇怪最近对科学知识和知识阶层的虚荣心发动的攻击中，竟无人想起这本书的有关章节。他们组织了最为猛烈的进攻，矛头直指“科学殿堂里的宦官”和“艺术领域的强盗”，以及思想界的上层；他们在摧毁或降服过去的统治阶层，诸如教会、国家和军队，并取而代之，既不能也不愿去做一些对人类有益的事情；却妄想别人崇拜他们、盲目为他们效劳；他们妄想把诸如“为科学而科学”、“为艺术而艺术”这种无耻的信仰作为教条昭告天下。那只不过是扯谎的面具，借以肯定自己，来为他们的自私主义和空虚感辩解。

托尔斯泰继续说道：“不要说我否定艺术和科学。我不但不会否认它们，而且还会以它们的名义赶跑那些出卖神庙的人。”

“科学和艺术之必须犹如面包和水，甚至更重要……真正的科学是全人类的真正福祉。真正的艺术是关于认识使命的表白，是认识人类的真福的表白。”

他赞扬这样的人，“自有人类以来，他们就通过竖琴和铙钹，运用意象或语言，表现人类对欺罔的抗争、在抗争中所承受的苦难、对善者胜利的希望、对恶者胜利的绝望以及憧憬未来的热情。”

于是，他描绘出一位真正艺术家的形象，字里行间充满痛苦而神秘的炽热激情：

> “科学和艺术的活动只有在不窃取任何权力而只考虑义务时才有成果。这种活动的实质是奉献，因而才得到人类的赞誉。以脑力劳动为他人服务的人注定要为完成这一使命而受苦，因为唯有在苦难和折磨中才能产生精神境界。做出牺牲与遭受苦难是思想家和艺术家的命运，这种命运的目的就是人类的福祉。人类是不幸的，他们承受痛苦，他们死亡；根本没时间去游逛和寻乐。思想家和艺术家并不像我们平时认为的那样，高居在奥林匹斯山的高处，而总是处于迷惘与激动中。他们必须决定并说出能为人类谋福利和解除痛苦的话。倘若他们仍无法决定、无法说出，到了明天，那就太晚了，他们会死去……他们并不是在塑造艺术家和科学家的地方培养出来的（说真的，这些机构只能制造出一些科学和艺术的破坏者），也并不是获得文凭与领取俸禄之人——他们不会是艺术家或思想家。而是想要不思索、不吐露心声而做不到的人，因为有两种无形的力量驱使着他们：内在的需要和对人类的热爱。世界上不存在心广体胖、养尊处优、志得意满的艺术家。”①

这光辉的一页在托尔斯泰的天才上投下了悲剧的光芒，是托尔斯泰目睹莫斯科的贫困、内心痛苦才奋笔疾书的。他坚信科学与艺术是整个现代体系中社会暴力与不公的帮凶。他终其一生都没改变这个看法。但他第一次接触世间苦难后的深刻印象慢慢变淡了，伤口也不那么流血了。在他后来的几部作品里，再也没有看到像这本书那样充满痛苦和渴望报复的愤怒情绪；也无从找寻一个用生命之

---

① 见《我们应当做什么？》，第378—379页。

血来写作的艺术家的宣道，对“思想家所必须付出的”牺牲和痛苦的颂扬，以及对超然艺术的蔑视。在后来的作品中，他对艺术的批评多是从文学的角度，也显得不那么虚玄了。艺术的问题不再和人类的不幸联系在一起，因为每当想起人类的疾苦，往往便会失控，如在探访夜间收容所，回到家后，便伤心绝望地又是哭，又是喊。

我并不是说这些道德说教的作品是冷酷的。冷酷不可能属于托尔斯泰。直至去世，他仍然是在给费特的信里这样写的那个人：

> “倘若他不喜欢自己笔下的人物，哪怕是最卑微的，就应该痛骂他们，骂到上天也为之脸红，或者应该嘲笑它们，直到自己笑破肚皮。”①

在有关艺术的作品中，他果断实践自己的主张。在谈到否定方面时，其斥责和挖苦总是写得尖酸刻薄，以至于艺术家们只对这部分感兴趣。他也猛烈地抨击他们的迷信和敏感，致使他们将托尔斯泰视为他们，乃至一切艺术的敌人。但托尔斯泰的批评含有重建的因素。他从不为了破坏而破坏，而是为了重建而破坏。他谦虚，从不奢望创造新的东西。他只是捍卫艺术，并让艺术永存，不让那些冒牌的艺术家们去利用和玷污艺术的名声。1887年，在他那本著名的艺术批评（即《艺术论》）发表前十多年，他就写信对我说：②

> “真正的科学和真正的艺术过去一直存在，今后亦将永存。要攻击它们是不可能的，也是不必争论的。今日的一切罪恶皆因那些所谓的文明人，加上他们身边那帮学者和艺术家，构成了一个僧侣般的特权阶层之故。这个阶层具有一切阶层的通病。它按照自己的需要去破坏和贬低社会准则。我们这个世界所谓的科学和艺术不过是一个弥天大谎，一种大迷信。我们从对教会的古老迷信中

① 1860年2月23日。见《未发表的书信集》，托尔斯泰不喜欢屠格涅夫那种“忧郁而哀怨”的艺术。

② 这封信（1887年10月4日）曾载于《半月谈》（1902年）和《未发表的书信集》（1907）。

挣脱出来，便会陷入其中。想认清我们应走的道路，就必须从头开始——掀起为我们保暖，但遮掩我们视线的挡风帽。我们不是生来如此，就是沿着梯子一级一级爬上去，直到置身于享有特权的文明神甫中，用德国人的话说，文化神甫——中。要质疑保证我们享有特权的那些原则，我们必须如婆罗门教与天主教神甫般，具有极大的真诚和对真理的热爱。但一个严肃的、给自己提出人生问题的人是不能犹豫的。必须从他所处的迷信状态解放出来，尽管迷信于他有利。这是一个必不可少的条件……不再有任何迷信。迫使自己处于孩童心态或笛卡儿的理性中。”

特权阶级所津津乐道的这种现代艺术迷信，这一“弥天大谎”，托尔斯泰在《什么是艺术？》一书中已有所揭露。他用严厉的词句，揭露其可笑、虚假、贫乏以及极其腐朽之处，他全盘否定一切，像小孩子砸碎玩具时那么兴高采烈。这本书的评论幽默诙谐，但有时略显偏私，这是战争。托尔斯泰使用手头的所有武器，随意攻击，根本不看对手是谁。像一切战争里都会发生的那样，往往伤害了他本应保护的人：如易卜生与贝多芬。这是狂热的结果，这狂热令他无法三思而后行；这也是他热情的结果，他的激情往往使他看不到自己理亏的一面；应当说，这也是他艺术修养不足的结果。

除了浏览文学书籍之外，他对当代艺术到底了解多少呢？他何时开始研究绘画，听到过什么欧洲音乐呢？这个乡绅一生中四分之三的时间是在莫斯科近郊的乡下度过的，自1860年起他再也未访问过欧洲；还有，他只对学校感兴趣，此外，他曾见识过什么？他讲的那些有关绘画的东西都是道听途说，乱七八糟地将一些画家诸如皮维斯、马奈、莫奈、勃克林、斯狄克、克林格都归于颓废派；信心十足的欣赏于勒·布勒东和莱尔米特，只因这些人有善良的感情：他厌恶米开朗琪罗：在描写心灵的画家中，连提都不提伦勃朗。在音乐方面，他感觉要好一些[①]，但理解不深，单凭儿时的印象，只知道1840年前后已成为古典派的音乐家，往下的就不知道了（柴可夫斯基除外，他的音乐能使他感动得流泪）；他对勃拉姆斯和理查德·施特劳斯不屑一顾，并对贝多芬指手画脚。[②]为了评价瓦格纳，他只看了一场《西格弗里德》的演出便自认为已足够，其实演出开始以后他才到场，第二幕看了一半就走了。[③]对于文学，不用说，他了解得多一些。但是不知怎样阴错阳差，他竟不去评论自己熟悉的俄国作家，反而去对外国诗人评头论足，对于他们的作品，他也只是轻蔑地翻过几页而已！[④]

他的武断随年龄日增，他甚至写了一本书证明莎士比亚"并非一个艺术家"。

> "他可能什么都是，但绝不是一位艺术家。"

诸位请看，他多么肯定。托尔斯泰不曾怀疑，也不讨论。真理是他的。他会告诉你们：

> "第九交响曲是分裂人的作品。"[⑤]

而且：

---

① 我谈到《克勒策奏鸣曲》时会说这一点。

② 1886年以后，他的偏执严重了。在《我们应当做什么？》中，他还不敢得罪贝多芬（也不敢得罪莎士比亚），反而谴责当时的艺术家们敢于向他们挑战。"伽利略、莎士比亚和贝多芬的行为与廷德耳、维克多·雨果和瓦格纳的行为毫无共通之处。正如圣徒们不承认与教皇有何共通一样。"（《我们应当做什么？》）

③ 第一幕结束时他就想走。"对我来说，问题已解决。我没有疑问了。对于一个居然能想象出这些情景的作家来说，还能有什么期待。我们大可预言他写的东西绝对是次品。"

④ 为在新流派的法国诗人的作品中作选择，他突发奇想，"将每一本诗集中第28页上的内容都抄下来！"

⑤ 原文是："第九交响乐并不能团结所有人，而只能联合一小部分，且将他们与其他人区分开。"

> “除了巴哈的著名小提琴曲，肖邦的E调夜曲和从海顿、莫扎特、舒伯特、贝多芬、肖邦的作品中精选出的十几段外，这还不是全部……其余的都是分裂人的艺术，理应受到排斥和鄙视。”

而且：

> “我会证明，莎士比亚连第四流的作家都算不上。在描写人的性格方面，他完全无能为力。”

虽然其他人持有不同的意见，也无法阻止他：恰恰相反，他自豪地写道：

> “我的观点与欧洲对莎士比亚的一致看法截然不同。”

他总认为别人在撒谎，谎言无所不在。一种观点越是被人们普遍接受，他就越反对。他排斥它，怀疑它，如谈到莎士比亚的声誉时，他说道：“这使人们永远会受到的一种传染病般的影响，如中世纪的十字军，对巫术的信仰，寻找点金石，对郁金香的喜爱，等等。人类只有摆脱这些影响才能看清这是一种疯狂。随着新闻业的发展，这些传染病变得更为猖獗。”他举出这种传染病最近发生的一个病例——德雷福斯事件。[①]他一向反对世间的不平，保护一切被压迫者，但他对此事的态度既鄙视又漠然。[②]这一引人注目的事件证明他对谎言的怀疑以及对“精神传染病”的本能厌恶。他明知不对却又无法克服。道德的背面，难以置信的盲目，竟引导这位灵魂的洞察者、热情的召唤者将《李尔王》视为“拙劣之作”；将骄傲的

① 指是发生在法国的一起著名冤案，当局为掀起反犹运动，无端指控一名犹太军官出卖国家机密，真相大白后当局拒不认错，引起社会公愤，左拉为此发表了著名的《我控诉》。

② “一些普通事不会引起人们的注意，不要说全世界，就连法国军方也不感兴趣。”他接着说，“许多年后人们才从迷惘中醒过来，明白他们绝弄不明白德雷福斯到底有罪还是没罪，他们每个人都有比德雷福斯事件更重要、更急迫的事要关心。”（《莎士比亚论》）

考狄利娅说成”没有任何性格的女人”。①

请注意，对于莎士比亚某些真正的缺点，他还是看得很清楚的，而我们却不敢坦率地承认。比方说，所有人都说一种矫揉造作的诗意语言；他们在谈论情感、英雄主义，乃至很简单的事情，都要咬文嚼字。我完全明白，托尔斯泰是所有作家中文学气质最少的，对文艺界最有天才者的艺术，自然缺乏好感。但他为何要浪费时间来谈论一些自己不懂的事情呢？对于一个尚未进入的世界妄加评论到底有何价值呢？

如果我们从这些批判中寻找了解外国文学的钥匙，那是毫无价值的。但倘若我们在其中寻找开启托尔斯泰艺术世界的钥匙，则其价值无可估量。我们不会向一个创作天才要求大公无私的批评。当瓦格纳或托尔斯泰谈论贝多芬或莎士比亚的时候，事实上，他们谈的并非贝多芬或莎士比亚，而是他们自己：他们在表达自己的理想。他们甚至不打算欺骗我们。在评价莎士比亚时，托尔斯泰并不企图“客观”，甚至他还指责莎士比亚的艺术太客观。这位绘制《战争与和平》的画家，无人称艺术的大师，对那些德国的评论家们手下留情，仅指责他们在歌德之后“发现了莎士比亚”和“艺术应该客观的理论，也就是说，应再现事实而不涉及任何道德价值——这是对艺术宗教目的的恣意否定”。

① “《李尔王》是部很差粗制滥造、让人恶心和讨厌的作品。”托尔斯泰对《奥赛罗》有一丝好感，因为这部作品在婚姻和嫉妒方面的观点与他一致，“在莎士比亚的所有作品里，这一部不算太差，但也只是夸张性语言的堆砌。”哈姆雷特毫无个性：“他是作者的留声机，机械地重复着作者的全部想法。”而《暴风雨》、《辛白林》、《特洛伊罗斯与克瑞西达》都因“拙劣”才被托尔斯泰提及。他认为莎士比亚笔下最自然的人物是《亨利四世》中的福斯塔夫，“因为莎士比亚那冷酷和诙谐愚蠢语言与这个伪善、虚荣、堕落的性格一拍即合。”托尔斯泰并不总是这样。：1860—1870年间，尤其是当他创作有关彼得大帝的历史剧时，他还是喜欢看莎士比亚作品的。从他1869年的札记里我们可以看出他把《哈姆雷特》当作自己的范本和向导。在提到他完成的作品《战争与和平》时，他说：“《哈姆雷特》和我以后的作品都将小说家的诗意运用到人物性格的描写上的。”

就这样，托尔斯泰站在信仰的巅峰表达自己的艺术批判。诸位别认为他评论中有什么个人的打算。我们找不到任何线索；他对自己的作品和对别人的作品同样毫不留情。[①]那他到底追求什么呢？他所提出的宗教理想对艺术又有什么价值呢？

这种理想恢宏灿烂。“宗教艺术”一词在其含义在广度上容易让人误解。托尔斯泰其实没有缩小艺术的领域而是将其扩大了。诚如他所说，艺术无处不在。

“艺术渗透我们全部生活。我们名之为艺术的东西，如戏剧、音乐会、书籍、展览，只是艺术中极微小的一部分。我们的生活充满各种各样的艺术表现，从孩童游戏到宗教仪式。艺术和语言是人类进步的两大机能。一个沟通心灵，另一个沟通思想。倘若其中一个误入歧途，社会便会呈现病态。今天的艺术就误入歧途了。”

自文艺复兴以来，已经谈不上基督教艺术了。阶级已经分化，富人和特权阶层试图独占艺术，他们随意制定美的标准。艺术远离穷人，于是变的贫乏。

“无须为谋生而工作的人，其思想感情比劳动者狭隘得多。现代社会的情感可以概括为三类：骄矜、淫欲与厌世。这三种情感和它们的分支几乎构成了富裕阶层艺术的唯一主题。”

这一主题污染世界，腐蚀民众，宣扬色情，成为实现人类幸福的最大障碍。再说，这样的主题也无真正的美，既不自然也不真诚，是一种矫揉造作的凭空想出来的艺术。

面对美学家的谎言与富人们的消遣，让我们建立起活的艺术，人类的艺术：这种艺术可以团结一切阶级、一切民族。在这方面，

① 他把自己的“幻想之作”归于“有害艺术”之列（《艺术论》）。在指斥现代艺术时，他也毫不客气地谴责自己写的戏剧，”缺乏构成未来戏剧基础的宗教意识”。

过去有过光辉范例。

> “我们心目中最崇高的艺术，永远为人类的大多数所理解和喜爱：《创世记》的史诗、《福音书》的寓言、传说、故事和歌谣。”

最伟大的艺术是反映时代宗教意识的艺术。在此托尔斯泰所指的并不是教会的教义。“每个社会都有其对生命的宗教看法，那就是这个社会所追求的最大幸福理想。”所有人都在一定程度上意识到这一趋势。若干先行者便清楚明确地将它表达出来。

> “始终存在着一种宗教意识。那是大河的河床。”

我们时代的宗教意识，便是通过人类博爱达成幸福的企望。只有为实现这一团结而奋斗的艺术才是真正的艺术。最崇高的艺术是直接通过爱的威力完成这项事业的艺术。但另一种艺术也参与其中，它通过嘲笑和愤怒的手段来攻击一切反对博爱的力量，像狄更斯和陀思妥耶夫斯基的小说、维克多·雨果的《悲惨世界》、还有米勒的画作。一切即使达不到那样的高度，但以同情和真实的方式来再现日常生活的艺术也能使人类彼此接近，如《堂·吉诃德》和莫里哀的戏剧。诚然，这后一种艺术往往由于描写现实过于琐碎，主题过于贫乏而有所欠缺，”当我们将它与古代的经典著作，如约瑟的美妙故事相比的话”。对细节过度琐碎的描写损害了这些作品，为此它们缺乏普遍意义。

> “现代的艺术作品被现实主义糟蹋了，这种现实主义更确切地说不过是艺术的地方主义罢了。”

托尔斯泰毫不犹豫地谴责了他自身天才的要素。为了未来自我牺牲，即便自己一无所有又有何妨?

> “未来的艺术不是现代艺术的延续，而是建立在其他基础上，它将不再属于一个阶级所有。艺术不是贸易，也不是技能：是真实情感的流露。如今，艺术家只有不脱离

群众，过着淳朴自然的生活，才能有真实的感情。因此脱离生活的人创作条件最差。

“未来”一切有天赋之人都会成为艺术家”。“随着音乐和绘画被纳入小学的教育计划”，艺术成为人人都可参与的活动。而且艺术不再像现在这样需要复杂的技巧，而是趋于简洁、明了、精确，这正是健康的古典艺术，荷马式艺术的精华。[①]以这种线条纯净的艺术去表现普遍的情感该多美啊！为人民大众写一个故事，谱一支曲子，画一幅画，要比写一部小说或谱一曲交响乐更为重要，也更为困难。[②]那是一片广袤、几乎未经开发的处女地。有了这样的作品，人们将得以知道什么是博爱社会的幸福。

“艺术可以压制暴力，也唯有艺术才能做到。它的使命就是使天国，亦即是爱，统治一切。”[③]

这样的慷慨陈词谁会不赞同呢？尽管托尔斯泰的理念里有许多空想与幼稚之处，却始终充满活力。是的，我们的全部艺术仅仅表现了一个阶级，这个阶级不仅有国别之分，在每个国家又分化为一些敌对的小派系。在欧洲没有一位艺术家的思想可以体现各党派、各种族的联合。在我们这个时代，最具包容性的思想是托尔斯泰的思想。我们虽然分属不同种族和不同阶级，但在托尔斯泰心中，我们彼此相爱。而他也和我们一样，体尝到了这种博大之爱的极大喜悦，再也不会满足于欧洲艺术流派提供给我们的那些有关人类伟大心灵的碎片了。

① 1873年托尔斯泰曾说过：“你怎么想都可以，但你作品中的每一个字都必须让印刷厂运送书籍的马车夫也能读懂。用简单易懂的语言创作绝对没错。”

② 托尔斯泰自己做出了榜样。他为乡下孩子写的《读物四种》为全俄罗斯的宗教和世俗学校所采用。他的《民间故事集》成为千万人的精神食粮。国家杜马的前议员斯捷潘·阿尼金曾经写道：“在下层老百姓中间，托尔斯泰的名字是和‘书’的概念连在一起的。我们经常可以听见一个乡村小孩子在图书馆里这样天真地说：‘请给我一本好书，托尔斯泰写的！’

③ 对托尔斯泰来说，兄弟般的友爱还不是人类活动的归宿；在爱之外，他那永不知足的灵魂使他还有一种未知的理想：“总有一天，科学会发现更高的艺术理想，且由艺术来加以实现。”

# 第十四章

最美的理论只有在作品中表现出来时才有价值。在托尔斯泰身上，理论与创作正如信念与行动一样永远是统一的。当构思他的艺术批评时，他同时提出自己心目中的新艺术类型。这艺术有两种形态：崇高的和通俗的。但是在最富人性的意义上，两者都是”宗教的”：一种以爱来缔造人类的联合；另一种则是对爱的仇敌宣战。这一阶段，他完成了如下杰作：《伊万·伊里奇之死》（1884—1886）、《民间故事集》（1881—1886）、《黑暗的力量》（1886），《克勒策奏鸣曲》（1889）及《主与仆》（1895）。这个艺术创作阶段的巅峰和终极，出现了《复活》，仿佛一座有两个塔楼的圣母院，一个象征永恒的爱，另一个象征对世界的憎恨。

在新的艺术特征上，这些作品都与以前的大不相同。托尔斯泰的想法变了，不仅对艺术的目的而且对艺术的形式也有了新的见解。我们对托尔斯泰在《艺术论》或《莎士比亚论》中所谈的艺术原则感到惊讶，这些原则大都与他先前最伟大的作品互相抵触。在《艺术论》中，他提出“清晰、质朴、简洁”的原则。他蔑视一切物质的效果，谴责刻画入微的现实主义手法。在《莎士比亚论》中，他又追求完美、有分寸的纯古典主义理想——“无分寸感则无艺术家。”即使在他的新作中，这位老人也未能抹掉自己的影子，其分析的天赋和孤傲的天性甚至在某些方面表现得更为明显。他的艺术手法在某些方面却大大地改变了：线条更清晰更有棱角，中心思想更突出，内心活动的发展更集中，宛如一头困兽[①]，积聚力量，准备飞腾。具有普遍意义的感情，从带有地方色彩的现实主义细节描写中抒发出来，最终，语言更富形象、更具韵味，散发着泥土的气息。

他热爱人民，向来欣赏大众语言之美。从儿时起，他便受到流浪说书人的熏陶。长大成为名作家后，仍觉得和农民谈话是一种艺术的享受。稍后他曾对保尔·布瓦耶[②]说：

> “这些人是语言的大师。从前，当我和他们或者背着褡裢流浪乡间的人聊天时，曾详细地记录下来一些词语。这些词语是我第一次听到，如今已被现代文学语言所遗弃，却一直流传在俄罗斯古老而偏僻的地方……是啊，语言的天才生活在这些人中间。”

他的头脑还没有被文学塞满[③]，因而对这些词语更加敏感。远离城市，生活在农民之间，他的思维方式渐渐变得如农民一般。他的辩证思维迟钝，理解力跟不上，动不动激动起来，令人不知其所以然，老是重复尽人皆知的事情，不厌其烦地使用同样的词语。

这些是民间语言的缺点而非长处。但假以时日，他渐渐领悟到其中隐藏着的精华：生动的形象、粗俗中的诗意，以及丰富的传奇般的智慧。创作《战争与和平》时，他便开始接受这种影响。1872年3月，他在致斯特拉科夫的信中说：

> “我改变了我语言和文字的风格。人民大众的语言丰富多彩，足以表达诗人想说的一切，这对我来说十分宝贵。它是诗歌最好的调节器。倘若人们想说什么过分或夸大的话，这种语言也绝不与之相容。它不像我们没有骨气的文学

① 表现在《克莱采奏鸣曲》和《黑暗的势力》之中。

② 见巴黎《时报》，1901年8月29日。

③ 1856年，友人德鲁日宁对他说：“您的文学风格未加雕琢，时而像一个革新派、一个伟大的诗人，有时像一个官员写给同伴的信。您写出的作品都美妙绝伦。但只要你态度冷漠，您的风格便混乱不堪，简直糟透了。”

语言，可以被人随心所欲地支配。”[①]

他不仅在风格上从民间寻求模式，他的许多灵感也来自民间语言。1877年，一个说书人来到亚斯纳亚·波利亚纳，托尔斯泰记下了他讲的几个故事。其中有传说《人靠什么活着？》与《三老者》这两段故事成了托尔斯泰这个时期出版的《民间故事集》中最美的两篇。

这是现代艺术中独一无二的作品。比艺术更高的作品，在读它时，又有谁会想起文学这东西呢？书中，福音书的精神、全人类同胞般的纯洁之爱，与民间智慧的微笑结合在一起；单纯、清澄、不可磨灭的善良心地；以及那些自然而然地洒落在画面上的超自然的光辉。为中心人物叶利赛老人罩上了光环[②]，飘浮在鞋匠马丁（他从与地面相平的天窗中看着行人匆匆走过，上帝装扮成被善心的鞋匠救过的穷人去看望的那个人[③]）的简陋小屋里。这些故事中，包含福音书中的寓言，往往混有东方传说难以名状的幽香，如他孩提时即爱读的《天方夜谭》[④]。有时神奇的光变得阴森恐怖，使故事产生令人惊恐的效果，例如《农民帕霍姆》，帕霍姆想在一天之内圈下尽可能多的土地，结果在走完一天时倒地身亡。[⑤]

> 在小山上，巴什基尔人的头头席地而坐，看着他跑，继而捧腹大笑。帕霍姆倒下了。
>
> “啊！做得好，我的勇士！你得到了很多土地！”

---

① 见《生活与作品》。1879年，托尔斯泰与农民来往密切。斯特科拉夫说，除了宗教，“他对语言也感兴趣，他认为人民的语言很美。每天，他都发现一些新词，每天，他都把文学语言贬斥一通。”

② 《二老人》（1885）。

③ 《哪里有爱，哪里便有上帝》（1885）。

④ 见《人靠什么活着?》（1881）；《三老者》（1884），《义子》（1886）。

⑤ 该故事又称《一个人是否需要很多土地》（1886）。巴什基尔人以一千卢布的价钱，卖给帕霍姆在一天之内能圈下的所有土地，帕霍姆过于贪心，跑得圈太大，结果在太阳落山时累得吐血而死，最后他只落得一个三俄尺长的小小墓穴。

斯塔尔希纳站起来，扔给帕霍姆的雇工一把镐，说道。

“埋了他吧。”

仆人孤身一人，为帕霍姆挖了一个坑，三俄尺[①]长，正好是从头到脚的长度，然后把他埋了。

在诗一般的气氛中，几乎所有的故事都含有福音书中的道德训诫——克己与宽容。

不要报复得罪你的人。[②]

不要抵抗伤害你的人。[③]

“报复是我的事。”主说道。

无论何时何地，结论永远是爱。托尔斯泰希望为全人类创造一种艺术，一下子便达到大同的境界。在全世界，他的作品获得了无止境的成功，因为他的作品从艺术的一切腐朽成分中升华出来，剩下的只有永恒。

《黑暗的力量》达不到，也不祈求达到心灵净化这一庄严的高度。那是事情的另一面。一面是天人之爱的梦想，一面是残酷的现实。读该剧时，我们可以看到托尔斯泰的信念及对人民大众的热爱，是否曾使他把民众理想化并揭示真理。

托尔斯泰对戏剧的尝试大都很不高明[④]，在此却达到了挥洒自如的境界。人物的性格与情节安排得颇为自然：自以为是的美男子尼基塔，淫荡的阿尼西娅，愤世嫉俗而对儿子的奸情扬扬自得的老

① 一俄尺相当于0.71米。

② 见《纵火容易灭火难》（1885）。

③ 见《蜡烛》（1885）；《蠢货伊万的故事》。

④ 他在1869—1870年的冬天才开始对戏剧产生兴趣，并立即着迷。“整个冬天，我一直忙于戏剧研究，就像一个直到40岁才突然发现了一个被忽略的题材，从中发现了不少新鲜东西……我已读过莎士比亚、歌德、普希金、果戈理、莫里哀……我还想读索福克勒斯与欧里庇得斯……我卧病已久，在这种情况下，戏剧中的人物便在我脑海里一一浮现……”——见1870年2月17—21日致费特书。（《未发表的书信集》）

马特廖娜，口齿不清、长相可笑却有着圣人心肠的老头子阿基姆，接着是尼基塔的堕落。他并不凶恶，却被套上罪行的枷锁，尽管他努力想要悬崖勒马，仍在母亲和其子的驱动下，滚进了罪恶的深渊……

> “男的是不值个啥……可她们这些娘儿们呢，简直是野兽！……她们什么也不怕！……这种娘儿们，在俄罗斯有成千上万，她们像瞎了眼的鼹鼠，什么都不知道，什么都不知道！……男的嘛，在酒店里、监狱里、军营里，或者谁知道会在什么地方，学到什么东西。可这帮野兽——什么都没见识过，什么都没听说过，从生到死，毫无长进……她们如一群瞎了眼的小犬，东跑西颠，拿脑袋往粪堆里钻……她们只会扯着嗓子瞎唱：‘呜——呜！呜——呜！’什么是呜——呜，她们自己也不知道！”[①]

接着是初生婴儿被杀害的恐怖场面。尼基塔不想动手。但阿尼西娅曾为他谋害丈夫，此后一直为自己所犯下的罪行受精神折磨，如今她变得如野兽般疯狂，威胁要告发他，她喊道：

> “至少，不止我一个人犯罪！他也会成为凶手！让他尝尝当凶手的滋味！”

尼基塔把孩子压死在两块木板间。却又吓得逃开了，他威胁着要杀死阿尼西娅和他的母亲，他痛哭，他哀求：

> “我的好妈妈，我再也受不了啦！”

他似乎听见被夹死的孩子在叫喊。

> “我该逃到哪儿？”

这是莎士比亚式的场面。第四幕没有那么野蛮，但更加刺心，那就是小女孩与老仆妇的对话。他们两人夜里在家听见喊叫，猜到外面正在上演惨案。

---

① 见《黑暗的势力》第四幕。

最后是自愿赎罪的仪式。尼基塔由他的父亲阿基姆陪着，赤足走进一群正在举行婚礼的人群当中。他跪下，向所有人请求宽恕。老阿基姆用痛苦的目光微笑着注视着他：

“上帝！噢，他在这儿，上帝！”

使全剧具有特殊艺术韵味的，是剧中农民的语言。

“为了写《黑暗的力量》，我用尽了小本子上记录下来的语言。”托尔斯泰告诉保尔·布瓦耶道。

这些出人意料的形象，从俄罗斯人民那充满讽刺与抒情的灵魂中涌现出来，丰满且具有活力，与之相比，一切文学形象都黯然失色。托尔斯泰为之动容。我们感到他在写作中以记录这些词语与思想为乐，他能抓住其中的喜剧成分[①]，同时为人类灵魂的阴暗而痛苦。

他在观察民众，从天际投射出一道光照亮黑夜的同时，托尔斯泰针对中产阶级和富有阶层更为黑暗的长夜，又写了两部悲惨的小说。这一时期，他的艺术思考专注于戏剧形式。《伊万·伊里奇之死》与《克勒策奏鸣曲》都是描写内心世界的悲剧，情节紧凑而集中。在《克勒策奏鸣曲》中，故事由悲剧主人公自己讲述。

《伊万·伊里奇之死》是最能打动法国公众的俄罗斯作品之一。本书之首，我曾提及目睹该书在法国外省的那些平时并不关心艺术的中产阶级，读了这部作品无不为之动容的庆幸。因为该书以骇人的真实手段刻画了一个人物典型。一个尽职的公务员，没有宗教信仰、没有理想、几乎没有任何思想，他终日埋头于他的职务中，过着机器人般的生活，至死才凛然惊觉自己虚度了一生。伊万·伊里奇是1880年欧洲资产者的代表，他们读左拉的作品，听萨拉·伯恩哈特的演唱，没有任何信念，甚至并非反宗教者：因为他们懒得去思考信不信教，根本从来不曾想过。

在对人世尤其是婚姻的猛烈攻击中，《伊万·伊里奇之死》极

① 悲剧的创作一向很伤神费力。他在致捷涅罗莫的信中写道：“我生活很好，我很快乐。这一时期我一直为我的剧本而工作。它现已完工。”（1887年1月，《未发表的书信集》）

尽嬉笑怒骂之能事。开了一系列新作品的先河，预示着《克勒策奏鸣曲》与《复活》中将有更加愤世嫉俗的描写。他那可悲又可笑的空虚人生（这种人何止千万），畸形的野心，可怜的自满，这一切“只不过略胜于和妻子晚上相对而坐罢了”。仕途不顺，遭受排挤，真正的幸福不过是玩玩纸牌。这种可笑的生活被一个更为可笑的原因打乱了。一天，伊万·伊里奇在挂客厅的窗帘时不慎从梯子上跌了下来。一切都是谎言，生活的谎言，疾病的谎言，一心只为自己打算的医生在说谎，厌烦了疾病的家人在说谎，假装忠贞却盘算丈夫死后将如何生活的妻子在说谎。所有人都在说谎，只有一个富有同情心的仆人不说谎，他不向垂死者隐瞒病情，而像兄弟般关爱着他。伊万·伊里奇“为自己痛惜不已”，为本身的孤立无援和人类的自私而伤心落泪。他极其痛苦，直到有一天他发觉以前的生活只不过是一场骗局，但这骗局还可以补救。在他死前一小时，一切都豁然开朗了。他不再只考虑自己而是想到他的家人，他可怜他们，他“必须”以死来解除他们的负担。

> “痛苦，你在哪里？啊，在这里……那么，你待着吧——死亡，它在哪里？他再也找不到死亡了。没有死亡，他只看到光明。‘完了。’有人说——听到这话后，他一再重复。‘死亡不复存在了。’他自言自语道。”

在《克勒策奏鸣曲》中，甚至连这道“光”也不再出现了。这部作品无情地鞭挞社会，如一头受伤的野兽，被放出来报复社会，报复曾经伤害它的人。别忘了，这是一个丧失人性者的忏悔录，他受到嫉妒这种病毒的侵袭，杀了人。托尔斯泰隐在他的人物背后。无疑的，但在对普遍存在的虚伪提出的愤怒谴责中，我们可以找到他的思想，他提高声调，痛骂女子教育的虚伪、恋爱的虚伪、婚姻（这“家庭里的卖淫”）及社会、科学、医生（这些“罪恶的播种者”）的虚伪。但书中的主人公驱使作者采用粗鲁的言辞，暴戾而肉感的形象，那是一个骄奢淫逸之徒的全部狂热。与之相对照的是，是疯狂的禁欲主义，对情欲的又恨又怕，如受着肉欲煎熬的中世纪僧侣对生活的诅咒。成书后，托尔斯泰本人也为之惊慌不已。他在《克勒策奏鸣曲》的《跋》中说：

> “我绝没料到，在写作中，一种强有力的逻辑会把我推到现在的境地。这结论最初令我惊骇异常，我试图抛开它，但由不得我不信……我不得不接受了它。”

事实上，他明确无误地通过凶杀犯波兹舍内夫之口，对爱情和婚姻发出愤怒的喊叫。

> “当一个人用充满情欲的眼光注视女性——尤其是他的妻子时，便已经犯下了奸情。”
>
> “情欲消失时，人类将失去存在的理由，神际才能显示，人类的团结将会实现。”

根据《马太福音》，他指出：“基督教的理想不是婚姻，不可能存在什么基督教婚姻。按照基督教的观点，婚姻不是一种进步，而是一种堕落。爱情及其前前后后发生的事都是实现人类真正理想的障碍。”

在这些议论从波斯德尼舍夫口中说出之前，在作家头脑里从没有如此明确。如伟大的创造家一样，作品推动作家前行，先做艺术家，然后才能成为思想家。这一进程中艺术丝毫无损。在其效果的力度上、在热情的浓度上、景象的鲜明突出上、在形式的丰富与成熟上，托尔斯泰的作品中，没有一部比得上《克勒策奏鸣曲》。

我还要对这部作品的题目做些说明。说实在的，它并不确切，容易让人对作品产生误会。音乐在其中只占次要地位。取消了奏鸣曲，作品不会有任何改变。托尔斯泰一直认为音乐和爱情都具有使人堕落的力量，但他错误地将两者混为一谈了。音乐的魔力需由另一专著讨论。托尔斯泰在此给予它的地位，不足以证明他揭露出来的危险。我必须强调这一点，因为人们还不明白托尔斯泰对音乐的态度。

说他不喜欢音乐是不可能的。一个人爱得深才怕得厉害。回想一下音乐的回忆在《童年》、尤其在《家庭幸福》中所占的地位。在后一部作品里，爱情的四季自春至秋，完全通过贝多芬《月光曲》的各个段落表现出来。同样的，回想一下涅赫柳朵夫[①]和小彼佳在临终前夜，内心深处所听到的美妙乐曲[②]。托尔斯泰对音乐所知不多[③]，但音乐确使他感动得流下眼泪，某一时期他曾沉迷于此。1858年他组织了一个音乐社团，即莫斯科音乐学院的前身。他的妻弟别尔斯曾经这样写道：

> “他很喜欢音乐，能弹钢琴，极爱古典音乐大师的作品。常常在工作之前弹上几段[④]，或许他能从中发现灵感。他喜欢我妹妹的歌喉，总给她伴奏。我留意到他被音乐所激起的感觉，脸色有些苍白，还有一种难以觉察的怪相，似乎有些恐惧。”[⑤]

这正是在震撼他全身心的无名力量的冲击下，所感受到的恐惧。他感到他的意志、理智和生活都融入了音乐的世界。让我们重温《战争与和平》第一卷尼古拉·罗斯托夫赌输了大笔钱财，垂头丧气地回家那一幕吧。他听到妹妹娜塔莎的歌声，便把一切都忘了。

> “他极不耐烦地等待着那个即将奏出的音符，一时间，世界上只有三拍的节奏：Oh！mio crudele affetto！”[⑥]
>
> “我们的生活真是荒谬无比！”他想，”不幸、金钱、仇恨、荣誉——全都是虚无的……这才是真实的，才是现实！……娜塔莎，我的小鸽子！……我们来看她能否唱出B音……唱出来了，感谢上帝！”

---

① 见《一个绅士的早晨》最后部分。

② 见《战争与和平》。且不谈《阿尔贝特》（1857），一个讲述天才音乐家的故事，那是篇水平不高且极短的作品。

③ 《青年》中有关于他如何艰苦学钢琴的幽默叙述——“钢琴是我用我的感情打动小姐们的道具”。

④ 该段时间为1876—1877年。

⑤ 见别尔斯的《回忆托尔斯泰》。

⑥ 意大利文：啊，我痛苦的爱情！

他不知不觉地也在唱。为增强B音，他和着她的三度音程唱了起来。

“啊，我的上帝，太棒了！难道是我赋予她的？我好高兴！”他喊道。这三度音程的颤动，唤醒了他灵魂中所有至善至纯的性情。比起这超凡的感觉，输掉的钱，发过的誓又算了什么呢？……多么愚蠢啊！一个人可以杀人、盗窃，却仍感到幸福！

尼古拉既不杀人也不盗窃，音乐不过是他一时的激动，但娜塔莎已到达迷失自我的顶点。在歌剧院度过整整一晚后，“在这远离现实、奇怪而狂乱的艺术世界里，在这善良与邪恶、怪诞与理性混淆在一起的世界里”，她听到狂爱她的阿纳托里·库拉金的倾诉，便答应与他私奔。

托尔斯泰年纪越大越害怕音乐。[①]1860年他遇见了一个曾对他产生影响的人——奥尔巴赫。[②]毫无疑问，奥尔巴赫更加深了他对音乐的戒心。“他谈起音乐，仿佛是一种挥霍的享乐。据他所说，音乐是走向堕落的转折点。”[③]

卡米尔·贝兰格先生问：“为什么在众多使人堕落的音乐家中，为什么偏偏选上最纯真、最洁身自爱的贝多芬呢？[④]因为他是最棒的。”托尔斯泰一直很喜欢他。《童年》中最遥远的回忆就与那支《悲怆奏鸣曲》联系在一起。《复活》中，涅赫柳朵夫听到《C小调交响曲》的行板时，忍不住落下泪来：“他对自己及所爱之人充满柔情。”然而在《艺术论》中，托尔斯泰谈到“聋子贝多芬的病态作品”时，又是何等深恶痛绝。[⑤]1876年，他以“摧毁贝多芬，使人怀疑他的天才”为乐。这一

---

① 他从未中止对音乐的喜爱。他晚年的一个音乐家友人戈登魏泽，1910年曾在亚斯纳亚避暑。在托尔斯泰生病的后期，他几乎天天来为托尔斯泰弹奏音乐。

② 奥尔巴赫（1812—1882），德国小说家，以描写农村生活文明。

③ 见1861年4月21日信。

④ 见卡米尔·贝兰格著《托尔斯泰与音乐》，1911年1月4日，《高卢人》报。

⑤ 这里不但指贝多芬后期的作品，而且对那些他认为是”艺术的”早期作品，托尔斯泰也认为“形式太造作”——在给柴可夫斯基的信中，他将莫扎特、海顿和贝多芬、舒曼、柏辽兹等作比较，说他们“太肤浅，只注意形式”。

举动令柴可夫斯基大为反感，以致对托尔斯泰的赞赏也慢慢冷却下来。《克勒策奏鸣曲》让我们清楚地看到托尔斯泰这种狂热之不公平。他抱怨贝多芬什么呢？抱怨他的力量。托尔斯泰和歌德一样，听《C小调交响曲》时，深受震撼，竟生气起来，深怪作曲的大师将自己随意摆布。[①]托尔斯泰说道：

> “这音乐立刻把我带到作曲家创作该曲时的精神境界……音乐应该是国家的事业，像在中国一样。我们不能允许随随便便一个人拥有如此可怕的催眠力量……这些东西（《克勒策奏鸣曲》中的第一段急板）只有在某些重要的场合才能被允许演奏……”

尽管发了这一通牢骚，他仍然被贝多芬的力量所降服，也承认这是能令人产生纯洁与高尚之情的力量！听此曲时，波兹内舍夫精神堕入了他自己也无法分析的难以名状的状态，这使他满心欢喜，“嫉妒心消失了。”妻子也没少受感化。演奏时，有“有一种庄严肃穆的表情”，“演奏完毕，脸上露出微弱的、惹人怜爱的、幸福的笑容。”……这一切哪有什么堕落之处？有的只是灵魂被奴役，被音乐的无名力量任意驱使，如果该力量愿意，真能将灵魂毁掉。

这是真的，但托尔斯泰忘记了一点，就是大部分听音乐或者从事音乐的人，生活都很平庸，或者生活极为贫乏。音乐对缺乏感受力的人没有危险。上演《莎乐美》时，戏剧院大厅的戏安排得很好，观众不为音乐激起的病态情感所影响。而只有像托尔斯泰这样有丰富人生活阅历的人才会有被影响的危险。事实上，尽管托尔斯泰对贝多芬的评价尖酸刻薄，有失公允，司他仍比今日大多崇拜贝多芬的人更深切地感受到他的音乐。至少他听得出躁动在“老聋子”的作品中那些狂乱的热情及野性的气势，而这一切是今天任何演奏家，任何乐队所感受不到的。相较于崇拜者对他的热情，贝多芬可能更喜欢托尔斯泰对他的恨意吧。

① 据保尔·布瓦耶所述：托尔斯泰请人给他弹奏肖邦的作品。在第四叙事曲终了时刻，他眼含泪水。“啊，畜生！”他喊道，之后突然站起来走了。（见巴黎《时代》杂志，1902年11月2日）

# 第十五章

《复活》距《克勒策奏鸣曲》达十年之久[①]，这十年来他越来越醉心于道德的宣传，《复活》与那渴求永恒的生命所期待的终结也是相隔十年。从某种意义上说，《复活》是托尔斯泰的艺术遗嘱，恰如《战争与和平》是他艺术上成熟的标志。它是最后一个高峰或许是最高的——如果不是最巍峨的——峰顶云遮雾绕，高不可见，隐没在雾霭中。托尔斯泰正值70岁。他默默地注视着世界、他的生活、他过去的错误、他的信仰、他的愤世嫉俗。他高屋建瓴地注视着这一切。思想依旧是以前作品中的思想，他的作品仍对虚伪进行征伐。但艺术家的精神像在《战争与和平》一样，翱翔于作品的主题之上。在《克勒策奏鸣曲》与《伊万·伊里奇之死》的辛辣讽刺

① 《主与仆》（1859）有点儿像《复活》之前的平淡之作，闪烁着也是光辉的《复活》的过渡。不过，我认为它更接近于《伊万·伊里奇之死》与《民间故事集》。该书多采用写实手法描述了一个毫无仁爱之心的主人与一个逆来顺受的仆人的故事：一天夜里，他们在草原上遇到暴风雪，迷了路。主人最初弃同伴而逃等他又回来时，发现同伴冻得半僵，便扑到他身上，用自己的身体暖着他，这是他的本能行为。他也不知为何会如此做，但他眼里饱含着泪水。仿佛自己变成了被他救援的尼基塔，他的生命不在他自身，而在尼基塔身上。“尼基塔活着，因此我也仍然活着。”他，瓦西里，几乎忘记自己是谁了。他想“瓦西里不知应做什么，但是我，我知道！”他听到他所期望的声音，那个刚才命令他扑到尼基塔身上的声音。他高兴地大喊：“啊，我来了！”他感到他自由了，什么也拽不住他。他死了。

和躁动人心之外，他又加上一种宗教式的宁静，它超凡脱俗，正是他所精确反映的俗世。有时可说是基督徒式的歌德。

我们从他后期作品中发现的艺术手法，在这里再度出现，尤其是叙事集中在长篇小说中比在短篇小说中更吸引人。作品浑然一体，几乎没有任何插曲，在这一点上与《战争与和平》《安娜·卡列尼娜》大不相同。所有细节紧紧围绕这个情节。和《克勒策奏鸣曲》一样，人物描写淋漓尽致，很有力度。观察更清晰敏锐，完全是无情的写实手法，如实揭示出人性中的兽性，“人性中存在着可怕的兽性，如果这种兽性没有袒露出来，隐藏在一个所谓的诗意外表下时，则更可怕。①”沙龙里的谈话，其目的仅仅是为了满足肉体的需要：“即活动活动舌头和口腔的肌肉，以帮助消化。”这种严厉的看法针对所有的人，无一人能幸免，即使是漂亮的科尔恰金娜和女主人公玛斯洛娃也不能例外。科尔恰金娜的“她肘部突出的骨头和大拇指宽宽的指甲”及她袒胸露背的样子激起涅赫柳朵夫的“既可耻又恶心，既恶心又可耻”之情。女主人公玛斯洛娃的堕落形象也显露无遗：她那未老先衰的外表、粗俗下流的谈吐、撩人的微笑、浑身散发的熏人酒气，以及又红又肿的脸庞。这些都是自然主义粗野的细节描写：诸如女人蹲坐在粪桶上，聊着天儿。青春的气息与诗意的想象完全消失了，只有初恋的回忆才能在我们心中唤起一种乐音的震撼。复活节的前夜及当晚，解冻之时的白雾如此浓厚以至”屋外五步处，只看见漆黑的夜色中射出一盏灯的红光”。午夜的鸡鸣，冰封的河面上冰的破裂声，哗啦哗啦，崩塌着，仿佛玻璃杯被打碎时的声响。夜晚，一个年轻人从窗外偷看少女喀秋莎，少女没看见他，只是坐在那里，面对闪烁的灯光，若有所思的脸上挂着微笑，她沉浸在幻梦中。

作者的抒情并没占多少位置，艺术手法也更趋客观，越来越远离他的个人生活。托尔斯泰想努力改变他的观察范围。他在此描绘

① 见《复活》。

的罪犯与革命者的世界是他所不熟悉[①]的，他进入他们的社会，只是努力使自己对他们产生无法克制的厌恶。他甚至承认在仔细研究他们之前，他曾极度厌恶革命者。更令人钦佩的是，他真切的观察简直有如一面无瑕的镜子，人物典型多么丰富、细节描写多么确切啊！无论卑劣还是美德，一切都以明智的平和态度和博爱的胸襟去对待，既不严苛，也不姑息。……在他笔下，监狱中妇女们的画面多么可怕！女人之间彼此冷酷无情，但艺术家是悲天悯人的上帝，他在每个女人的心中看到羞辱掩藏下的痛苦，无耻的面具下那一张张涕泪纵横的脸。纯真、虚弱的光一点一点融化玛斯洛娃的邪恶灵魂，最终变成一道牺牲精神的火焰，照亮了她的灵魂。这光芒具有动人心魄之美，照亮了伦勃朗笔下阴暗的画面。在此没有严厉的处罚，甚至对狱吏和刽子手们也是如此。“上帝，请宽恕他们吧，他们并不明白自己的所作所为！”……最糟的是他们往往知道自己的所作所为，为此感到后悔，却不得不如此。书中流露出一种压垮一切、不可避免的宿命感，无论是受苦者还是使人受苦的人都难以承受其重压：天生仁慈的典狱官厌恶这狱吏生活，犹如厌恶他那脸色苍白、身体羸弱、眼圈发黑的女儿，同样厌烦不堪地练习钢琴，没完没了地敲击李斯特的狂想曲；聪明善良的西伯利亚城总督，在欲行善事和被迫作恶之间进行着无法解决的内心斗争，三十五年来只好借酒浇愁；然而即使在酩酊大醉时，他仍有足够的自控力，仍不失态。更有一些家庭和睦温馨的人，尽管他们的职业逼迫他们对别人冷酷无情。

唯一缺乏客观真实性的人物是书中的主人公涅赫柳朵夫，因为托尔斯泰将自己的思想赋予了他。这是《战争与和平》及《安娜·卡列尼娜》中众多著名人物，例如安德烈公爵、皮埃尔·别祖霍夫、列文等人的缺点，但还不那么严重，因为这些人物的处境与年龄，比较接近托尔斯泰的精神状态。但是在《复活》中，作者将

① 相反，他在《战争与和平》《安娜·卡列尼娜》《哥萨克》《塞瓦斯托波耳》中描写过的各种社会：贵族沙龙，军队，街头生活。他只要回忆一下即可。

一个七十老翁的灵魂硬塞进一个35岁的浪荡公子的躯体之中。我并不是说涅赫柳多夫的精神危机不真实，也不是说危机不能来得那么突然[①]，而是托尔斯泰所描述的人物在其气质、性格及以往的生活经历上，既找不出，也解释不了这种精神危机的原因。而此病一旦发作，便一发而不可收。涅赫柳朵夫的牺牲思想一开始就有不纯的成分，那些顾影自怜与自我欣赏的泪水，后来面对现实时他表现出恐惧与厌恶，对此托尔斯泰都曾以深刻的笔触加以描写。但他的决心不曾动摇过。这次精神危机与先前那些来势凶猛却时间短暂的危机[②]毫无关联。此后便没有什么能够阻挡这位优柔寡断的人了。这位王公有钱，受人尊敬，很在意社会对他的评价。在他正要与一名爱他且他也不讨厌的漂亮姑娘结婚时，突然决定放弃一切，抛弃财富、上流社会、地位，去娶一个妓女，为的是弥补过去的一个错误。他的狂热毫不动摇地持续了数月之久，经受住了一切考验，甚至听到他希望娶为妻子的女人继续过淫荡的生活时也不曾气馁。[③]在此有一种神圣感，完全可以运用陀思妥耶夫斯基的心理理论，从作品主人公阴暗的心灵深处直到机体组织中找到其根源。然而，涅赫柳朵夫绝不是陀妥耶夫斯基式的人物。他是普通人的典型，庸庸碌碌、身体健康，是托尔斯泰惯于描写的人物。事实上，我们意识到一个讲求实际的人[④]与属于另一人的精神危机相叠加，这另一个人，就是托尔斯泰老头儿。

同样给人以双元并立印象的，是书的末尾。在严格写实的第三部分中夹杂着不必要的福音书式的结论，个人发自信仰的行为，把它写成观察生活的结果是不符合逻辑的。托尔斯泰将宗教思想注入现实主义之中，已经不是第一次了。但在以前的作品中，两者结合

① 见《复活》。

② 见《复活》第一卷。

③ 当得知玛斯洛娃仍与一个男护士通奸时，涅赫柳朵夫更坚决地要“牺牲自己的自由来补赎这个女人的罪恶”。

④ 托尔斯泰描写人物的手法从未强健有力，这是在写其他人物时从没有过的。可参看他以精彩绝伦的手法描写涅赫柳朵夫在法院第一次开庭前的活动。

得更好一些。它们在此仅仅并存而并未混合，两者对比更加明显的原因是，托尔斯泰的信仰变得越来越脱离实证，而他的现实主义艺术则日益放肆和尖锐。这并非是疲倦而是衰老的迹象——可以说关节处有点儿僵硬。宗教的结论并非作品自然发展的结果，而是 Deus ex machina[①]。我深信，在托尔斯泰内心，不管他如何表白，他不同的天性，即艺术家的真诚与信徒的真诚，这两种截然相反的天性并非水乳交融。

尽管《复活》没有他年轻时的作品那么和谐与丰满，尽管我个人更爱《战争与和平》，可它不失为描写人类同情心的最美丽的，可能还是最真实的诗篇。在本书中，我比在其他作品中更清楚地看到托尔斯泰那明亮的双眼，那双“能直接看透人心的”，浅灰色的眼睛，他在每个人的心中看到上帝的存在。

① 拉丁文：上帝外在于有机体。

# 第十六章

托尔斯泰从未放弃艺术。一位伟大的艺术家，即使他愿意，也不可能放弃自己生活的宗旨。因为宗教之故，他可以不发表作品，但他不能不写作。托尔斯泰从未中断过艺术创作。曾经在他晚年去亚斯纳亚·波利亚纳拜访过他的保尔·布瓦耶说，他一面写宣道或论战的作品，同时也进行文艺创作，交替进行，作为调剂。托尔斯泰完成了一些关于社会的宣传册子：《致领导者书》与《告被领导者书》后，他便心安理得地继续写某个给自己讲述的优美故事，如《哈吉穆拉特》。这是一部军事史诗，咏唱高加索战争一段插曲和山民们在沙弥尔领导下反沙皇的斗争。[①]艺术仍是他的消遣，他的乐趣，但他认为以此炫耀便是虚荣。他编过《每日必读》（1904—1905）[②]，其中收集了作家们对人生与真理的看法，真正是一套集东方经书到当代艺术家的如诗智慧之大成的文选。除此书外，他的所有文学作品，确切地说，1900年以后的所有作品留下来的都只是

① 见1902年11月2日巴黎《时代》杂志。

② 托尔斯泰把这部作品视为自己最重要的作品之一。”我的作品之一——《每日必读》是我的得意之作……”（致斯迪卡书，1909年7月27日—8月9日）。

手稿。[①]

相反，他果敢而热情地以他论战性的、含有狂热信仰的文章参与社会的大论战。1900—1910年间，这论战耗费了他的大量时间与精力。当时，俄国正处于可怕的危机之中，沙皇帝国一时间似乎分崩离析、摇摇欲坠。日俄战争、大溃败、革命动乱、陆海军的叛变、大屠杀、农村骚乱，似乎是“世界末日”的征兆——托尔斯泰有一部作品用的就是这个标题。这一危机在1904—1905年间达到了顶点。在这些年月里，托尔斯泰发表了一连串响当当的作品：《战争与革命》[②]《大罪恶》与《世界末日》。最后十年间，他不仅在俄罗斯，而且在全世界占有独一无二的地位。他孤身一人，不加入任何政党、不倾向任何国家、脱离了教会，被开除教籍。[③]他那理性的逻辑与执着的信仰”将他逼到两难的境地：离开所有人，还是离开真理”。他想起了一句俄罗斯谚语：“老人说谎犹如富人偷窃”。于是他离开众人而去宣示真理。他把全部真理告诉所有人。这位与谎言不共戴天的老人，不辞疲劳地抨击一切宗教与社会迷信，一切奉若神明之物。唯一例外的是旧的邪恶力量——古代暴虐的政权、教会和皇室权贵。而今大家都向这些扔石头了，也许他反而会手下留情。大家已认识它们，因此它们已不再可怕！总之他们干的事情，再也骗不了人了。尽管托尔斯泰在致沙皇尼古拉二世的信中[④]，说实话，这封信对作为君主的沙皇是不大客气的，但他饱含深情，称其为“亲爱的兄弟”，请他“原谅，倘若无

---

① 这些作品大多在托尔斯泰去世后出版。书目很长，主要有：《日记——费奥多尔·库斯密奇老头遗作》《谢尔盖神甫》《哈吉穆拉特》《魔鬼》《活尸》（十二场剧）、《伪票据》《破罐子阿廖莎》《狂人日记》《光在黑暗中闪烁》（五幕剧）、《一切优点都来自她》（通俗短剧）以及若干优秀的短篇：《舞会以后》《我的梦境》《科丁卡》等，还有他的《日记》。从高加索时期一直到他死的前一天，包括他一生的四十多年，是一个伟人所写的最赤裸的忏悔录。

② 这部作品的俄文名是：《只有一点是必须的》。

③ 1901年2月22日，托尔斯泰被开除教籍。原因是《复活》中有一章讽刺弥撒和圣体圣事。

④ 关于土地国有化的问题。（《大罪恶》，1905）

意伤害了他”，落款为“祝愿您获得真福的兄弟上”。

托尔斯泰最难以宽恕并坚决予以揭露的，是新出现的，而不是过去已经被揭穿的谎言。他痛恨的不是专制主义，而是对自由的幻想。人们不明白，在新偶像的崇拜者中间，他最恨的是社会主义者还是“自由派”。

他对自由党人的反感由来已久。他在塞瓦斯托波耳当军官和处在彼得堡的文人圈中的时候，这种反感已经产生。这曾是他与屠格涅夫不和的原因之一。这骄傲的贵族与世家子弟，难以认同那些知识分子及其抱负。他们宣称不论出于自愿与否，只要接受他们的乌托邦，国家将获得幸福。这个有着古老血统的俄罗斯人[①]，绝不相信自由党人的新思想，即来自西方的立宪思想，而两次欧洲之旅更加深了他的警惕。第一次游历归来时，他写道：

> “要警惕自由主义的野心。”（1857）

第二次游历归来时，他指出：“特权社会无权以自己的方式来教育他们所不了解的人民大众（1862）……”

他在《安娜·卡列尼娜》中充分表达了对自由党人的蔑视。列文拒绝参加省里民众教育机构的工作。外省绅士的选举大会揭示出这是场欺骗的交易，通过这交易，以前的保守政府转变为自由派政府——一切毫无改变，只是一个新的谎言，绝对得不到今后几个世纪的原谅和认可。

> “或许我们真的不怎么样，”独裁统治的代表者说，“但我们延续了不下一千年。”

托尔斯泰怒斥自由党人滥用“人民，人民的意愿”的话语，关于人民，他们懂得什么？什么叫人民？

尤其当自由主义运动即将成功，打算召开第一届杜马会议之际，托尔斯泰发表意见，强烈反对君主立宪主张。

---

① 勒鲁瓦·博里厄说，他是“纯粹的俄罗斯人，也是斯拉夫血统混与芬兰种混合的大俄罗斯人，从体格上看，更接近平民而不是贵族”。（巴黎《两世界》杂志，1910年12月15日）

“近来，对基督教教义的歪曲促使一种新的欺骗产生。使我们各族人民更加处于被奴役的地位。它用一种相当复杂的议会选举制度，使人民相信：如果他们直接选出自己的代表，就等于他们参加政府，服从这些代表，即服从自己的意志，简言之，他们是自由的。这是一种欺骗。即使全民普选，人民也表达不了自己的意愿，因为：第一，在有数百万居民的国家，不存在这样的集体意志；第二，即使存在这种集体意志，也反映不了大多数选民的意愿。不必说当选人的立法与行政不是为了公众的福利，而是为了维护自己的权力，也姑且不提民众由于受到压力和选举舞弊而腐化堕落的事实，这种议会选举制度的欺骗尤其有害，使相信它的人做了奴隶还沾沾自喜……这些自由人令人想起一些罪犯，他们因为有权选举管理监狱内部安全事务的狱吏而自以为享受了自由……一个专制国家的人即使遭受最残酷的暴力压迫，也完全可以是自由的。但立宪国家的人民则永远是奴隶，因为他承认加诸于自身的暴行是合法的……而现在却有人想将俄罗斯人民引入欧洲其他各国所处的立宪制奴隶状态！”①

① 见《世界末日》（1905—1906）。托尔斯泰致美国某报的电文中有这样的话：“各个省议会的活动，其目的是限制专制政府的权威，建立一个代议政府。不论他们能否成功，结果必然会导致社会改革的延续。当通过外在手段促成这些进步时，政治骚动阻碍了真正的进步，这一点从所有立宪国家如法国、英国、美国的先例可以看到。”一位女士请他参加一个平民教育推进委员会，他在回信答复中表达了对自由党人的另一种反对，信中对自由派还提出了其他非难：他们一直干着欺诈的勾当；他们因为害怕而成为独裁制的同谋；他们的参政使政府获得道义上的威望；他们习惯于妥协，迅速成为政府的工具。亚历山大二世说过，所有的自由党人不是为名就是为利而出卖自己。亚历山大三世毫无风险地摧毁了父亲的自由主义事业。“自由主义者只能耳语他们的不快，但他们仍旧参与司法，为国家服务，为舆论效力。在舆论方面，允许暗示的东西他们便暗示，禁止谈论的则保持沉默，登载一切受命发表的文字。”在尼古拉二世的统治下，他们依然如此。“当这一无所知而又无耻的年轻君主傲慢无理地答复人民代表时，自由派们抗议了吗？根本没有……从方方面面看，是他们向这年轻的沙皇的阿谀谄媚。”

他之所以疏远自由主义，主要是不屑其所为。倘若托尔斯泰不禁止自己憎恨一切，那很可能会更加痛恨社会主义。他格外厌恶社会主义，是因为其中混合着两种谎言：自由与科学。难道它不是宣称建立在某种经济学之上，且这种科学的绝对法则支配着世界的进步吗？

托尔斯泰对待科学的态度非常苛刻。他写过不少文章，尖刻地讽刺这种现代的迷信和“那些毫无意义的问题”，诸如物种起源、光谱分析、镭的本质、数的理论、动物化石以及其他一切无聊的问题。今天人们像煞有介事地对待这一切，犹如中世纪的人重视圣母怀胎或物质二元论一样。他嘲笑这些“科学的奴仆，他们如教会的奴仆一般，自诩并说服其他人相信他们正在拯救人类，他们和教会一样，相信自己永远是对的。但他们彼此总难取得一致，分成许多小派。他们与教会一样，是粗俗、道德上无知的主要根源，且使人类不能早日从痛苦中解脱出来，因为他们抛弃了唯一能实现人类大同的东西：宗教意识。”[①]

当托尔斯泰看到新狂热主义的危险武器，落到那些自称将使人类获得再生的人手中时，他心中倍感忧虑，怒火也随即爆发。每个诉诸暴力的革命者都让他痛心。革命的知识分子和理论家使他恐惧，说他们是迂腐有害的学究、骄傲而僵化的人，不爱人类而只爱自己的想法。[②]

更何况，还是些低级的想法。

> “社会主义的目标是满足人的最低级的要求：物质丰富。即使是这一目的，也无法用它所鼓吹的方法达到。[③]”

---

① 见《战争与革命》。

② 诺沃德沃罗夫是这类人物的典型，他是《复活》中的一个煽动革命者，他极端虚荣与自私，既无智慧又没有想象力，头脑简单，因而从不怀疑。紧随其后的是马尔盖。他是一个因丧失尊严而心存报复，由工人转变而成的革命家；他热爱科学却不知科学是什么，盲目反对教会，崇尚苦行主义。在《又是三个死者》或《神与人》中，也有几个新一代革命者的样本。

③ 致日本人阿部畏三的信，1904年。

归根结底，它没有爱，有的只是对压迫者的恨和“对富人温馨富裕生活的艳羡，如聚集在粪堆旁的苍蝇般贪婪”。[①]如果社会主义有朝一日取得胜利，世界的面目将变得异常恐怖。欧洲人将以加倍的力量冲向这些弱小的民族，奴役他们，好让欧洲以往的无产者能够像古代的罗马人一样过上骄奢淫逸、悠游快乐的生活。

令人高兴的是，社会主义者的主要精力都耗费在夸夸其谈中，如若莱斯[②]的演讲：

> “真是个了不起的演说家！他的演说包罗万象，却又空洞无物……社会主义有点儿像我们俄罗斯的东正教：你攻击它，将它逼到无言以对，你以为抓住了它，但它突然转过来对你说：‘不，我并不是你以为的那样，而是另一回事。’于是从你手中溜走了……耐心些！让时间来判断吧。社会主义理论犹如妇女们的时装，很快便会从客厅退到门厅的。”[③]

托尔斯泰这样攻击自由派和社会主义者，但他绝不是让专制独裁乘虚而入；相反，为的是从军队里清除危险的捣乱分子以后，最大规模的战斗能在新旧两世界间展开。因为他也信革命。但他的革命与革命者的革命有很大的不同，他更多的是一个中世纪神秘主义的信徒，期盼圣灵来统治未来：

> “我相信，就在这一刻，在基督教世界里酝酿了两千年的大革命开始了。这一革命将以真正的基督教取代腐朽的基督教及其衍生的统治制度。真正的基督教是人类平等与自由的基础，而自由是一切有理智的生灵所共同企盼的。”[④]

那么，这位能看到未来的先知选择什么时刻宣布幸福和爱的新纪元呢？是俄罗斯历史上最黑暗的时刻，灾难和耻辱的时刻！啊！

① 见捷涅罗莫著的《托尔斯泰隽语录》。（发表在《革命者》，1906）

② 冉·若莱斯，20世纪初法国社会党领导人，第一次世界大战前夕（1914）被暗杀。

③ 《托尔斯泰与保尔·布瓦耶谈话录》（见1902年11月4日巴黎《时代》杂志）。

④ 见《世界末日》。

具有创造力的信仰能发挥多么非凡卓越的力量啊！周围一片光明，甚至黑夜里也如此。托尔斯泰在死亡中——在满洲[①]的战祸中，在俄国军队的溃败中，在可怕的无政府状态和血淋淋的阶级斗争中也一样——看到新生的迹象。他的美梦的逻辑使他从日本的胜利中得出这奇怪的结论，即俄罗斯应该不参与任何战争，因为非基督徒民族在战争中总是比”经历过奴性统治”的基督徒民族占有优势。这么说他的民族就该退让？不，这是至高无上的荣耀。俄罗斯应放弃一切战争，因为她必须完成“伟大的革命”。瞧，这位亚斯纳亚·波利亚纳的宣道者，暴力的死敌，竟在无意中预言了共产主义革命的到来！

> “1905年的革命将把人类从残暴压迫中解放出来，这场革命应当在俄罗斯爆发。果然如此。”

为什么俄罗斯必须扮演“上帝选民”的角色呢？因为新革命首先必须补救这“弥天大罪”，所谓弥天大罪就是少数富人垄断土地，千百万人民被奴役，而且是最残忍的奴役。[②]还因为没有一个民族对这种不公平感受之深比得上俄罗斯人民。[③]

---

① 见《世界末日》。

② “最残忍的奴役是被剥夺了土地，因为做一个主人的劳役不过是一个人奴役，但被剥夺了土地的人却是所有人的奴隶。”（《大罪恶》）

③ 那时的俄罗斯情况特殊。尽管托尔斯泰可能错误地把俄罗斯的特殊情形等同于别的欧洲国家，但他对身旁的痛苦感受深刻，是不足为奇的。他在《大罪恶》中描述了，在去图拉的路上与农民的谈话。这些农民都缺吃少穿，因为他们没有土地，他们全都期待着能重获土地。俄罗斯农民占总人口的80%。托尔斯泰说，由于地主占领了土地，成千上万的人正挣扎在饿死的边缘。如果你跟他们说，为了改变这种不合理的现象，必须有言论自由、政教分离、国家代议制、甚至八小时工作制的话，他们会嘲笑道：“那些试图改善群众生活条件的人，让人想起舞台上的情景，当所有观众看见一个隐藏着的演员时，其他演员当然也看得见，但都装作看不见，反而努力去转移大家的注意力。”除了还地于民外，别无良策。对于土地问题托尔斯泰赞成亨利·乔治的主张，对地价实行单一税。这是托尔斯泰的经济福音书，他笃信这一理论并经常在作品里大段引用乔治的言论。

尤其是因为俄罗斯民族是一切民族中对真正的基督教教义体会最深的民族，而即将到来的革命必须以基督的名义实现博爱和联合的法则。现在，只有在勿抗恶原则的基础上，博爱的法则才会实现。[①]不抵抗主义（注意，我们往往错误地将这种态度视为托尔斯泰和几个空想家所特有的乌托邦思想）一向是俄罗斯民族的基本特征。

> “俄罗斯民族对当局的态度，一贯与欧洲其他国家不同。他们从不与当局发生冲突，从不参与政权，因而没有被污染。他们认为参政是一种必须避免的罪恶。有一个古老的传说，说俄罗斯人曾请求瓦里亚基人[②]来统治他们。大多数俄罗斯人素来宁愿忍受暴力行为，而不愿做出反应或参与暴力。因此他们一直都是顺民……”
>
> “自愿的屈服与奴性的服从不尽相同。”[③]
>
> “真正的基督徒可以屈服，根本谈不上非经过斗争才向暴力屈服：但他不会服从，即他不认为暴力是合法的。”[④]

托尔斯泰写这几行文字的时候，正因目睹一个民族以英勇的不抵抗态度做出的壮举而激动不已，即1905年1月22日圣彼得堡的流血示威。手无寸铁的群众在东正教神甫加博内率领下，任由军警开枪镇压，没有一声仇恨的呼喊，没有一个自卫的姿势。

长期以来，在俄罗斯被称为”顽固派”的老信徒们尽管备受迫害，仍顽强地对政府采取不服从态度，并拒绝承认政府的合法性。[⑤]

---

① “勿抵抗原则是最重要的。只有互助法则而错误地理解勿抵抗原则，无异于盖房子而不将拱顶放在中央位置，这是行不通的。”（见《世界末日》）

② 瓦里亚基人（Variagues），古代俄国对诺曼人的称呼。该民族于公元8世纪出现在东欧平原，惯于抢劫、掳掠。

③ 在1900年致友人书中，托尔斯泰抱怨别人误会了他的不抵抗原则。他说，“人们混淆了‘勿以恶抗恶’和‘勿抗恶’。‘勿抗恶’即对身处的恶漠不关心………其实反对恶是基督教的唯一目的，而勿抗恶则是最有效的斗争手段。”

④ 见《世界末日》。

⑤ 见《世界末日》。

随着日俄战争的失败，这种心态不胫而走，蔓延到乡下农民之中。拒绝服兵役的事件日渐增多。政府的惩罚越残忍，内心的反叛情绪便越高张。此外，甚至对托尔斯泰一无所知的各个省、各个民族，也纷纷起来主动或被动地拒绝服从政府的法令：如1898年高加索的杜霍博尔人和1905年前后古里的格鲁吉亚人。这些运动对托尔斯泰的影响超过了托尔斯泰对他们的影响。尽管被革命作家高尔基等批评[①]，他喊出了古俄罗斯民族的声音。

他对甘冒生命危险实行他所倡导的原则的人保持着非常谦恭有礼的态度。他不以教训人的神气来对待杜霍博尔人、古里人及逃兵役的人。[②]

> “没有经受任何考验的人，没有什么可教导正在经受磨难之人。”[③]

他恳求一切因他的话语而招致受难的人宽恕他。他从不鼓励任何人拒绝服兵役。每个人都应自己做出决定。如果他和一个犹豫不决的人讨论此事，“他总是建议他，只要不是思想上想不通就不要拒绝服从。”因为如果犹豫，那说明他还不成熟；“多一名士兵总

---

① 在托尔斯泰谴责地方自治会的骚乱以后，高尔基说出了朋友们对他的不满：“此人已变成他思想的奴隶了，他已脱离了俄罗斯的实际生活，听不到人民大众的呼声。他飞越在俄罗斯之上，飞已经太远了。”

② 没有遭到虐待使他极其痛苦。他渴望殉道，但政府十分明智，不让他如愿。“他们欺凌我的朋友，唯独留下我，虽然我是唯一最有害的。显然，我不值得迫害，这让我羞愧。”（1892年，致捷涅罗莫书，《未发表的书信集》）“我仍很自由，这使我很痛苦。”（1894年6月1日，致捷涅罗莫书，同上）天知道他干了那么多事怎能平安无事！他侮辱沙皇，攻击国家，“这个让人们牺牲生命、自由与理智的可怕偶像。”（见《世界末日》）让我们在《战争与革命》中看看俄罗斯的历史概述。这简直是魔鬼展览：“疯狂的魔王伊万，酒鬼彼得一世，愚昧的厨娘叶卡捷琳娜一世，淫乱的伊丽莎白，堕落的保罗，弑亲的亚历山大一世（他是托尔斯泰唯一手下留情的人），残忍而愚昧的尼古拉一世，无知的亚历山大二世，恶魔亚历山大三世……”

③ 见1905年1月19日致逃兵龚察连科的信，《未发表的书信集》，第264页。

比多一个叛徒或伪君子要好一些，不自量力的人往往就是这样。”[①]他给杜霍博尔人写信说，叫他们不要因骄傲和对舆论的顾忌而固执地拒绝服从，但“如果有能力，他们应该拯救孱弱的妻子儿女。谁也不会因此而责怪他们”。他们必须“仅在基督精神已经在他们心里扎根的时候才坚持，因为此时他们将因受苦而感到幸福”。[②]在任何情况下，他都恳求受迫害的人，“无论如何不要断绝他们与迫害者之间的感情。”[③]如托尔斯泰在致友人的一封信中所说，连希罗德也应该爱：

> “你说，‘人们不能爱希律王。’——我不明白，但我觉得，你也一样，必须爱他。我知道，你也知道，如果我不爱他，我会痛苦，我心中便失去了生命。”[④]：

这种爱无比纯洁，用永远那么热烈，即使福音书里的那句名言“爱邻人如爱自己一般”也不能让他满足了，因为他在这句话里散发着自私自利的浊气！[⑤]

在一些人看来，这种爱太宽泛。把人类一切自私的成分都剔除干净，岂不流于空泛。然而，又有谁比托尔斯泰更厌恶“抽象的爱”呢？

> “当今最大的罪过是抽象地去爱人类，对一个离得很远的人的泛泛之爱……爱一个我们不认识且永不会相遇的人那太容易了！我们不必做出任何牺牲，同时还可对自己十分满意！简直是自欺欺人——不！我们必须爱邻人——与我们一起生活又妨碍我们的人。”

我读过大部分研究托尔斯泰的著作，其中都说，他的哲学和他

① 1903年2月2日致龚察连科书。

② 1898年致杜霍博尔人书。

③ 1903年1月17日致龚察连科书。

④ 1901年11月致友人书。

⑤ 他拼命想证明原文有误，第二诫应该是：“像爱他（上帝）一样爱你的同胞。”（《与捷涅罗莫的谈话》）

的信仰并非他的首创，这很对；这些思想的美在于它们具有永恒的价值，而又从不表现为一时的潮流……有些文章指出这些思想有乌托邦的气质，这也对。它们是乌托邦式的，和福音书一样。先知是理想主义者，他在尘世里过着永恒的生活。既然我们已看到这景象，既然我们发现最后一位先知已经来到我们中间，看到我们最伟大的艺术家头戴光环，我觉得这一事实比世界上多一种宗教或多一派哲学更为特殊与重要。只有瞎子才看不见这个伟大的灵魂出现的奇迹，因为在这个由于仇恨使人民血流遍野的时代，他是人类博爱的化身!

# 第十七章

他的面貌有了固定的特征，永远铭刻在人类的记忆之中：宽广的额上刻着两道皱纹；白色的双眉异常浓密；一部忠厚长者的胡须，令人想起第戎的摩西。苍老的面庞变得平静、温和，留着疾病、痛苦、失望和慈爱的痕迹。自20岁时的粗野豪放、塞瓦斯托波耳从军时的呆板严肃起，到现在的他改变有多大啊！但是这眼睛依然有锐利的洞察力，显得坦白直率，却又明察秋毫。

去世前九年，在致东正教最高会议的答复（1901年4月17日）中，托尔斯泰这样写道：

> "我之能够平静快乐地活着，并平静快乐地走向人生的终点，完全是我的信仰使然。"

此言令我想起一则古谚："人在未死之前绝不能称之为快乐。"

他当时自夸拥有的平静与快乐会一直伴他左右吗?

1905年"伟大革命"的希望已消失殆尽。黑暗重重，期待的光明未能喷薄而出。革命动荡之后，随之而来的是精力衰竭。旧的不公没有丝毫改变，苦难却更加深重了。1906年，托尔斯泰对俄罗斯的斯拉夫民族所负的历史使命有点儿失去信心，他怀着坚强的信念向远方寻找其他可以担负这一使命的民族。他想到了"伟大而睿智的中国人民"。他相信，"东方民族可以觅回西方民族几乎已经永远失去的自由"，中国将领导亚洲，以"道"这一永恒的法则来完成人类的转变大业。[1]

但他的希望很快便成为泡影：信奉老子与孔子的中国如日本一样，否定了过去的智慧，模仿起欧洲来。[2]曾受迫害的杜霍博尔人已移民至加拿大，到了那里便立即恢复了私有制[3]，这让托尔斯泰大为反感。古代人刚刚摆脱了国家的桎梏，便开始打击与他们意见不一的人。俄国军队使一切都恢复了秩序。甚至犹太人——“他们的国家曾是圣经，是一个人所能希冀的最美丽的国度”——也不能不沾染这虚伪的民族主义，这“当代欧洲主义的畸形产物”。托尔斯泰伤心但不绝望。他相信上帝，相信未来。

> “如果在一瞬间能使一片森林长起来，那就太好了。不幸的是，这不可能；必须等待种子发芽，幼苗长成，抽枝发叶，最后长成一棵树。”[4]

要有许多树才能成为森林，而托尔斯泰仅一人，他满载荣誉却势单力孤。人们从世界各地写信给他：回教各国、中国、日本。在这些国家，人们翻译《复活》，他的”还地于民”的思想在这些国家中广泛流传。美国记者来采访他，法国人来征询他对艺术或政教分离的意见。[5]但他的信徒不足三百，他自己也知道，且并不刻意去追求。对朋友们组织“托尔斯泰派”的提议，他婉言谢绝。

> “不必你找我，我找你，而应该都走向上帝……你说：‘团结起来更易做事’——什么事呢？劳作，收割，是的。可是要接近上帝，只能独自前行……在我眼中，整

① 1906年10月致一个中国人书。（《未发表的书信集》）

② 托尔斯泰在上述信中为可能发生此事而担忧。

③ “既然接受私有制，就没必要拒绝服兵役和警役了，因为私有制只有依赖兵役和警役才能维持。服兵役警役又从私有制中受益的人，好于那些拒绝服兵役警役而享受私有制的人。”（1899年致加拿大的杜霍博尔人书，《未发表的书信集》。）

④ 1905年《告政治家书》。

⑤ 1906年11月7日致保罗·萨巴蒂埃书。

个世界犹如一座巨大的庙宇，光明自上而下直射正中。正好在中央。要实现团结，我们必须向光明进发。在那儿，我们来自四面八方的人，我们将和其他人不期而遇：欢乐便在于此。”①

从穹顶投射下来的光线里，有多少人聚集在一起呢？无所谓！只要与上帝在一起，一个人便已足够。

“正如唯有燃烧着的物质才能将火传给别的物质，同样，唯有一个人的真实信仰与真实生活才能感染他人而传播真理。”②

也许是吧。不过，这种一个人的信念到底在多大程度上能给托尔斯泰带来幸福呢？晚年时，他距歌德所津津乐道的清明宁静有多遥远啊！他似乎在避开清明宁静，避之唯恐不及。

“能够做到不自满应该感谢上帝。希望能永远如此！生活与理想的不和谐，这正是生命自身的标记，是由渺小到伟大、从至恶到至善这种上升运动的标志。而此不和是善的前提。当人平静而自满时，恶也就来了。”③

他正考虑小说的题材，很奇怪，这正说明，列文或皮埃尔·别祖霍夫的挥之不去的焦虑在他心中还未消失：

“我时常设想一个在革命圈子中长大的人，最先是革命者，继而成了民粹派、社会主义者，东正教徒，阿多斯山上的僧侣，而后是无神论者，家庭中的好父亲，最终是一个杜霍博尔人。他样样尝试，样样放弃；人们嘲笑他，他什么也没做，最终默默无闻地死于收容所中。垂死之际，他想这一辈子白过了。可是，他是个圣人。”④

---

① 1882年6月致捷涅罗莫书和1901年11月致一个朋友书。

② 《战争与革命》。

③ 给一个朋友的信。（《未发表的书信集》，第354—355页）

④ 或许这里涉及的是《一个杜霍博尔人的故事》，该小说是托尔斯泰未发表的作品。

满怀信念的他仍怀疑些什么吗？谁知道呢？对一个直到老年还身心强健的人来说，生命是绝不会停止在思想的某一点上的，它必须前进。

> “运动就是生命。”①

最后几年，他的内心发生了许多变化。他对革命者的看法是否有所改变？谁能说他的勿抗恶信仰没有丝毫动摇呢？《复活》中，涅赫柳朵夫和政治犯们的交往已经完全改变了他对俄国革命党的想法。

> “直到那时，他一直讨厌他们，憎恶他们野蛮残忍、隐瞒罪恶、行凶杀人与自负自满。但当他就近观察、看到当局如何对待他们时，便明白了他们这样做是不得已而为之。”

他赞赏他们崇高的责任感，能无私奉献。

但自1900年起，革命浪潮高涨，从知识分子开始，波及全国人民，革命思想深入成千上万贫苦大众的心中。这支具有威胁性的军队，其先头部队就在亚斯纳亚·波利亚纳托尔斯泰住所窗下列队而过。《法兰西信使报》上刊登了托尔斯泰晚年创作的三个短篇，从中可以窥见这情景给他造成的痛苦与凄惶之情。图拉乡下淳朴虔诚的进香者列队巡游的时代已经一去不复返，此刻无数的饥荒者在彷徨流浪。他们每天不断涌来。托尔斯泰和他们谈话，惊讶地发现他们满怀仇恨。他们不再像以前那样，视富人为“以施舍财物来拯救灵魂的人，而是喝劳动者鲜血的土匪强盗”。这些人中，许多是受过教育、破了产、濒临绝境的人，什么都干得出来。

> “将来对现代文明做出昔日匈奴和汪达尔人②对古代文明所做的那种事的野蛮人，不是在荒漠和森林中，而是在

---

① “你想象一下，所有掌握真理的人聚在一起，定居在一个岛上。这是不是生活？”（1901年3月致一个朋友书。《未发表的书信集》）

② 汪达尔人，古日耳曼民族的一个部落，曾在429年攻入北非，439年攻占迦太基，监理汪达尔国。455年攻陷罗马，掠城十四天，毁了大批文艺珍品，后世将毁坏文物、艺术品者称作汪达尔人。

城市的贫民窟和大路上出生和长大的。”

亨利·乔治曾这样说。托尔斯泰补充道：

“在俄罗斯，汪达尔人已经整装待发。在我们笃信宗教的民众中，他们将尤其可怕，因为我们不懂适可而止，而欧洲民众中，作为法度和公众舆论已发展得相当成熟。”

托尔斯泰时常收到造反派的书信，抗议他的勿抗恶理论，说统治者与富人对民众犯下的罪行，只能这样回答：“复仇！复仇！复仇！”托尔斯泰仍谴责他们吗？我们不得而知。但几天后，当他在自己的村庄中看到村民们因羊和炊具被无情的役吏抢走而哭泣时，他也不禁发出抗议的吼声：“这些官僚与他们的爪牙，只知贩酒取利、教人屠杀、判人流放、下狱、服苦役或上绞刑架。这些人深信从穷苦人那里没收来的牛羊、布匹和炊具等，在蒸馏毒害人民大众的酒精中、在制造杀人的军火中、在建造监狱中能发挥更大的作用，尤其是用来犒赏他们的帮凶，给予封官加薪。”

令人伤心的是，当你一辈子都在期待和宣布爱的世界必将来临，而看到可怕的景象并感到惶惑时，却不得不闭上了眼。更让人伤心的是一个如托尔斯泰般具有真正良知的人，被迫承认自己的生活还不曾和自己的主张一致。

在此，我们触及的是他晚年（是否该说他最后三十年）的最痛点，我们只可以用虔诚的手小心翼翼地轻轻触碰，因为这痛苦是托尔斯泰曾试图努力隐藏的痛苦，它不仅属于他这种已逝者，也属于其他仍然活着，属于那些他爱的及爱他的人。

他始终未能以他的信念感染他的至亲至爱者，他的妻子及儿女。我们已看到，他忠实的伴侣勇敢地与他分担生活的重负和艰苦的艺术创作，但对他放弃艺术的信念，而选择另一种她所不理解的信念感到痛苦。托尔斯泰为这至亲之友不了解他而倍感哀伤。他在致捷涅罗莫的信中说：

“我深切地感受到这些话语之真：夫妻并非分离的个

体，而是一个整体。我最真诚地希望我有力量，将那有时让我超脱人生之苦的宗教意识传递一部分给我妻子。我希望不是由我来传递，而是由上帝来传递，尽管这意识难以为女性所接受。”[①]

这一愿望似乎始终未能到达。托尔斯泰伯爵夫人爱他心地纯洁、英勇耿直，爱这位与她“合二为一”的伟人的仁慈。她看见“他走在人群前面并指出人类该走的道路”。[②]当东正教最高会议开除他教籍时，她勇敢地为他辩护，和他分担威胁他的危险。但她不能强迫自己相信她所不信的事。托尔斯泰也十分真诚，绝不会强迫她佯装相信——他厌恶虚假的信仰与爱甚于厌恶对信仰与爱的否定。[③]因此，他怎能强迫她改变她的生活、牺牲她与儿女们的财产呢?

和孩子们之间，龃龉就更深了。曾去亚斯纳亚·波利亚纳拜访过托尔斯泰与其家人的勒鲁瓦·博利厄氏说，“餐桌上，当父亲说话时，几个儿子便掩饰不住不耐烦和不相信的表情”。[④]他的信仰只稍稍感染了他的两三个女儿，其中一个名叫玛丽的已经死了。他在精神上是孤独的，理解他的“只有他的小女儿和他的医生”。[⑤]他承受着精神孤独之苦，还有强加于他的那些社交活动：来自世界各地的访客让他心生厌烦，而美国人和趋向时髦的轻浮之士则让他疲于应付；还有他不得不过的“豪华”的家庭生活。如果我们相信在他简朴的家里见过他的人所做的描述，这种“豪华”实在很有限：他的小房间里，只有一张铁床，几把可怜巴巴的椅子，四壁空空！但即使是这样，也颇让他难堪，总是耿耿于怀。在《法兰西信

① 1892年5月16日。托尔斯泰看见妻子因一个小男孩的死亡而痛苦，而他却不知如何安慰她。

② 1883年1月书。

③ “我从来不责备别人不信仰宗教。最糟的是当人们说谎时，却装作信奉宗教。”此外又说：”但愿上帝别假装爱我们，因为那比恨更糟糕。”

④ 见1910年12月15日巴黎《两世界》。

⑤ 见1910年12月15日巴黎《两世界》。

使报》的第二个短篇中，他将周围的贫穷景象与自己家中的豪华痛苦地作了对比。1903年，他写道：

> “我的活动不管某些人看来如何有益，已丧失了它大半的重要性，因为我的生活并不完全符合我倡导的原则。”①

为什么不实现生活与原则一致呢？如果不能劝说家人与世人断绝来往，他为什么不离开他们，走出他们的生活呢？这样不就可以使那些喜欢拿他做例子，肆意否定其理论的敌人们，无法再揶揄他，说他虚伪了么？

他曾考虑过如此做。很久以前，他就曾下过决心。他的一封精彩的信最近被发现且发表；那是1897年6月8日写给妻子的。应该在这里全文抄录出来。没有什么比这封信更能披露出这个充满爱心而有被痛苦折磨的人心中的秘密了：

> “亲爱的索菲娅，我一直为我的生活与我的信仰不一致而苦恼。我不能强迫你改变你的生活与习惯。直到现在，我也不能离开你，因为我觉得孩子尚幼，如果我一走，那我能给予他们的一丝丝影响也被剥夺了，同时也会给你们带来巨大的痛苦。但我又不能继续这十六年所过的生活。有时与你们怄气惹你们不快，有时屈服于周围我已习惯的影响与诱惑。我现已决定做长久以来一直想做的事：出走……如印度人一般，到了60岁便到树林里隐居；如一切信教的老人一般，自愿将余年奉献给上帝，而不是做一些诸如讲笑话、玩文字游戏、闲聊、打网球的事情。我已年届七十，总想尽我的心力去获得宁静与孤独，即使我的生活还未能完全符合我的良知，至少它们之间不会相差甚远。如果我公开出走，你们会恳求我留下，一番争论后，我又会软下来，不会做我已决定要做的事。因此，如

① 1903年12月10日致朋友书。

果我的行动使你们不快，我请求你们原谅。尤其是你，索菲娅，让我走吧，不要找我，不要恨我，不要责备我。我离开你这个事实，并不说明我对你不满……我知道你不能，不能与我的看法一致，因此你不能改变你的生活，不能为你所不承认的事物做出牺牲。我一点儿也不怪你；相反，我怀着挚爱与感激之情回忆起我们三十五年的共同生活，尤其是我们生活的前半部分，你用你天赋的做母亲的勇气与忠诚，毅然担负起你的使命。你把你所能给予的一切都给了我和这个世界。你付出了巨大的母爱，做出了巨大的牺牲……但是，在我们生活的后半部分，在最近的十五年中，我们分道扬镳了。我不认为这是我的错。我知道我变了；并非为我自己，也不是为别人，而是因为我不能不这样做。我不能因你不跟随我而责怪你，我将永远怀着真挚的爱回忆起你所给予我的一切……别了，我亲爱的索菲娅。我爱你。”

“我离开你这个事实……”实际上，他并未离开她。可怜的信！对他来说，似乎觉得写了这封信，他的决心也就完成了……信写完，他那下决心的力量也已耗尽。“如果我公开出走，你们会恳求我留下，一番争论后，我会软下来……”对他来说，不需什么“恳求和争论”，片刻工夫之后，只要看看他想要离开的人们，他便感到他不能，不能离开他们。他把口袋中的信放在一沓文件中外面注明：

“我死后，请将这封信交给我的妻子索菲娅·安德烈耶夫娜·贝尔。”

他的出走计划到此为止。

难道他只有这点儿力量？他不能为上帝牺牲他的感情吗？在基督教名人录中，不乏心坚如石的圣人，他们毫不犹豫地抛弃自己的和别人感情。但他如何能做到呢？他不是他们的同伴。他软弱，他是人。正因如此，我们才爱他。

十五年前，在撕心裂肺的一页中，他自问：

“列夫·托尔斯泰，你是否按照你标榜的原则去生活呢？”

他痛苦地回答道：

“我羞愧欲死；我有罪；我应该受到蔑视……然而，请比较一下我从前的生活和今日的生活，你会看到，我正在努力依据上帝的律法来生活。我还未完成应做之事的千分之一，我感到羞惭；但我未完成并非因为我不愿做，而是因为我做不到。……责备我吧，但别责备我所选择的路。如果我认识通向我家的道路，而我如醉鬼般踉踉跄跄地走着，难道这意味着道路不好吗？要么指给我另一条路，要么支持我走真正的路，就像我乐于追随你一样。但是不要令我灰心，不要对我的挫折幸灾乐祸，不要开心地大喊：‘看啊！他说要回家，却掉进泥淖里了！’不，不要幸灾乐祸，而要帮帮我，支持我！……帮帮我！我们大家都迷失了方向，我的心绝望的要碎了；当我努力要逃脱时，你对我的每次差错非但不同情，反而指着我大喊：‘看啊，他和我们一起掉进沟里了！’”①

快要去世时，他又写道：

“我不是圣人：我从不自命为这样的人。我是一个任人驱使的人，有时我没有把自己的思想和感受全部说出来；不是因为不愿，而是因为不能，因为时常会夸大或弄错。我的行动更糟。我是一个非常软弱的人，有恶习，希望侍奉真理之神却总是畏缩。如果把我当成一个不会犯错的人，那我的每一个错误都将显得是谎言或虚伪。假如把我看作一个软弱的人，那我将展现真实的我：我是一个可怜而真诚的人；一直全心全意地想要成为一个好人，一个上帝的忠仆。”

① 1895年致友人书。

就这样，他为悔恨所折磨，比他更坚毅但更少人情味的门徒的无声埋怨折磨他[1]，他的意志薄弱和踌躇不决折磨他，在爱家庭和爱上帝之间左右为难——直到一天，一时的失望，或许是临死前的一阵狂风，将他刮出家门，来到路上、流浪、逃走、敲一座修道院的门，然后继续上路，终于病倒在一个无名的小村庄，再也站不起来。[2]他在弥留之际哭泣，不是哭自己，而是哭天下不幸的人，他一面号啕一面说道：

> “大地上有千百万生灵在受苦——你们为什么只想到我呢？”

于是，他称之为“解脱”的时刻来了——1910年11月20日，星期六，清晨六时许——这“解脱”，如他所称的“死亡，值得赞美的死亡”来临了。

---

① 托尔斯泰在晚年，尤其是最后几个月，似乎深受契诃夫的影响。契诃夫是一个忠诚的朋友，久居英国，出资刊行并宣传托尔斯泰的著作。他曾被托尔斯泰的一个儿子莱翁猛烈攻击。虽然人们指责他固执，但无人曾怀疑他对朋友的仗义。我们无从证实托尔斯泰的一些无情的举动是受这位朋友的影响（例如托尔斯泰在遗嘱中剥夺了妻子对他的所有著作，包括对他的私人信件的继承权），但我们完全可以相信，契诃夫对托尔斯泰的名誉比他本人更重视。

② 1910年10月28日（实为11月10日），凌晨五点，托尔斯泰突然离开了亚斯纳亚·波利纳亚。陪同他的是医生马科维茨基，被契诃夫称为“他最亲密的合作者”的女儿亚历山德拉知道此次秘密出走。当天六时，托尔斯泰到达俄罗斯最著名的寺院——奥普蒂纳修道院，他曾来过几次。他在这里过了夜，翌日清晨，他写了一篇论死刑的长文。10月29日（实为11月11日）晚，他到了妹妹玛丽修行的沙莫基诺修道院。他和她一起吃了饭，告诉她自己欲在奥普蒂纳修道院中度过余生，“无论什么低贱的工作都行，只要别强迫他上教堂。”他留宿在沙莫基诺，翌日清晨，他到附近的村庄散步，想在村里找个住所，下午再去看他妹妹。五时，他的女儿亚历山德拉突然来了，大概来告诉托尔斯泰，他走后人们正在到处找他。他们连夜动身。“托尔斯泰、亚历山德拉、马科维茨基起程去科塞尔斯克车站，或许想去南方各省，或是高加索杜霍博尔人的聚居点。”途中，托尔斯泰在阿斯塔波沃车站病倒，不得不在那里休养，不久便在那里去世。

# 第十八章

战斗结束了。这场以八十二年的生命为战场的战斗。这是一场惨烈而光荣的战斗，生命的所有力量均参与其中。所有的邪恶（除了一种，那就是他穷追不舍，即使到了最后的避难所也不肯放过的谎言）与道德也参与其中。

最初是令人陶醉的自由，在远处电光闪闪的风雨之夜中互相碰撞的七情六欲——爱情与痴迷的狂乱及永恒的幻象，高加索、塞瓦斯托波耳的岁月，动荡不安的青年时代……接着是婚后几年的恬静生活。爱情、艺术、自然的欢欣——《战争与和平》。天才的光辉笼罩整个人类和对他已成为过去的斗争景象。他控制着这一切，主宰着这一切。但这些已满足不了他。如安德烈公爵一样，将眼睛转向奥斯特利茨广阔无垠的上空。是这片天空吸引了他：

> “有的人长着强有力的翅膀，因凡心未泯而堕入人间，折断了羽翼，例如我。然后，他们扇动折断的翅膀，奋力飞起，却又跌落凡尘。羽翼将会痊愈。我将振翅高飞。愿上帝助我！”①

① 见1879年10月28日《日记》。有一段写得很美：“在这世界上有的人没有羽翼却身体笨重。他们在人间骚动。他们中有强者，如拿破仑。他们在人间留下可怕的痕迹，撒下不和的种子——有的人让羽翼生长，慢慢飞起并翱翔，如僧侣。有的人身体很轻，容易升空，但又会掉下来，如让人尊敬的理想家。有的人拥有强有力的羽翼……这些天国之人，因为人类的爱收起羽翼，来到人间，教人飞翔。然后，当他们不再被需要又飞上天，如基督一样。”

这些话是他在惊心动魄的暴风雨时代所写，《忏悔录》是这一时代的记忆与回声。托尔斯泰曾不止一次地摔倒在地，折断了羽翼，但他仍顽强地重新起程。用理性与信念这两只巨大的翅膀翱翔在广阔深邃的天空。但他并未找到他所寻求的安宁。天空并不在我们体外，而在我们心中。托尔斯泰心中刮起感情的风暴。这一点使他有别于舍弃红尘的使徒，他将灌注在生活中的热情灌注在舍弃中。他总是如情人般热烈地拥抱生命。他“为生而疯狂”，“为生而痴迷”。没有这种疯狂，他便活不下去。[①]为幸福而醉，也为不幸而醉。醉于生，亦醉于永生。[②]他放弃个人的生活不过是情系永生而发出激情的呼声。他所达到的宁静，他所祈求的心灵的宁静，并非是死亡的宁静，而是旋转在无限空间的火热世界的安宁。在他身上，愤怒是平静的[③]，而平静是沸腾的。信仰给予他新的武器，使他能够更坚定地不断投入对现代社会谎言发动的进攻。他不再将自己局限于描写几个小说中的典型人物；而是攻击所有巨大的偶像：宗教虚伪、国家、科学、艺术、自由主义、社会主义、大众教育、慈善事业、和平主义等。他都给以鞭挞和无情地痛击。

古往今来，世界上出现过许多伟大的思想叛逆，他们如先驱者

① “一个人只有在为生活而陶醉时，他才能活着。”（《忏悔录》，1879）“我为人生而疯狂……这是夏天，美妙的夏天。今年，我奋斗了很久；但被自然之美征服了。我感到了生的快乐。”（1880年7月致费特书）这几行是他在为宗教而狂乱时写成。

② 他在1863年5月1日的《日记》中写道：“死的念头………我渴望且热爱永生。”

③ “我为我的愤怒感到高兴和陶醉，当我感觉到它时便欢欣鼓舞，因为它让我镇静，至少在短期内给我巨大的弹性、精力，使我充满活力，有所作为。”（见《涅赫柳朵夫公爵日记》，1857年，即《卢塞恩》。）

约翰般诅咒堕落的文明。最近的一位是卢梭。他热爱自然[①]、痛恨现代社会、珍惜独立、极力推崇福音书和基督教的伦理道德。可以说，卢梭是托尔斯泰的前辈。托尔斯泰也自称师承卢梭。他说："这些文字直抵我心；仿佛就是我写的。"[②]

但这两人毕竟有很大的区别，托尔斯泰的基督教思想更纯洁。从这日内瓦人的《忏悔录》中喊出的话语有多么傲慢，简直是出自法利赛人之口：

> "永恒的上帝！天下只有一人敢对你说：我比那个人强多了！"

① 自然一向是托尔斯泰"最好的朋友"，正如他所说："有朋友当然好，但他会死会离开，你不能总跟着他。而自然则不同，它如同购买或继承来的。我的自然冷酷、累赘；然而自然是我们终身的朋友，你死了以后，便可以融入自然。"（1861年5月19日致费特书，《未发表的书信集》）他与自然共享生命，至春天复苏。（3月和4月是最好的工作时光。）到了秋末，便变得迟钝。"对我来说，它是四季中最无生气的。我不思考，也不写作，我感到浑浑噩噩，但很舒服。"（1869年10月致费特书）

② 见和保尔·布瓦耶的谈话。（1901年8月28日巴黎《时代》杂志）其实，人们经常会弄混。例如朱莉临终的表白："凡我不相信的，我就不能说我相信，我只说我所相信的。属于我的，仅此而已。"比较一下托尔斯泰致东正教最高会议的信："我的信仰使人厌恶，或许还会阻碍别人，这是我无法改变的，如同我不能改变我的身体一样。我来自上帝，在准备回到上帝身边时，我只能相信我所相信的。"而卢梭的《答克利斯朵夫·德·博蒙书》，那似乎是托尔斯泰的手笔："我是耶稣基督的信徒。我主跟我说，凡是爱兄弟的同胞便符合律令。"还有："全部的周日祈祷可归纳为这句话：'诚心所愿！'"（卢梭《山中来信》）比较一下："我用'天主经'代替我所有的祈祷文。我能向上帝祈求的，用一句话可以表述：'诚心所愿！'"（1852—1853，托尔斯泰的高加索《日记》）两人在思想上的相似不仅在宗教方面，在艺术方面也如此：卢梭说："写作艺术的第一条规则，是言语简洁、表达准确。"托尔斯泰说："你怎样想都可以，但你的每个字都要大家理解。简单易懂的文字写出来的东西一定错不了。"此外，我也说过，卢梭在《新爱洛伊丝》中对巴黎歌剧院的讽刺描写与托尔斯泰在《艺术论》一书中的批评文字极为相像。

他还挑战般向世人说：

“我无所畏惧地高声说道：谁敢认为我是不诚实的人，他自己便是个该死的东西。”

但是，托尔斯泰却为他过去所犯下的“罪行”而痛哭流涕：

“我感受到入地狱般的痛苦。我想起了过去所有的卑劣行径，这些记忆与我形影不离，使我难以安宁。通常人们遗憾死后不能保留记忆。其实能这样该有多好！如果死后我还能想起在世间所犯下的一切罪恶，那该多么痛苦！”①

他不会像卢梭那样写《忏悔录》，因为卢梭曾言，“我感到我的善行超过恶行，将一切说出对我有好处。”（《第四次散步》）托尔斯泰曾尝试写他的《回忆录》，最终放弃了。笔自他手中坠下：他不愿人们将来读后会耻笑他。

“人们会说：被人们抬得那么高的人原来是这么回事！他是何等卑怯之人！而我们这些普通人，是上帝让我们成为卑怯之人的。”②

卢梭从来没有基督教信仰中美好纯洁的道德观念，以及使老托尔斯泰自始至终憨厚正直的谦虚美德。隐在卢梭后，在天鹅岛铜像的周围，我们看到的是圣彼得和加尔文的罗马。在托尔斯泰身上，我们看到的却是朝圣者、虔诚的教徒，他们天真的忏悔和眼泪曾使童年时代的托尔斯泰感动不已。

他和卢梭有一点是共同的，就是反对社会，但另有一种更甚于此的战斗充塞着托尔斯泰最后三十年的生活，即他思想中的两种最高力量——真理与爱之间动人心魄的一场斗争。

① 见1903年1月6日《日记》。

② 致比鲁科夫书。

真理——“这看到灵魂深处的目光”，“那看透你内心的灰色眼睛”——真理是他最早的信仰，他艺术的皇后。

“我著作中的女主人公，我全心全意爱恋的，过去、现在、将来、永远美好的女主人公就是真理。”[①]

真理是他兄弟死后，漂浮在海面上的沉船。[②]真理是他生命的中枢，是大海中的礁石。

但很快，“残酷的真理”对他已经不够。爱取代了真理。爱是他童年时代的源泉，是“他灵魂的自然境界”。[③]1880年思想出现混乱时，他并未舍弃真理，而是向爱敞开真理的大门。[④]爱是“力量的基础”[⑤]爱是“生存的唯一意义，当然美也是”。[⑥]爱是被生活磨炼成熟后的托尔斯泰——《战争与和平》及《致东正教最高会议书》的作者生命的真谛。[⑦]

爱渗透于真理，这是他中期——nel mezzo del cammin[⑧]——杰作的独特价值，他的现实主义与福楼拜的现实主义区别就在于此。福

① 见《五月的塞瓦斯托波耳》（1855）。

② “真理……是我道德观念中内心唯一存在的，是我要完成的唯一事业。”（1860年10月17日）

③ “对人类来说，爱是内心的自然境界，但这一点，常被我们忽略。”（在喀山念书时的《日记》）

④ “真理向爱敞开大门……”“我将真理放在爱的位置上……”（《忏悔录》，1879—1881）

⑤ “你总在说力量吗？但力量的前提是爱。”（《安娜·卡列尼娜》）

⑥ “美与爱是生存的两大意义。”（《战争与和平》）

⑦ “我信仰上帝，对我来说，上帝就爱。”（1901，《致东正教最高会议书》）“是的，爱！……不是自私的爱，而是我生平第一次感到的爱，当我看我身边垂死的敌人，我爱他……这是灵魂的根本。爱邻人、爱敌人、爱众人，爱每个人，这是爱上帝的种种表现……爱一个我们心爱之人是人类之爱，而爱敌人那简直就是神的爱了！”（《战争与和平》中安德烈公爵临终所言）

⑧ 意大利文：生命旅程的中段。

楼拜竭力不爱他的人物，这样不管他多么伟大，他总缺少Fiatlux[①]！太阳之光不够，必须要有心灵之光。托尔斯泰的现实主义体现在他的每一个人物身上，以他们的眼光去看他们时，在最邪恶之人的身上，他也能找到爱他们的理由，并且使我们感觉到我们和所有人之间都存在兄弟般的关系。[②]通过爱，他参透了生命的根源。但这兄弟之爱难以维持。当人生的景象和苦难令人难以承受，简直成了对爱的一种挑战，为了拯救爱、拯救信仰，人们不得不将信仰提升到社会之上，以至于产生脱离社会的危险。而这位天赋慧根，注定能看到真理和不能不看到真理的人怎么办？托尔斯泰晚年时，冷峻的目光看到了现实的残酷景象，而热诚的心仍继续等待和证明有爱的存在。眼之所见与心之所感间存在矛盾，托尔斯泰的痛苦，谁又能说得出来呢？

我们都体验过这类悲剧性的内心斗争，屡次陷入不得不面对的选择中：要么不看，要么痛恨。一个艺术家——一个名副其实的艺术家，一个懂得书面语言之美妙与可怕力量的作家——在写出某项真理时，感到忧心忡忡！[③]在现代的谎言，文明的谎言当中，健全而强有力的真理是必须的，对他而言，这巨大的真理犹如我们呼吸的空气……而我们发现，多少人的肺部承受不了这种空气。对于那些被文明所磨而衰弱的人，它太强大了；或者因宅心仁厚而变得软弱的人，它太强大了。我们怎能不加以考虑地将这种致命的真情甩给他们呢？有没有一种高出一切，如托尔斯泰所说的“向爱敞开大门”的真理呢什么？我们能同意以慰藉人的谎言去安抚人类，如艺术家会像培尔·金特用故事来安慰他年老垂危的母亲那样么？社会总是处在两难境地：要真理还是要爱。而通常解决办法是既牺牲了

① 拉丁文：光。

② “艺术家对其作品的热爱是艺术的灵魂。没有爱就没有艺术品。”（1889年9月书）

③ “我写了这些书，因此我清楚它们能产生的害处。”……（1898，致杜霍博尔人的领袖韦里金书。《未发表的书信集》）

真理，也牺牲了爱。

托尔斯泰从未背叛过这两个信念中的任何一个。在他成熟期的作品中。爱是真理的火炬。在他晚年的作品中，爱是天上的光，一道照亮人生的上帝恩宠之光，但不再和人生融合在一起。我们在《复活》中看到，信仰控制着现实，但仍在现实之外。每当托尔斯泰注视他所描绘的那一张张个别的脸时，他们既普通又低下；但当他以抽象的方式去思索时，这些人便圣洁的像天神一样。[1]他的日常生活也如艺术一般出现了矛盾，而且更为严重。他尽管知道爱支配着他，但他的行动却与之背道而驰。他并不按照上帝的规定生活，而是依据世俗而生活。就说爱吧：怎样能把握住爱呢？在爱的不同面目与种类中，该如何加以辨别呢？爱家人与爱世人，孰先孰后？直到最后一天，他都在选择中彷徨。

解决的办法在哪儿？他不知道。让那些自满冷漠的知识分子去批判他吧。诚然，他们找到了解决的办法，他们十分确信自己已发现了。对他们来说，托尔斯泰是一个感伤之人，一个软弱之人，不足为训。当然，他不是他们能效法的榜样，他们没有足够的生命力。托尔斯泰不是一个自我满足的人；不属于任何教会，任何派别；他既不是伪善者，也不是如他所称的犹太僧侣。他是自由基督徒中最崇高的一个典型，终其一生都在追求一个越来越远的理想。[2]

托尔斯泰并不对那些思想上的特权者说话，而是说给普通人听

---

① 参看《一个绅士的早晨》或《忏悔录》中极度理想化了的人物。这些人朴实，善良，满足于自己的命运，心安理得。乐天知命。又如在《复活》的第二部分结尾处，当涅赫柳朵夫遇见放工回来的工人时，眼前浮现的是”一种新的人类，一个新的世界”。

② “一个基督徒在精神上不会比别人高或者低；无论在何地何时，当他在完善的路上前进得越快时，他就越是一个纯粹的基督徒。那些伪善的人在德行上不思前进，比之在十字架上追思己错而感到后悔、灵魂还不断追求理想的强盗，更缺乏基督徒的意味。”（见《残忍的享乐》）

的——hominibus bonae voluntatis [①]——他是我们的良知。他说出我们这些普通人的想法和我们所不敢正视的内心的声音。他不是一位骄傲的大师，如那些高坐在艺术与智慧的宝座之上、傲视一切的天才。正如他在信中喜欢自称的那样，他有一个最美、最甜蜜的称呼——“我们的兄弟”。

一九一一年一月

① 拉丁文：人类的良知。